Graded French Reader

Graded French Reader

Deuxième Étape

THIRD EDITION

Camille Bauer
BROWN UNIVERSITY

D.C. HEATH AND COMPANY
Lexington, Massachusetts Toronto

Nous remercions messieurs les éditeurs qui ont bien voulu nous autoriser à reproduire les textes parus chez eux.

p. 49: *Knock* de Jules Romaines. © Editions Gallimard.

p. 187: *Naissance d'un maître* d'André Maurois. Reproduit avec la permission de l'executeur testamentaire d'André Maurois.

Cover: "La Place Clichy," 1887, by Louis Anquetin, Wadsworth Atheneum, Hartford. The Ella Gallup Sumner and Mary Catlin Sumner Collection.

Illustrations: Linda Wielblad.

Published simultaneously in Canada.

Printed in the United States of America.

International Standard Book Number: 0-669-11287-9
Library of Congress Catalog Card Number: 86-81274

Preface

Graded French Reader, Deuxième Étape, offers present-day students a solid, yet enjoyable method for learning the French language. Simplified or original stories from different periods of French literature provide successful reading experiences, while the varied learning activities promote communicative skills and reinforce basic structures and vocabulary.

Organization

The text is divided into four parts. Part 1 contains Voltaire's *Candide.* Although it has been edited and simplified to minimize linguistic problems, it retains the flavor and authenticity of the original work.

Part 2 features Jules Romains' three-act play, *Knock.* This comedy is designed to introduce students to everyday conversational French, while presenting simple, as well as more complex, grammatical structures.

Part 3 contains three famous short stories—Maurois' *Naissance d'un maître,* Maupassant's *La Parure,* Mérimée's *Mateo Falcone.* They are reprinted in their original version, with very minor modifications. In these works the grammatical structures and vocabulary presented in the first two parts are reviewed.

Part 4 presents an African folk tale as well as excerpts from literary masterpieces. Although the selections have been slightly modified, they retain the dramatic power of narrative and style and introduce the reader to some of the more sophisticated genres of French literature.

Exercises

The exercise section that accompanies each reading selection is an important feature of the Deuxième Étape. Each exercise section begins with reading comprehension exercises. These in turn are followed by vocabulary-building exercises, which require students to use creatively all of the important words and expressions that have been presented in the selection.

Graded French Reader, Deuxième Étape, is unique because in addition to structural exercises, brief grammatical explanations review the basic structures that appear in each reading selection. Other important features are the Writing Practice and the Review Exercise, which enable students to use the vocabulary and grammar previously learned.

The Communicative Activity at the end of each section contains topics that students can discuss in small groups, permitting them to develop oral skills as well as confidence in speaking French.

Contents

PART I

PART II

PART III

PART IV

PART I

Part I contains "Candide," the universally known philosophical tale by Voltaire (1694–1778). Its principal theme traces evil in all of its forms: violence, war, physical catastrophes, intolerance, greed. At the beginning of the tale the chief character, young Candide, naively believes that in this best of all possible worlds, everything is for the best, an optimism which gradually crumbles with each calamity that befalls him. At the end of the tale, he attains relative happiness, "cultivating his garden" (i.e., coming to terms philosophically with what the world can offer him). This masterpiece of humor and satire takes us through a series of fast-paced actions, unexpected situations, and geographical changes. In addition to its moral commentary on life, Candide is a highly enjoyable and stimulating literary work.

Many difficult words have been eliminated from this edited version, and most of the vocabulary belongs to a core of high frequency lexical items. New words and expressions appear as footnotes at the foot of the page where they first occur and are used at least twice for better assimilation.

STUDY AIDS

The following suggestions will help you in your reading of "Candide" and in preparing for class activities.

1. Glance at the vocabulary exercises before reading the story. The main purpose of these exercises is to drill and reinforce new words and idiomatic expressions that may present difficulties. The vocabulary section will also help you to

understand the meaning of a new word because it often appears in a cluster of other thematically related words, thus allowing you to do some intelligent guessing.

2. Review the grammar at the end of the selections; included in the grammar are the comparative of adjectives, demonstrative pronouns, the use and position of pronouns, interrogative constructions, the use of past tenses, the use of the conditional, and so on. While doing the exercises, you may want to consult the end vocabulary, where irregular verb forms are listed.
3. Try to guess the general meaning of each sentence rather than focus on individual words that are explained in the footnotes or defined in the vocabulary. Read the story a second time with the aid of the footnotes, when necessary. Try to recall the main ideas in the narrative.
4. The Communicative Activity allows you to express yourself orally. In preparing for class discussion either as part of a group or individually, (a) write your thoughts on the topic you have chosen for discussion and (b) practice aloud several times in order to gain confidence in speaking French. If you own a cassette recorder, tape your oral presentation. In listening to yourself, you will be able to evaluate both the improvement of your spoken French and your effectiveness in getting your message across.

Candide ou l'optimisme

VOLTAIRE

1

Il y avait en Westphalie[1] dans le château[2] de M. le baron de Thunder-ten-tronckh, un jeune garçon à qui la nature avait donné les mœurs[3] les plus douces.[4] Sa physionomie[5] annonçait son âme.[6] Il avait le jugement assez droit[7] avec l'esprit le plus simple: c'est, je crois, pour cette raison qu'on le nommait Candide. Les anciens domestiques de la maison soupçonnaient[8] qu'il était fils de la sœur de monsieur le baron et d'un bon et honnête gentilhomme[9] du voisinage,[10] que cette demoiselle ne voulut jamais épouser[11] parce que sa famille n'était pas cent pour cent noble.

Monsieur le baron était un des plus puissants[12] seigneurs[13] de la Westphalie, car son château avait une porte et des fenêtres. Sa grande salle[14] même était ornée d'une tapisserie.[15] Au village, on l'appelait Monseigneur, et on riait quand il racontait des histoires.

Madame la baronne, qui pesait[16] environ trois cent cinquante livres,[17] s'attirait par là un très grand respect,[18] et faisait les honneurs de la maison avec une dignité qui la rendait encore plus respectable. Sa fille Cunégonde, âgée de dix-sept ans, était très rose, fraîche et grasse.[19] Le fils du baron paraissait en tout digne[20] de son père. Le précepteur[21] Pangloss était l'oracle de la maison, et le petit Candide écoutait ses leçons avec toute la bonne foi[22] de son âge et de son caractère.

Pangloss enseignait[23] la métaphysico-théologo-cosmolonigologie.[24] Il prouvait admirablement qu'il n'y a pas d'effet sans cause, et que, dans ce meilleur des mondes[25] possibles, le château de monseigneur le baron était le plus beau des châteaux et madame la meilleure des baronnes possibles.

---

[1]**Westphalie** Westphalia (*in Germany*) [2]**château** castle [3]**mœurs** manners [4]**doux** gentle [5]**physionomie** face [6]**âme** soul [7]**droit** sound [8]**soupçonner** to suspect [9]**gentilhomme** nobleman [10]**voisinage** neighborhood [11]**épouser** to marry [12]**puissant** powerful [13]**seigneur** lord [14]**grande salle** hall [15]**ornée d'une tapisserie** decorated with a tapistry [16]**peser** to weigh [17]**livre** pound [18]**s'attirait par là un très grand respect** earned a very great respect because of it [19]**gras** fat [20]**digne** worth [21]**précepteur** private tutor [22]**foi** faith [23]**enseigner** to teach [24]**métaphysico-théologo-cosmolo-nigologie** metaphysico-theologo-cosmolo-stupidology [25]**monde** world

«Il est démontré, disait-il, que les choses ne peuvent être autrement:[26] car, tout étant fait pour une fin, tout est nécessairement pour la meilleure fin. Remarquez bien que les nez[27] ont été faits pour porter des lunettes;[28] aussi[29] avons-nous des lunettes. Les pierres[30] ont été formées pour en faire des châteaux; aussi monseigneur a un très beau château; le plus grand baron doit être le mieux logé; et les cochons[31] étant faits pour être mangés, nous mangeons du porc toute l'année: par conséquent, tout est au mieux[32] dans le meilleur des mondes.»

Candide écoutait attentivement, et croyait innocemment: car il trouvait Mlle Cunégonde extrêmement belle. Il concluait qu'après le bonheur[33] d'être né baron de Thunder-ten-tronckh, le second degré de bonheur était d'être Mlle Cunégonde; le troisième, de la voir tous les jours; et le quatrième, d'entendre maître Pangloss, le plus grand philosophe de la province, et par conséquent de toute la terre.

Un jour, Cunégonde, en se promenant[34] près du château, rencontra[35] Candide, et rougit;[36] Candide rougit aussi; elle lui dit bonjour, et Candide lui parla sans savoir ce qu'il disait. Le lendemain, après le dîner, Cunégonde et Candide se trouvèrent derrière;[43] Cunégonde s'évanouit;[44] et tout fut consterné[45] dans le nouchoir,[39] Candide le ramassa;[40] elle lui prit innocemment la nain, le jeune homme baisa[41] innocemment la main de la jeune demoiselle avec une vivacité, une sensibilité, une grâce toute particulière; ils s'embrassèrent.[42] M. le baron de Thunder-ten-tronckh passa près du paravent, et, voyant cette cause et cet effet, chassa Candide du château à grands coups de pied dans le derrière;[43] Cunégonde s'évanouit;[44] et tout fut consterné[45] dans le plus beau et le plus agréable des châteaux possibles.

[26]**autrement** otherwise [27]**nez** nose [28]**lunettes** glasses [29]**aussi** and so (*at the beginning of a sentence*) [30]**pierre** stone [31]**cochon** pig [32]**tout est au mieux** everything is for the best [33]**bonheur** happiness [34]**se promener** to take a walk [35]**rencontrer** to meet [36]**rougir** to blush [37]**paravent** folding screen [38]**laisser tomber** to drop [39]**mouchoir** handkerchief [40]**ramasser** to pick up [41]**baiser** to kiss [42]**s'embrasser** to kiss each other [43]**chassa... derrière** chased Candide out of the castle, kicking him in the rear [44]**s'évanouir** to faint [45]**être consterné** to be in consternation

2

Candide, chassé du paradis terrestre, marcha longtemps sans savoir où, pleurant, levant[46] les yeux au ciel,[47] les tournant souvent vers le plus beau des châteaux, où était la plus belle des baronnettes; il se coucha[48] sans souper au milieu des champs;[49] il neigeait.[50] Candide se traîna[51] le lendemain[52] vers la ville voisine,[53] n'ayant point d'argent, mourant de faim et de fatigue.[54] Il s'arrêta tristement[55] à la porte d'un cabaret.[56] Deux hommes habillés[57] de bleu le remarquèrent. «Camarade, dit l'un, voilà un jeune homme très bien fait, et qui est assez grand.» Ils s'avancèrent vers Candide et le prièrent à dîner très poliment. «Messieurs, leur dit Candide avec une modestie charmante, vous me faites beaucoup d'honneur, mais je n'ai pas de quoi payer mon dîner. —Ah! Monsieur, lui dit un des bleus, les personnes de votre figure et de votre mérite ne paient jamais rien; mettez-vous à table[58] et nous paierons pour vous; les hommes ne sont faits que pour se secourir les uns les autres. —Vous avez raison,[59] dit Candide, c'est ce que M. Pangloss m'a toujours dit.» On se met à table: «N'aimez-vous pas tendrement?...—Oh! oui. répond-il, j'aime tendrement Mlle Cunégonde. —Non, dit l'un de ces messieurs, nous vous demandons si vous n'aimez pas tendrement le roi des Bulgares. —Point du tout, dit-il, car je ne l'ai jamais vu. —Comment! c'est le plus charmant des rois, et il faut boire à sa santé.[60] —Oh! très volontiers,[61] Messieurs»; et il boit. «C'en est assez, lui dit-on, vous voilà le défenseur, le héros des Bulgares; votre fortune est faite.» On lui met sur-le-champ[62] les fers[63] aux pieds, et on le mène[64] au régiment. On le fait tourner à droite, à gauche, à se servir[65] d'un fusil,[66] et on lui donne trente coups de bâton;[67] le lendemain, il fait l'exercice un peu moins

---

[46]**lever** to raise [47]**ciel** sky [48]**se coucher** to lie down [49]**champ** field [50]**neiger** to snow [51]**se traîner** to drag oneself [52]**le lendemain** the next day [53]**voisin** neighboring [54]**mourant de faim et de fatigue** dying of hunger and exhaustion [55]**tristement** sadly [56]**cabaret** inn [57]**habillé** dressed [58]**se mettre à table** to sit down [59]**avoir raison** to be right [60]**boire à sa santé** to drink his health [61]**très volontiers** with pleasure [62]**sur-le-champ** on the spot [63]**fers** irons [64]**mener** to take [65]**se servir** to use [66]**fusil** gun [67]**on lui donne trente coups de bâton** he gets flogged thirty times

mal, et il ne reçoit que vingt coups; bientôt on ne lui en donne que dix, et il est regardé par ses camarades comme un prodige.

Candide ne comprenait pas encore trop bien comment il était un héros. Un beau jour de printemps,[68] il alla se promener, marchant droit devant lui, croyant que c'était un privilège de l'espèce humaine, comme de l'espèce animale, de se servir de ses jambes[69] à son plaisir. On le met en prison et on lui demande s'il aime mieux recevoir trente-six coups de bâton de tous les soldats du régiment ou douze balles[70] dans la tête. Il choisit le bâton. Après quatre mille coups de bâton, Candide demande qu'on le tue.[71] Il obtint cette faveur; on lui bande[72] les yeux, on le fait mettre à genoux.[73] Le roi des Bulgares passe dans ce moment, s'informe du crime du patient; et comme ce roi avait un grand génie, il comprit, par tout ce qu'il apprit de Candide, que c'était un jeune métaphysicien très ignorant des choses de ce monde, et il lui accorda sa grâce.[74] Candide était déjà assez guéri[75] quand le roi des Bulgares fit la guerre[76] au roi des Abares.[77]

3

Rien n'était si beau, si brillant, si bien ordonné[78] que les deux armées. Les trompettes, les hautbois,[79] les tambours,[80] les canons, formaient une harmonie telle qu'il n'y en eut jamais en enfer.[81] Les canons renversèrent[82] à peu près six mille hommes de chaque côté. La baïonnette fut aussi la raison suffisante[83] de la mort de quelques milliers d'hommes. Candide, qui tremblait comme un philosophe, se cacha[84] du mieux qu'il put[85] pendant ce carnage héroïque.

Enfin, tandis que[86] les deux rois célébraient la victoire, chacun dans son camp, il passa par-dessus des tas[87] de morts et de

---

[68]**printemps** spring [69]**jambe** leg [70]**balle** bullet [71]**tuer** to kill [72]**bander** to cover [73]**faire mettre à genoux** to make someone kneel [74]**accorder sa grâce** to pardon [75]**guéri** recovered [76]**faire la guerre** to make war [77]**Abares** (*Voltaire means the French*) [78]**ordonné** ordered [79]**hautbois** oboe [80]**tambour** drum [81]**enfer** Hell [82]**renverser** to knock down [83]**raison suffisante** cause [*Leibnitz's term*] [84]**se cacher** to hide [85]**du mieux qu'il put** as best he could [86]**tandis que** while [87]**tas** heap

mourants.[88] Le spectacle était si terrible qu'il s'enfuit.[89] Il arriva bientôt en Hollande, mourant de faim; mais, ayant entendu dire que tout le monde était riche dans ce pays-là, il crut qu'on le traiterait aussi bien qu'il l'avait été dans le château de monsieur le baron, avant d'en être chassé pour les beaux yeux de Mlle Cunégonde.

Il demanda du pain à un homme qui venait de parler tout seul une heure de suite[90] sur la charité dans une grande assemblée. «Tu ne mérites pas d'en manger, dit l'autre; va misérable, ne m'approche pas.» Mais un homme bon, nommé Jacques, l'amena[91] chez lui, le nettoya,[92] lui donna du pain, de la bière et de l'argent. Candide, se prosternant[93] presque devant lui, s'écriait: «Maître Pangloss me l'avait bien dit que tout est au mieux dans ce monde, car je suis infiniment plus touché par votre extrême générosité que de la dureté[94] de ce monsieur à manteau noir.»

Le lendemain, en se promenant, il rencontra un homme misérable qui toussait[95] violemment, crachant une dent[96] à chaque effort.

4

Candide, plein de compassion, donna à ce misérable l'argent que Jacques lui avait donné. Le fantôme le regarda fixement, versa des larmes[97] et sauta à son cou.[98] Candide, effrayé,[99] recule.[1] «Hélas! dit le misérable, ne reconnaissez-vous plus votre cher Pangloss? —Qu'entends-je? Vous, mon cher maître! Vous, dans cet état horrible! Pourquoi n'êtes-vous plus dans le plus beau des châteaux? Qu'est devenue Mlle Cunégonde, la perle[2] des filles, le chef-d'œuvre[3] de la nature!» Pangloss mangea d'abord un peu de pain avant de répondre: «Elle est morte.» Candide s'évanouit

---

[88]**mourant** dying [89]**s'enfuir** to flee [90]**une heure de suite** a full hour [91]**amener** to take [92]**nettoyer** to clean [93]**se prosterner** to bow [94]**dureté** hardness [95]**tousser** to cough [96]**cracher une dent** to spit out a tooth [97]**verser des larmes** to shed tears [98]**sauta à son cou** jumped for his neck [99]**effrayé** frightened [1]**reculer** to step back [2]**perle** pearl [3]**chef-d'œuvre** masterpiece

à ce mot. Quelques instants après, ayant rouvert[4] les yeux: «Cunégonde est morte! Ah! meilleur des mondes, où êtes-vous? Mais de quelle maladie est-elle morte? Est-ce de m'avoir vu chassé du château de monsieur son père à grands coups de pieds? —Non, dit Pangloss, elle a été tuée par des soldats bul- 5 gares; ils ont aussi tué monsieur le baron, qui voulait la défendre, et son fils; madame la baronne a été coupée en morceaux;[5] et du château, il n'est pas resté pierre sur pierre, pas un mouton, pas un cochon, pas un arbre.»

Candide s'évanouit encore; mais, revenu à lui[6] et ayant dit 10 tout ce qu'il devait dire, il demanda à Pangloss pourquoi il ne se faisait pas soigner.[7] «Et comment le puis-je? dit Pangloss; je n'ai pas d'argent.» Candide alla se jeter aux pieds[8] de son charitable Jacques et lui fit une description si touchante de l'état de son ami qu'il le fit soigner à ses frais.[9] Comme Pangloss écrivait bien 15 et savait parfaitement l'arithmétique, il put tenir les livres[10] de Jacques.

5

Au bout de deux mois, étant obligé d'aller à Lisbonne pour affaires, Jacques mena dans son vaisseau[11] ses deux philosophes. Pangloss lui expliqua comment tout était pour le mieux. Jacques 20 n'était pas de cet avis.[12] «Les hommes ne sont point nés loups,[13] disait-il, et ils sont devenus loups. Dieu ne leur a donné ni canon ni baïonnettes, et ils se sont fait des baïonnettes et des canons pour se détruire. —Tout cela était indispensable, répondait Pangloss, et les malheurs particuliers font le bien général.» Tan- 25 dis qu'il raisonnait, le ciel se couvrit de nuages,[14] les vents[15] soufflèrent[16] et le vaisseau fut pris dans la plus horrible tempête près du port de Lisbonne.

---

[4]**rouvert** opened again [5]**couper en morceaux** to cut into pieces [6]**revenu à lui** after regaining consciousness [7]**se faire soigner** to get medical help (*Pangloss had syphilis*) [8]**se jeter aux pieds** to throw oneself at the feet [9]**à ses frais** at his expense [10]**tenir les livres** to keep the books [11]**vaisseau** vessel, ship [12]**avis** opinion [13]**loup** wolf [14]**se couvrir de nuages** to become covered with clouds [15]**vent** wind [16]**souffler** to blow

(Le vaisseau fait naufrage,[17] Jacques se noie[18] en voulant aider un homme en danger, Candide et Pangloss réussissent à atteindre le rivage.[19] À peine[20] arrivés, ils sentent la terre trembler sous eux. Trente mille habitants de Lisbonne sont écrasés[21] sous les ruines. Le lendemain, Pangloss est pendu:[22] il avait parlé du meilleur des mondes possibles en présence d'un policier de l'Inquisition. Candide reçoit des coups de bâton pour l'avoir écouté avec un air d'approbation.)

Le même jour, la terre trembla de nouveau avec un bruit épouvantable.[23] Candide, épouvanté,[24] tout sanglant,[25] se disait à lui-même: «Si c'est ici le meilleur des mondes possibles, que sont donc les autres? Ô mon cher Pangloss! le plus grand des philosophes, faut-il vous avoir vu pendre sans que je sache pourquoi! Ô mon cher Jacques! le meilleur des hommes, faut-il que vous ayez été noyé dans le port! Ô mademoiselle Cunégonde! la perle des filles, faut-il qu'on vous ait tuée!»

À ce moment-là, une vieille s'approcha de lui et lui dit: «Mon fils, suivez-moi.»[26] Il suivit la vieille dans une petite maison: elle lui donna une pommade[27] pour se frotter,[28] lui laissa à manger et à boire; elle lui montra un petit lit[29] assez propre;[30] il y avait auprès[31] du lit un habit complet.[32] «Mangez, buvez, dormez, lui dit-elle, je reviendrai demain.» Elle le soigna[33] pendant plusieurs jours. Puis, un soir, elle le mena à la campagne[34] jusqu'à une maison isolée, entourée de jardins. Étant entré, Candide vit devant lui une femme tremblante, majestueuse, brillante de pierres précieuses, et couverte d'un voile.[35] «Ôtez[36] ce voile,» dit la vieille à Candide. Le jeune homme s'approche; il lève le voile d'une main timide. Quel moment! quelle surprise! il croit voir Mlle Cunégonde; c'est bien elle. La force lui manque,[37] il ne peut dire une parole, il tombe à ses pieds.

---

[17]**faire naufrage** to be shipwrecked [18]**se noyer** to drown [19]**réussir à atteindre le rivage** to succeed in reaching the shore [20]**À peine** Hardly [21]**écraser** to crush [22]**pendre** to hang [23]**épouvantable** frightening [24]**épouvanté** frightened [25]**tout sanglant** bleeding all over [26]**suivre** to follow [27]**pommade** salve [28]**se frotter** to rub [29]**lit** bed [30]**propre** clean [31]**auprès** next [32]**habit complet** suit of clothes [33]**soigner** to take care of [34]**campagne** countryside [35]**voile** veil [36]**ôter** to remove [37]**manquer** to fail

Cunégonde tombe sur un canapé.[38] Ils se parlent: ce sont d'abord des demandes et des réponses qui se croisent,[39] des larmes, des cris. Puis, Cunégonde lui raconte que ses parents et son frère sont morts et qu'elle-même a été vendue comme esclave à deux maîtres. 5

Pendant qu'ils se parlaient tendrement, le premier maître arriva. En voyant Candide, il se jeta sur lui; mais notre bon Westphalien avait reçu une belle épée[40] de la vieille avec l'habit complet. Il tire[41] son épée et tue l'homme. «Qu'allons-nous faire? s'écria Cunégonde, un homme tué chez moi! si la justice vient, 10 nous sommes perdus.[42] —Demandons conseil[43] à la vieille,» répondit Candide. Elle était très prudente, et commençait à dire son avis quand une autre petite porte s'ouvrit: c'était le deuxième maître. Il entre et voit Candide, l'épée à la main, un mort couché par terre, Cunégonde épouvantée, et la vieille 15 donnant des conseils. Sans donner le temps à l'autre de revenir de sa surprise, Candide le perce[44] de son épée, et le jette mort à côté du premier.

«Notre dernière heure est venue, dit Cunégonde. Comment avez-vous fait, vous qui êtes né si doux, pour tuer en deux mi- 20 nutes deux hommes? —Ma belle demoiselle, répondit Candide, quand on est amoureux, on ne se connaît plus.»

La vieille leur dit alors: «Il y a trois chevaux[45] dans l'écurie: que le brave Candide les prépare. Montons vite à cheval et allons à Cadix; il fait le plus beau temps du monde,[46] et c'est un grand 25 plaisir de voyager pendant la fraîcheur[47] de la nuit.»

6

À Cadix, on préparait l'embarquement de soldats qui devaient aller au Paraguay pour mettre fin[48] à une révolte. Candide, ayant servi chez les Bulgares, fit une démonstration de ses talents militaires devant le général de la petite armée avec tant de grâce, 30

---

[38]**canapé** sofa [39]**se croiser** to cross each other [40]**épée** sword [41]**tirer** to draw [42]**perdre** to lose [43]**conseil** advice [44]**percer** to pierce [45]**cheval** horse [46]**il fait... du monde** we have the most beautiful weather in the world [47]**fraîcheur** cool [48]**mettre fin** to put an end

de rapidité, d'agilité, qu'on lui donna une compagnie d'infanterie à commander. Le voilà capitaine; il s'embarque avec Mlle Cunégonde, la vieille, deux valets[49] et les chevaux.

Pendant que les passagers se racontaient des histoires, le
5 vaisseau avançait. On arriva à Buenos-Aires. Cunégonde, le capitaine Candide et la vieille allèrent chez le gouverneur. Quand celui-ci[50] vit Cunégonde, il tomba aussitôt amoureux d'elle.[51] Il demanda alors si elle n'était pas la femme du capitaine. Candide n'osa pas dire qu'elle était sa femme, ni
10 qu'elle était sa sœur: il était incapable de mentir.[52] «Mlle Cunégonde, dit-il, doit me faire l'honneur de m'épouser.» Le gouverneur ordonna au capitaine Candide d'aller faire la revue de sa compagnie. Il déclara sa passion à Cunégonde et lui dit qu'il voulait l'épouser.

15 La prudente vieille conseilla à Cunégonde d'accepter, puis elle alla trouver Candide. «Partez vite, dit-elle, sinon[53] dans une heure vous serez tué.» Il n'y avait pas un moment à perdre; mais comment se séparer de Cunégonde et où aller?

7

(Suivi de son valet Cacambo, Candide va au Paraguay, où il
20 *retrouve le frère de Cunégonde. Celui-ci se met en colère[54] en apprenant[55] que Candide a l'intention de l'épouser et le frappe de son épée. Candide tire la sienne et l'enfonce dans son ventre.[56] Il s'enfuit avec Cacambo. Après avoir marché pendant un mois, ils arrivent à une rivière qu'ils descendent en barque.)*[57]

25 La rivière devenait de plus en plus large; enfin, elle se perdait sous des rochers épouvantables qui s'élevaient[58] jusqu'au ciel. Les deux voyageurs eurent le courage de se laisser aller sous ces rochers. Le fleuve[59] les porta avec une rapidité et un bruit

[49]**valet** servant [50]**celui-ci** the latter [51]**il tomba... d'elle** he fell in love with her right away [52]**mentir** to lie [53]**sinon** or else [54]**se mettre en colère** to get angry [55]**en apprenant** when he found out [56]**l'enfonce dans son ventre** sticks it into his belly [57]**barque** boat [58]**s'élever** to rise [59]**fleuve** river

horribles. Au bout de vingt-quatre heures, ils revirent le jour;[60] mais leur barque se brisa[61] sur les rochers; il fallut se traîner de rocher en rocher; enfin ils découvrirent un horizon immense, entouré de montagnes inaccessibles. Les chemins étaient couverts de voitures[62] d'une matière brillante, portant des hommes et des femmes d'une beauté remarquable, traînés[63] rapidement par de gros moutons rouges.[64] Dans un village ils virent des enfants qui jouaient avec de larges pièces rondes, jaunes, rouges, vertes, qui brillaient. C'était de l'or,[65] c'était des émeraudes, des rubis. «Sans doute,[66] dit Cacambo, ces enfants sont les fils du roi de ce pays[67] qui jouent avec des pierres précieuses.»

Ils approchèrent enfin de la première maison du village, bâtie[68] comme un palais d'Europe. Beaucoup de monde entrait et sortait; une musique très agréable se faisait entendre,[69] et une délicieuse odeur de cuisine se faisait sentir.[70] Cacambo entendit qu'on parlait péruvien: c'était sa langue maternelle.[71] «Je vous servirai d'interprète, dit-il à Candide; entrons, c'est ici un cabaret.»

Ils se mirent à table et on leur servit un repas[72] délicieux. Tout le monde était d'une politesse extrême. Quand le repas fut fini, Candide voulut payer en jetant sur la table deux des pièces d'or qu'il avait ramassées. L'hôte et l'hôtesse éclatèrent de rire.[73] «Messieurs, dit l'hôte, nous voyons bien que vous êtes des étrangers.[74] Ces pièces sont des cailloux[75] qu'on trouve partout. Vous n'avez probablement pas de la monnaie du pays, mais il n'est pas nécessaire d'en avoir pour dîner ici. Tout est payé par le gouvernement et vous serez reçus partout comme vous méritez de l'être.» Candide écoutait les explications de Cacambo avec admiration. «Quel est donc ce pays, disait-il, inconnu à tout le reste de la terre, et où toute la nature est d'une espèce si différente de la nôtre? C'est probablement le pays où tout va bien.»

---

[60]**revoir le jour** to see daylight again [61]**se briser** to break up [62]**voiture** carriage [63]**traîné** pulled [64]**mouton rouge** red sheep (llama) [65]**or** gold [66]**Sans doute** Probably [67]**pays** country [68]**bâtir** to build [69]**se faire entendre** to be heard [70]**sentir** to smell [71]**langue maternelle** mother tongue [72]**repas** meal [73]**éclater de rire** to burst out laughing [74]**étranger** stranger [75]**caillou** pebble

8

Voulant tout apprendre sur ce pays extraordinaire, Candide et Cacambo furent reçus par un vieillard savant[76] qui satisfit leur curiosité:

«Je suis âgé de cent-soixante-douze ans et le royaume[77] où nous sommes est l'ancienne patrie des Incas, qui en sortirent sans prudence, et qui furent détruits par les Espagnols. Les princes qui restèrent dans leur pays natal[78] furent plus sages; ils ordonnèrent, du consentement[79] de la nation, qu'aucun habitant ne sortirait jamais de notre petit royaume; et c'est ce qui nous a conservé notre innocence et notre bonheur. Les Espagnols ont appelé ce pays Eldorado. Les nations de l'Europe ont une passion pour nos cailloux et, pour en avoir, nous tueraient tous jusqu'au dernier. Mais comme nous sommes entourés de rochers inaccessibles et de précipices, nous avons toujours été protégés jusqu'à présent.»

Le vieillard leur décrivit aussi la forme du gouvernement, les mœurs, les femmes, les spectacles publics, les arts et la religion. Après cette longue conversation, Candide et Cacambo montèrent dans un carrosse[80] à six moutons pour aller à la cour. Les moutons volaient,[81] et en moins de quatre heures on arriva au palais du roi. Quand ils approchèrent de la salle du trône, Cacambo demanda à un grand officier comment il fallait saluer Sa Majesté: si on se jetait à genoux ou ventre à terre;[82] si on mettait les mains sur la tête ou sur le derrière; en un mot, quelle était la cérémonie. «L'usage, dit le grand officier, est d'embrasser le roi sur les deux côtés.» Candide et Cacambo sautèrent au cou de Sa Majesté, qui les reçut avec toute la grâce imaginable et qui les pria poliment à souper.

En attendant, on leur fit voir la ville, les édifices publics, les marchés[83] ornés de mille colonnes, les fontaines d'eau pure, les fontaines d'eau rose, celles des liqueurs qui coulaient[84] continuellement. Candide demanda à voir la cour de justice et les prisons; on lui dit qu'il n'y en avait pas. Ce qui lui fit le plus

---

[76]**savant** learned [77]**royaume** kingdom [78]**pays natal** homeland [79]**du consentement** with the consent [80]**carrosse** coach [81]**voler** to fly [82]**ventre à terre** with your belly on the ground [83]**marché** market hall [84]**couler** to flow

plaisir, ce fut le palais des sciences, dans lequel il vit une grande quantité d'instruments de mathématiques et de physique.

Ils passèrent un mois dans la capitale. Candide ne cessait de dire à Cacambo: «Il est vrai que le château où je suis né ne vaut[85] pas le pays où nous sommes; mais Mlle Cunégonde n'y est pas. 5 Si nous retournons en Europe seulement avec douze moutons chargés[86] de cailloux d'Eldorado, nous serons plus riches que tous les rois ensemble, et nous pourrons facilement reprendre Mlle Cunégonde.»

Ayant décidé de partir, ils allèrent chez le roi qui leur dit: 10 «Vous faites une sottise;[87] je sais bien que mon pays est peu de chose; mais quand on est assez heureux dans un endroit,[88] il faut y rester. Mais vous êtes libres,[89] partez quand vous voudrez. Seulement, la sortie[90] est bien difficile. Il est impossible de remonter[91] la rivière rapide par laquelle vous êtes arrivés par mi- 15 racle, et qui court sous les rochers. Mais puisque vous voulez absolument partir, je vais ordonner à nos ingénieurs de vous construire une machine qui puisse vous transporter. Quand vous serez au sommet de la montagne, personne ne pourra vous accompagner: car mes sujets ont promis de ne jamais sortir du 20 pays. Demandez-moi tout ce qu'il vous plaira. —Nous ne demandons à Votre Majesté, dit Cacambo, que quelques moutons chargés de vivres[92] et de cailloux.»

Quand la machine fut construite, Candide et Cacambo montèrent dessus;[93] il y avait deux grands moutons rouges pour 25 les transporter, et soixante-dix moutons chargés de vivres, d'or, de diamants et d'autres pierres précieuses. Le roi embrassa tendrement les deux voyageurs. Les voilà partis pour Buenos-Aires.

9

Après cent jours de marche, ils avaient perdu la plupart de leurs 30 moutons et il ne leur en resta que deux. Candide chargea alors Cacambo d'une mission. «Voici, mon cher ami, lui dit-il, ce qu'il

---

[85]**valoir** to be worth [86]**charger** to load [87]**sottise** foolish thing [88]**endroit** place [89]**libre** free [90]**sortie** way out [91]**remonter** to go back up [92]**vivres** provisions [93]**monter dessus** to climb on it

faut que tu fasses. Nous avons chacun dans nos poches pour cinq ou six millions de diamants; va prendre Mlle Cunégonde à Buenos-Aires. Si le gouverneur s'y oppose, donne-lui un million; s'il ne veut toujours pas, donne-lui-en deux. Moi, j'irai t'attendre à Venise; c'est un pays libre où l'on n'a rien à craindre.»[94] Cacambo était malheureux de se séparer d'un bon maître devenu son ami intime. Ils s'embrassèrent et Cacambo partit.

(Après s'être fait voler[95] les deux moutons chargés de millions, Candide s'embarque sur un vaisseau à destination de Bordeaux, en compagnie d'un pauvre savant[96] qui s'appelait Martin. L'un et l'autre avaient beaucoup vu et beaucoup souffert. Mais alors que Candide était resté optimiste, Martin était pessimiste: il croyait que les hommes ont toujours été corrompus.[97] Après de nombreuses aventures en France et en Angleterre, ils arrivèrent enfin à Venise.)

Dès que Candide fut à Venise, il fit chercher[98] Cacambo dans tous les cabarets, et ne le trouva pas. «Quoi! disait-il à Martin, j'ai eu le temps de passer de l'Amérique du Sud à Bordeaux, de Bordeaux à Paris, de Paris à Dieppe, de Dieppe en Angleterre, de traverser toute la Méditerranée, de passer quelques mois à Venise; et la belle Cunégonde n'est pas venue! Elle est probablement morte; je n'ai plus qu'à mourir. Ah! il valait mieux rester dans le paradis de l'Eldorado que de revenir en Europe. Que vous avez raison,[99] mon cher Martin! tout n'est qu'illusion et calamité.» Martin lui conseilla d'oublier son valet Cacambo et Cunégonde. Il lui répétait qu'il y avait peu de vertu et peu de bonheur sur terre. Les jours, les semaines passaient; Cacambo ne revenait pas.

---

[94]**craindre** to fear [95]**après s'être fait voler** after being robbed [96]**savant** scholar [97]**corrompu** corrupt [98]**chercher** to look for [99]**avoir raison** to be right

10

Un soir que Candide, suivi de Martin, allait se mettre à table avec les étrangers qui logeaient dans la même hôtellerie, un homme s'approcha de lui et lui dit: «Soyez prêt à partir avec moi.» C'était Cacambo. Fou de joie,[1] Candide embrasse son cher ami. «Où est Cunégonde? Mène-moi vers elle. —Cunégonde n'est pas ici, dit Cacambo, elle est à Constantinople. —À Constantinople! mais j'y vole, partons. —Nous partirons après le dîner; je suis esclave, mon maître m'attend; il faut que j'aille le servir à table. Ne dites rien et attendez-moi.» 5

Candide se mit à table avec Martin. Cacambo, qui versait[2] à boire à l'un des étrangers, s'approcha de l'oreille de son maître à la fin du repas et lui dit: «Sire, Votre Majesté partira quand elle voudra, le vaisseau est prêt.» Et il sortit. Un autre domestique, s'approchant de son maître, lui dit: «Sire, la barque de Votre Majesté est prête. Le maître fit un signe, et le domestique partit. Puis quatre autres domestiques dirent à peu près la même chose à quatre autres rois, à la grande surprise de Candide et de Martin. «Messieurs, dit Candide, est-ce une plaisanterie?[3] Êtes-vous tous rois?[4] Ni moi ni Martin ne le sommes.» 10 15

Le maître de Cacambo dit alors: «Ce n'est pas une plaisanterie. Je m'appelle Achmet III. J'ai détrôné mon frère; mon neveu m'a détrôné. Je suis venu passer le carnaval à Venise.» 20

Un jeune homme parla après lui et dit: «Je m'appelle Ivan; j'ai été empereur de toutes les Russies; on m'a élevé en prison; j'ai quelquefois la permission de voyager, et je suis venu passer le carnaval à Venise.» 25

Le troisième dit: «Je suis Charles-Édouard, roi d'Angleterre; j'ai été mis en prison; je vais à Rome faire une visite au roi mon père, détrôné ainsi que moi et mon grand-père, et je suis venu passer le carnaval à Venise.» 30

Le quatrième dit alors: «Je suis roi de Pologne; j'ai perdu mon royaume deux fois; mais j'ai reçu un autre état, dans lequel j'ai fait beaucoup de bien; et je suis venu passer le carnaval à Venise.»

---

[1]**fou de joie** beside himself with joy [2]**verser** to pour [3]**plaisanterie** joke
[4]*(All six kings mentioned by Voltaire are actual, historical figures.)*

Il restait au sixième monarque à parler. «Messieurs, dit-il, je ne suis pas si grand seigneur que vous, mais j'ai été roi comme vous autres. Je suis Théodore; on m'a fait roi en Corse; on m'a appelé *Votre Majesté*, et à présent on m'appelle *Monsieur;* et je
5 suis venu, comme Vos Majestés, passer le carnaval à Venise.»

Les cinq autres rois écoutèrent ce discours[5] avec une noble compassion, et donnèrent un peu d'argent au roi Théodore pour avoir des habits et des chemises.[6] Candide lui donna un diamant. «Quel est donc, disaient les cinq rois, cet homme qui peut
10 donner beaucoup plus que nous? Êtes-vous roi aussi? —Non, Messieurs, et je n'ai aucune envie de l'être.»[7]

11

Peu de temps après, Candide s'embarqua sur une galère[8] pour aller chercher[9] Cunégonde. Il disait à Martin: «Voilà six rois détrônés, avec qui nous avons soupé! Moi, je n'ai perdu que cent
15 moutons, et je vole dans les bras[10] de Cunégonde. Mon cher Martin, encore une fois,[11] Pangloss avait raison, tout est bien.—Je le souhaite,[12] dit Martin. —Mais, dit Candide, quelle aventure extraordinaire de trouver six rois détrônés. —Cela n'est pas plus extraordinaire, dit Martin, que la plupart des choses qui nous
20 sont arrivées. Il est très commun que des rois soient détrônés; et l'honneur que nous avons eu de souper avec eux est une chose qui ne mérite pas notre attention. La seule chose qui importe,[13] c'est de bien manger.»

Candide demanda alors à Cacambo: «Eh bien! que fait
25 Cunégonde? Est-elle toujours belle? M'aime-t-elle toujours? Comment se porte-t-elle?[14] Tu lui as acheté un palais à Constantinople? —Mon cher maître, répondit Cacambo, Cunégonde lave la vaisselle[15] chez un prince dont elle est l'esclave; mais ce qui est plus triste,[16] c'est qu'elle a perdu sa beauté et qu'elle est
30 devenue horriblement laide.[17] —Ah! belle ou laide, dit Candide,

---

[5]**discours** speech [6]**chemise** shirt [7]**et je n'ai... l'être** and I don't wish to be one [8]**galère** galley [9]**aller chercher** to go and get [10]**je vole dans les bras** in no time at all I'll be in the arms [11]**encore une fois** once again [12]**souhaiter** to wish [13]**importer** to be important [14]**se porter** to be [15]**vaisselle** dishes [16]**triste** sad [17]**laid** ugly

mon devoir[18] est de l'aimer toujours. Mais qu'est-ce que tu as fait avec les cinq ou six millions que je t'avais donnés? —Bon, dit Cacambo, j'ai donné deux millions au gouverneur de Buenos-Aires; un pirate nous a pris le reste; et moi, je suis esclave du sultan détrôné. —Comme c'est épouvantable, toutes ces calamités! dit Candide. Mais, après tout, j'ai encore quelques diamants; je délivrerai[19] facilement Cunégonde. C'est bien dommage[20] qu'elle soit devenue laide. Et toi, Cacambo, je te délivrerai aussi.»

On arriva en peu de jours dans la mer Noire. Il y avait dans la galère deux criminels qui ramaient[21] très mal et qu'on battait[22] souvent. Candide, par un mouvement naturel, les regarda plus attentivement que les autres galériens[23] et s'approcha d'eux avec pitié. «En vérité, dit-il à Cacambo, si je n'avais pas vu pendre maître Pangloss, et si je n'avais pas eu le malheur de tuer le baron, je croirais que ce sont eux qui rament dans cette galère.»

Au nom du baron et de Pangloss, les deux criminels poussèrent un grand cri,[24] car c'était bien eux. Après avoir payé leur rançon en donnant un diamant au patron[25] de la galère, Candide embrassa cent fois le baron et Pangloss. «Et comment ne vous ai-je pas tué, mon cher baron? et, mon cher Pangloss, comment êtes-vous en vie[26] après avoir été pendu? et pourquoi êtes-vous tous deux aux galères en Turquie? —Est-il bien vrai que ma chère sœur soit dans ce pays? disait le baron. —Oui, répondait Cacambo. —Je revois donc mon cher Candide,» s'écriait Pangloss. Candide leur présentait[27] Martin et Cacambo. Ils s'embrassaient tous, ils parlaient tous à la fois.[28]

12

Pendant que Candide, le baron, Pangloss, Martin et Cacambo se racontaient leurs aventures, et qu'ils raisonnaient sur les effets et les causes, sur le mal moral et sur le mal physique, sur la liberté

---

[18]**devoir** duty [19]**délivrer** to free [20]**c'est bien dommage** it's indeed a pity [21]**ramer** to row [22]**battre** to beat [23]**galérien** convict [24]**pousser un cri** to utter a cry [25]**patron** boss [26]**en vie** alive [27]**présenter to introduce** [28]**à la fois** at the same time

et la nécessité, ils abordèrent[29] sur le rivage près de la maison du prince. Les premiers objets qui se présentèrent furent Cunégonde et la vieille qui étendaient du linge pour le faire sécher.[30]

Le baron pâlit à cette vue. Le tendre Candide, en voyant sa
5 belle Cunégonde, les yeux rouges, le visage et les bras pleins de rides,[31] recula trois pas,[32] plein d'horreur, et avança ensuite par bonté. Elle embrassa Candide et son frère; on embrassa la vieille: Candide les délivra toutes deux. Cunégonde ne savait pas qu'elle était devenue laide; elle rappela[33] à Candide sa promesse de
10 mariage et le bon Candide n'osa pas refuser. Il dit donc au baron qu'il allait se marier avec sa sœur. «Jamais je ne souffrirai une telle insolence, dit le baron, ma sœur n'épousera qu'un baron de l'Empire.» Cunégonde se jeta à ses pieds; il fut inflexible. «J'ai payé ta rançon, j'ai payé celle de ta sœur; elle lavait ici la vais-
15 selle, elle est laide, j'ai la bonté d'en faire ma femme, et tu t'y opposes! J'ai bien envie de te tuer. —Tu peux me tuer encore, dit le baron, mais tu ne l'épouseras jamais.»

Candide consulta ses amis. Martin était d'avis de le jeter à la mer. Cacambo décida qu'il fallait le rendre[34] au patron de la
20 galère. L'avis fut trouvé fort bon; on n'en dit rien à sa sœur, et on fit ce qu'on avait décidé.

Après son mariage, Candide perdit tous ses diamants; il ne lui restait qu'une petite ferme; sa femme, devenant tous les jours plus laide, devint insupportable; la vieille aussi. Cacambo, qui
25 travaillait au jardin et qui allait vendre des légumes[35] à Constantinople, avait trop de travail. Martin prenait les choses en patience. Candide, Martin et Pangloss avaient quelquefois des discussions philosophiques. On voyait souvent passer des bateaux chargés de personnes qu'on exilait, et ces spectacles stimulaient
30 les discussions: mais on s'ennuyait[36] aussi, et ils passaient ainsi des convulsions de l'inquiétude[37] à la léthargie de l'ennui.[38]

Un jour, Pangloss, Candide et Martin rencontrèrent un bon vieillard assis devant sa porte. Pangloss, toujours curieux, lui demanda ce qu'il pensait des personnes qu'on exilait ou qu'on

---

[29]**aborder** to land [30]**étendaient... sécher** were hanging the linen to dry [31]**ride** wrinkle [32]**pas** step [33]**rappeler** to remind [34]**rendre** to return [35]**légume** vegetable [36]**s'ennuyer** to be bored [37]**inquiétude** worry [38]**ennui** boredom

tuait. «Je n'en sais rien, répondit-il, j'ignore absolument[39] ce qui se passe à Constantinople; je me contente d'y[40] envoyer les fruits du jardin que je cultive. —Vous devez avoir, dit Candide au Turc, une vaste et magnifique terre? —Je n'ai que quelques champs, répondit le Turc; je les cultive avec mes enfants; le travail éloigne[41] de nous trois grands maux:[42] l'ennui, le vice et le besoin.»[43] 5

Candide, en retournant dans sa ferme, réfléchit au discours du Turc. «Ce bon vieillard a une meilleure vie que celle des six rois avec qui nous avons soupé, dit-il à Martin et à Pangloss. —Les grandeurs,[44] dit Pangloss, sont fort dangereuses. Vous savez comment sont morts César, Richard II d'Angleterre, Richard III, Marie-Stuart, les trois Henri de France?[45] Vous savez... —Je sais aussi, dit Candide, qu'il faut cultiver notre jardin. —Travaillons sans raisonner, dit Martin; c'est le seul moyen de rendre la vie supportable.» 10 15

Alors, ils exercèrent tous leurs talents.[46] Cunégonde était laide, mais elle devint une excellente cuisinière; la vieille eut soin[47] du linge. Pangloss disait quelquefois à Candide: «Tout est pour le mieux dans le meilleur des mondes: car si vous n'aviez pas été chassé à grands coups de pied dans le derrière pour l'amour de Cunégonde, si vous n'aviez pas été en Amérique, si vous n'aviez pas donné un bon coup d'épée au baron, si vous n'aviez pas perdu tous vos moutons du bon pays d'Eldorado, vous ne mangeriez pas ici des oranges et des ananas.[48] —Cela est bien dit, répondit Candide, mais il faut cultiver notre jardin.» 20 25

---

[39]**j'ignore absolument** I don't know at all [40]**je me contente de** all I do is [41]**éloigner** to keep away [42]**mal (maux)** evil [43]**besoin** want [44]**grandeur** greatness [45](*They all died violent deaths.*) [46]**exercèrent tous leurs talents** all used their talents [47]**avoir soin** to take care [48]**ananas** pineapple

EXERCISES

1–2

READING COMPREHENSION

Rewrite the following statements where necessary to make them agree with the facts as presented in the story.

1. On nommait le garçon Candide parce qu'il était très naïf.
2. Selon Pangloss, tout est au mieux: il y a des pierres parce qu'on en a besoin pour faire un château; nous avons un nez pour pouvoir porter des lunettes; les animaux sont faits pour être mangés; si on est le baron le moins puissant, il faut être le mieux logé.
3. Pour Candide, le plus grand bonheur était de voir Cunégonde tous les jours.
4. Le baron a chassé Candide parce qu'il voyait la cause et l'effet. La cause, c'était le baiser et l'effet, c'était l'amour.
5. Les deux hommes ont invité Candide à dîner parce qu'il était beau.
6. En buvant à la santé du roi des Bulgares, Candide est devenu soldat.
7. Candide était considéré par ses camarades comme un héros parce qu'il ne recevait plus que dix coups de bâton par jour.
8. Candide pouvait choisir entre trente-six coups de bâton d'un soldat du régiment ou douze balles dans la tête.
9. Le roi des Bulgares a sauvé la vie de Candide parce qu'il était métaphysicien.

VOCABULARY STUDY

Study the following expessions; then select the appropriate one to complete each of the sentences.

boire à sa santé
faire les honneurs de la maison
bander les yeux
chasser à coups de pied dans le derrière
mettre les fers aux pieds
se mettre à table
se servir de
s'attirer beaucoup de respect

1. La baronne _____ parce qu'elle pesait trois cent cinquante livres.
2. Elle se rendait respectable quand elle _____.
3. Quand on veut manger, on _____.
4. Pour honorer une personne, on _____.
5. Pour être soldat, il faut savoir _____ un fusil.
6. Pour punir un soldat, on lui _____.
7. Avant de tuer une personne, on lui _____.
8. Si vous n'aimez pas ce que fait une personne, vous la _____.

STRUCTURES

A. *The Use of a Cedilla*

A cedilla under **c** indicates that the **c** is pronounced not as a **k** but as an **s** when it is followed by the vowels **a, u,** or **o.**

Compare these sentences:

Tu avances.	Nous **avançons.**
Nous avancions.	Ils **avançaient.**

Place a cedilla under the **c** whenever necessary.

1. elles avancent	5. je recois
2. elles avanceront	6. ils annoncent
3. il avancait	7. ils annonceront
4. nous recevons	8. nous annoncons

B. *The Use of* **e** *in Verbs Ending in* ***-ger***

The use of an **e** after **g** in verbs ending in **ger** indicates that the **g** is pronounced like a **j,** and not as **gu,** when it is followed by vowels **a, u,** or **o.**

Compare these sentences:

Il neige.	Il **neigeait.**

Rewrite these verb forms in the plural.

1. je mange	3. je mangerai
2. elle mange	4. tu manges

Rewrite these verb forms in the imperfect.

1. il neige
2. il mange
3. je mange
4. vous mangez

C. *The Use of the* ***accent grave*** *in Verbs Ending in* **e** *+ consonant + mute* **e**

An **accent grave** is used over an **e** when the **e** is followed by a single consonant and a mute **e.** This means the **accent grave** is necessary in the first three persons and in the third person plural of the present indicative of certain verbs:

Je me **promène.**
Tu **pèses.**
Il se **lève.**
Elles **achètent.**

When the syllable that follows **e** is pronounced, there is no need for the **accent grave.** Compare these verbs with those in the preceding example.

Je me **promenais.**
Vous **pesez.**
Nous nous **levons.**

Add an **accent grave** above the verbs where needed in these sentences.

1. La baronne pesait trois cent cinquante livres. 2. Tu peses combien? 3. Je pese cent dix livres. 4. Demain, elle pesera cent onze livres. 5. Les garçons pesent plus que les filles. 6. On va se promener. 7. On se promene tous les jours. 8. Nous ne nous promenerons pas demain. 9. Elles se promenaient dans la cour. 10. Je promene le chien. 11. Je me leve à six heures. 12. Quand se levait la baronne? 13. Cunégonde ne se leve plus pour voir Candide. 14. Vous ne vous levez pas.

D. *The Comparative: Equality, Superiority, Inferiority*

To express equality, the construction **aussi** + *adjective* or *adverb* is used.

Le baron est **aussi honnête que** sa sœur.

Rewrite the following sentences according to the model.

EXAMPLE: Cunégonde / la baronne (belle)
Cunégonde est aussi belle que baronne.

Cunégonde / la baronne (bien chanter)
Cunégonde chante aussi bien que la baronne.

1. le visage de Candide / ses mœurs (doux)
2. les domestiques / le garçon (bien écouter)
3. le baron / la baronne (noble)
4. les deux hommes / Candide (polis)
5. le fils du baron / son père (bien manger)

To express superiority, the construction **plus** + *adjective* or *adverb* + **que** is used.

La baronne est **plus vieille que** sa fille.

Note the irregular comparative forms for **bon** and **bien.**

bon → **meilleur**
bien → **mieux**

Rewrite the following sentences using the comparative of superiority.

EXAMPLE: le baron / les autres seigneurs (puissant)
Le baron est plus puissant que les autres seigneurs.

1. la baronne / la baronnette (grasse)
2. le baron / sa sœur (noble)
3. Pangloss / les autres philosophes (bon)
4. Candide / les autres (écouter attentivement)
5. Candide / les autres (bien écouter)

To express inferiority, the construction **moins** + *adjective* or *adverb* + **que** is used.

La père de Candide était **moins noble que** le baron.

La baronne aimait Candide **moins tendrement** que Cunégonde.

Rewrite the following sentences, using the comparative of inferiority.

1. Le second jour, Candide faisait l'exercice (mal) _____ que le premier jour.
2. Cunégonde regardait Candide (innocemment) _____ que ses parents.
3. Le roi des Bulgares était (ignorant) _____ que Candide.
4. Les coups de bâton étaient (mortels) _____ que les douze balles.
5. La deuxième semaine, Candide était (malade) _____ que la première semaine.

E. *The Position of the Adverbs* ***toujours*** *and* ***jamais***

Toujours and **jamais** usually follow the verb or the auxiliary verb.

Il écoutait **toujours;** il voulait **toujours** écouter.
He always listened; he always wanted to listen.

Il n'écoutait **jamais;** il n'a **jamais** écouté.
He never listened; he has never listened.

Rewrite the following sentences inserting the adverb in its correct position and making all necessary changes.

1. Candide était doux. (toujours)
2. Sa mère ne voulut pas épouser son père. (jamais)
3. Le baron n'a pas pu accepter le mariage. (jamais)
4. Le baron racontait des histoires. (toujours)
5. La baronne faisait les honneurs avec dignité. (toujours)
6. Elle n'a pas soupçonné l'amour de Cunégonde pour Candide. (jamais)
7. Elle voulait être respectable. (toujours)
8. Candide ne se promenait pas tous les jours. (jamais)

F. *The Meaning of* ***aussi***

Aussi has several meanings:

1. as

Elle était **aussi** belle que sa mère.
She was as beautiful as her mother.

2. also, too

 Elle était belle **aussi.**
 She was beautiful too.

3. and so, therefore (*at the beginning of a sentence*)

 Le baron est puissant; **aussi** monseigneur a un très beau château.
 The baron is powerful; and so my Lord has a very beautiful castle.

Translate the following sentences.

1. Le fils du baron était aussi digne que son père.
2. Candide rougit et Cunégonde aussi.
3. Ils s'embrassèrent; aussi le baron chassa Candide.
4. Il neigeait. Il faisait froid aussi.
5. Aussi, Candide mourait de faim et de froid.
6. Pangloss disait aussi que tout est au mieux.

G. *The Use of the Imperfect and the* ***Passé Simple***

The imperfect is used to describe ongoing past actions (*what was happening*) or habitual past actions (*what used to be done*) in a span of time that is not viewed as finished. The **passé simple** (like the **passé composé**) describes actions that are completed at a given point in the past and are therefore viewed as finished.

Compare these sentences:

En général, Candide ne **rougissait** pas quand Cunégonde **passait.**

Mais un jour, Candide **rougit** quand Cunégonde **passa** en le regardant.

Rewrite the following story choosing the appropriate tense.

Il y (avait / eut) _____ une fois un garçon qu'on nommait / nomma Candide parce qu'il (était / fut) _____ un peu naïf. Le château du baron où il (habitait / habita) _____ (avait / eut) _____ des fenêtres. On (appelait / appela) _____ le baron monseigneur. Cunégonde (était / fut) _____ très rose et grasse. Pangloss (enseignait / enseigna) _____ qu'ils (mangeaient / mangèrent) _____ du porc parce que les cochons (étaient / furent) _____ faits pour être mangés. Un jour,

Cunégonde (rougissait / rougit) _____ en rencontrant Candide. Elle (laissait / laissa) _____ tomber son mouchoir. Il le (ramassait / ramassa) _____ et elle lui (prènait / prit) _____ la main. Puis, ils (s'embrassaient / s'embrassèrent) _____. Le baron (chassait / chassa) _____ Candide du château. Candide se couchait / se coucha) _____ sans souper. Il (s'arrêtait / s'arrêta) _____ à la porte d'un cabaret où deux hommes le (priaient / prièrent) _____ de dîner avec eux. Candide leur (disait / dit) _____ qu'il (n'avait / n'eut) _____ pas d'argent. On lui (disait / dit) _____ que les personnes comme lui ne (payaient / payèrent) _____ jamais.

3–5
READING COMPREHENSION

Select the word or phrase that best completes each of the following statements according to the story.

1. Pendant le carnage, Candide
   a. jouait de la trompette.
   b. se servait d'une baïonnette.
   c. se cachait comme un philosophe.
   d. tremblait comme un héros.

2. En Hollande, Candide reçut du pain
   a. parce que tout le monde était riche.
   b. parce qu'on le traitait aussi bien qu'au château.
   c. parce que les hommes étaient pleins de charité.
   d. parce qu'il avait trouvé un homme bon.

3. En se promenant, il vit Pangloss. Il toussait si fort qu'il
   a. mourait de faim.
   b. n'avait plus d'argent.
   c. versait des larmes.
   d. perdait ses dents.

4. En entendant les nouvelles données par Pangloss, Candide
   a. s'est évanoui une fois.
   b. s'est évanoui deux fois.
   c. s'est jeté au cou de Pangloss.
   d. s'est jeté aux pieds de Jacques.

5. Pour Jacques, les hommes
   a. sont nés bons d'abord puis deviennent méchants.
   b. sont nés méchants d'abord puis font le bien général.
   c. ne sont ni bons ni méchants, mais indispensables.
   d. se sont fait des canons pour se défendre.
6. Pendant le tremblement de terre, les habitants de Lisbonne
   a. ont été écrasés sous leurs maisons.
   b. se sont noyés dans la mer.
   c. ont fait naufrage.
   d. se sont évanouis d'épouvante.
7. La vieille femme donna une pommade à Candide parce qu'il
   a. avait perdu Pangloss.
   b. avait perdu Jacques.
   c. avait reçu des coups de bâton.
   d. avait reçu des coups de pied dans le derrière.
8. Après avoir tué l'un des deux hommes, Candide
   a. a tiré son épée pour tuer le second maître.
   b. a caché le premier mort sous le canapé.
   c. est revenu de sa surprise.
   d. s'est enfui avec Cunégonde et la vieille.

VOCABULARY STUDY

Complete the following sentences, inventing a fitting context.

1. _____. Qu'allons-nous devenir!
2. _____. Quelle surprise!
3. Rien n'est si beau que _____.
4. Le chef-d'œuvre de l'univers, c'est _____.
5. La perle de l'univers, c'est _____.
6. À peine arrivé, _____.
7. Je suis d'avis que _____.

Write sentences of your own with each of the following words.

recevoir des coups
percer
être sanglant
être mourant
se noyer
être pendu
s'enfuir
guérir
se faire soigner
soigner
se frotter avec

Select the word or expression in *Column B* that is opposite in meaning to each term in *Column A.*

A	B
s'évanouir	guérir
avancer	rouvrir
rire	revenir à soi
se montrer	se cacher
fermer	verser des larmes
tomber malade	reculer

STRUCTURES

A. *The Prepositions **à** and **en** with Place Names*

To express the idea of *to* or *in*, the following prepositions are used with place names:

1. With countries whose names are feminine, **en** is used.

   la France → **en** France (*in or to France*)

2. With countries whose names are masculine, **au** is used.

   le Chili → **au** Chili (*in or to Chile*)

3. With names of cities, **à** is used.

   Paris → **à** Paris (*in or to Paris*)

Use the preposition **à, au,** or **en** with each of the following names of countries and cities.

1. Le Canada
2. Buenos-Aires
3. La Westphalie
4. Cadix
5. La Russie
6. Bordeaux
7. Le Paraguay
8. L'Amérique (*f.*)
9. Venise
10. La Turquie
11. Constantinople
12. Le Portugal

6–8

READING COMPREHENSION

Select the phrase that best completes each statement according to the story.

1. Le gouverneur a ordonné à Candide d'aller faire la revue de sa compagnie
   a. parce qu'il était tombé amoureux de la vieille.
   b. parce que Candide lui avait menti.
   c. parce qu'il voulait rester seul avec Cunégonde.
   d. pour que Candide montre ses talents militaires.

2. Dans le pays d'Eldorado les carrosses étaient traînés par
   a. des chevaux.
   b. des Péruviens.
   c. des moutons rouges.
   d. des moutons noirs.

3. Au cabaret, on a ri quand Candide a voulu payer parce que (parce qu')
   a. les pièces d'or n'étaient pas bonnes.
   b. les pièces d'or appartenaient au roi.
   c. il fallait payer avec la monnaie du pays.
   d. on n'avait pas besoin de payer dans ce pays.

4. Les habitants de l'Eldorado sont restés heureux parce que (parce qu')
   a. personne ne pouvait sortir du royaume.
   b. les Espagnols les ont toujours protégés.
   c. les Incas ont tué les Espagnols.
   d. ils aimaient les Européens.

5. Pour saluer le roi, il fallait
   a. l'embrasser.
   b. se jeter à ses genoux.
   c. se mettre les mains sur la tête.
   d. sauter sur son ventre.

6. Il n'y avait pas de prisons parce que (parce qu')
   a. on jetait les criminels dans les précipices.
   b. il n'y avait pas de criminels.
   c. on faisait travailler les criminels pour les autres.
   d. les criminels servaient au régiment.

7. Candide a voulu quitter l'Eldorado parce qu'il
   a. ne pouvait pas être heureux sans Cunégonde.
   b. voulait devenir très riche.
   c. n'était pas libre.
   d. ne pouvait pas être heureux dans un pays parfait.

VOCABULARY STUDY

Vocabulary Usage

A. Write sentences of your own with each of the following words and phrases.

le vaisseau	se briser sur les rochers
la barque	couler
le fleuve	le précipice
la rivière	le caillou (*pl.* cailloux)
la fontaine	

la cour	le trône
le palais	le carrosse
la salle	un grand officier
le roi	saluer
Sa Majesté	recevoir
le royaume	avoir l'honneur de

B. Select the word or expression in *Column B* opposite in meaning to each term in *Column A*.

A	B
détruire	se mettre en colère
remonter (une rivière)	débarquer
éclater de rire	descendre
s'embarquer	laisser tomber
ramasser	construire

C. Select the word or expression in *Column B* nearest in meaning or related logically to each term in *Column A*.

A	B
tirer	partir
sans doute	traîner
accompagner	inviter
oser	probablement
sottise	suivre
prier	avoir le courage
ne pas rester	chose stupide

D. Study the various meanings of **servir** and translate the following sentences.

1. Candide a servi dans l'armée bulgare.
2. Candide s'est servi de son épée.
3. C'est si bon que je me suis servi deux fois.
4. On lui a servi quelque chose de délicieux.
5. Cacambo lui servait d'interprète.
6. Une épée sert à faire la guerre.
7. On se sert d'instruments en physique.

STRUCTURES

A. *The Use of **devoir***

Devoir is used to describe:

1. an obligation

   Candide **devait s'enfuir** à cause de la police.
   *Candide **had** to flee because of the police.*

2. a strong likelihood

   Candide **devait comprendre** sa situation.
   *Candide **must** have understood his situation.*

3. a predictable action

   Les soldats **devaient aller** au Paraguay.
   The soldiers were to go to Paraguay.

Translate the following sentences.

1. La vaisseau devait partir bientôt.
2. La vieille dit à Candide qu'il devait partir.
3. Candide devait s'enfuir après avoir tué le frère de Cunégonde.
4. La barque devait mener Candide dans le pays de l'Eldorado.
5. Candide devait quitter l'Eldorado après un mois.
6. Les habitants ne devaient jamais sortir du pays.
7. Cunégonde devait faire à Candide l'honneur de l'épouser.

B. *The Use of* ***-ci***

The demonstrative pronouns **celui, ceux, celle, celles** are followed by **-ci** to specify a person or thing that is closer.

Candide était suivi de Cacambo. **Celui-ci** était son valet.
Candide was followed by Cacambo. ***The latter*** *was his servant.*

Rewrite the following sentences replacing the words in italics with the appropriate form of the demonstrative pronoun.

1. Candide et Cunégonde allèrent chez le gouverneur. *Le gouverneur* tomba amoureux de Cunégonde.
2. Candide vit arriver la vieille. *La vieille* lui dit de partir.
3. La rivière se perdait sous des rochers. *Les rochers* étaient très hauts.
4. Candide vit des enfants. *Ces enfants* jouaient avec de l'or.
5. Je connais beaucoup de pays mais *ce pays* est extraordinaire.
6. Il y avait beaucoup de fontaines. *Ces fontaines* coulaient continuellement.

C. *The Use of* ***de plus en plus*** *with* ***être*** *and* ***devenir*** *+ adjective*

De plus en plus is followed by an adjective to indicate an increase.

La rivière devenait **de plus en plus large.**
The river was getting ***wider and wider.***

Rewrite the following sentences using **de plus en plus.**

1. Le bruit sous les rochers était horrible.
2. La rivière devenait rapide.
3. L'hôte et l'hôtesse étaient amusés.
4. Candide devenait surpris en visitant la ville.
5. Candide était décidé à retrouver Cunégonde.
6. Après le départ des Espagnols, les habitants sont devenus heureux.

D. *The Use of the Pronoun* **en**

The pronoun **en** replaces **de, de l', de la, du,** or **des** + *noun.*

J'ai **de l'or.** → J'**en** ai.
Je sors **de la maison.** → J'**en** sors.

Rewrite the following sentences replacing the words in italics with **en.**

1. Il frappa le frère de Cunégonde *de son épée.*
2. Les chemins étaient couverts *de voitures.*
3. Beaucoup de monde sortait *du cabaret.*
4. Nous sommes entourés *de rochers.*
5. Candide parlait *de l'Europe.*
6. Les marchés étaient ornés *de colonnes.*

E. *The Formation of the Future Tense*

The stem of the future tense with verbs ending in **-er, -re, -ir** is the infinitive of the verb. (The **e** is dropped from the ending **-re.**) Irregular stems are used with verbs like **aller, être, avoir, pouvoir, faire, revoir,** and **vouloir.**

Rewrite the following sentences in the future tense.

1. Quand Candide et Cacambo montent sur la machine, les moutons les accompagnent.
2. Quand vous montez, les moutons vont avec vous.
3. Quand ils veulent partir, on leur fait une machine.
4. Quand ils sortent de l'Eldorado, Candide est très riche.
5. Les deux hommes ont des millions.
6. Je suis très heureux quand je revois Cunégonde.
7. Cunégonde peut l'embrasser.

9–10

READING COMPREHENSION

Rewrite the following statements when necessary to make them agree with the facts as presented in the story.

1. Au bout de plusieurs mois de marche, Candide avait toujours beaucoup d'argent.
2. Cacambo devait prendre Cunégonde à Venise et la mener à Buenos-Aires.
3. Martin était optimiste comme Candide.
4. Candide a retrouvé Cacambo à Venise. C'était le domestique d'un roi détrôné.
5. Tous les six rois étaient détrônés.
6. Candide n'avait pas envie de donner de l'argent au roi Théodore.

VOCABULARY STUDY

A. *The Meanings of **faire***

After studying the various meanings of **faire** in the passage, translate the following sentences.

1. Le roi fait une visite à son père.
2. J'ai fait beaucoup de bien.
3. Candide s'est fait voler les deux moutons.
4. Il a fait chercher Cacambo à Venise.
5. Le roi a fait un signe à son domestique.
6. On m'a fait roi.
7. On m'a fait descendre du trône.
8. Il ne fait pas de plaisanterie.

B. *The Meanings of **toujours***

Toujours means *always* or *still*, depending on the construction of the sentence.

Il ne vient pas **toujours.**
He does not always come.

Il ne vient **toujours** pas.
He still is not coming.

Translate the following sentences.

1. Candide ne comprend pas toujours.
2. Candide ne comprend toujours pas.
3. Candide n'est pas toujours optimiste.
4. Candide n'est toujours pas pessimiste.
5. Cacambo ne revenait toujours pas.
6. Cacambo ne revenait pas toujours.

STRUCTURES

A. *The Position of* ***beaucoup***

Beaucoup usually follows the verb in simple constructions, but in compound tenses it is inserted between the auxiliary verb and the past participle.

Ils souffrent **beaucoup.**

Ils ont **beaucoup** souffert.

Rewrite the following sentences in the **passé composé.**

1. Ils voyagent beaucoup.
2. Ils ne parlent pas beaucoup.
3. Ils cherchent beaucoup.
4. Ils ne raisonnent pas beaucoup.
5. Ils voient beaucoup.
6. Ils perdent beaucoup.

B. *The Position of Personal Pronouns in the Imperative*

Personal pronouns follow the imperative in the affirmative and precede the imperative in the negative.

Donne-**lui** deux millions.

Ne **lui** donne pas deux millions.

Rewrite the following sentences in the negative.

1. Cherchez-la.
2. Oubliez-la.
3. Mène-la ici
4. Détrône ton père.
5. Écoutez-les.
6. Donnez-leur tout.

C. *The Formation of the Imperative, First and Second Person*

The imperative, first and second person, uses the corresponding forms of the present indicative.

Tu écoutes. → **Écoute!** (Note that the final **s** is dropped.)
Vous écoutez. → **Écoutez!**
Nous écoutons. → **Écoutons!**

Rewrite the following sentences according to the example.

EXAMPLE: Il faut verser à boire.

Verse à boire!
Versez à boire!
Versons à boire!

Il faut

1. manger
2. partir
3. attendre
4. servir
5. sortir
6. faire vite
7. dire oui
8. être optimiste

D. *Adverbs of Quantity*

Here are a few common adverbs of quantity:

peu de	**peu d'argent**	*little money*
	peu de moutons	*few (not many) sheep*
un peu de	**un peu d'argent**	*a little (some) money*
beaucoup de	**beaucoup d'argent**	*a lot of money*
	beaucoup de moutons	*many sheep*
la plupart de	**la plupart des rois**	*most of the kings*
quelque	**quelques moutons**	*a few (some) sheep*

Translate the following phrases.

1. a little gold
2. little gold
3. most children
4. a lot of wine
5. few kings
6. a few kings
7. a lot of diamonds
8. some diamonds

11–12

READING COMPREHENSION

Select the phrase that best completes each statement according to the story.

1. Pour Candide, c'était extraordinaire
   a. de bien manger.
   b. d'avoir mangé avec des rois détrônés.
   c. d'avoir perdu cent moutons seulement.
   d. de s'embarquer sur une galère.
2. Cunégonde est devenue horriblement laide, mais
   a. Candide ne veut pas le savoir.
   b. le devoir de Candide, c'est de l'aimer laide.
   c. la seule chose qui importe à Candide, c'est d'épouser la belle Cunégonde.
   d. la seule chose qui importe, c'est de s'acheter un palais à Constantinople.
3. En revoyant Cunégonde, Candide a d'abord reculé de trois pas
   a. parce que le frère ne voulait pas qu'il s'approche d'elle.
   b. parce que Cunégonde étendait du linge.
   c. parce que Cunégonde lui a rappelé sa promesse de mariage.
   d. parce qu'il était horrifié de voir Cunégonde si laide.
4. En voyant passer les bateaux,
   a. Candide et ses amis s'ennuyaient beaucoup.
   b. Candide et ses amis étaient inquiets pour les personnes qu'on exilait on qu'on allait tuer.
   c. Candide et ses amis restaient indifférents car ils préféraient discuter.
   d. Candide et ses amis étaient contents du spectacle.
5. «Il faut cultiver notre jardin» veut dire
   a. Tout est au mieux dans le meilleur des mondes.
   b. Si on cultive son jardin, on peut devenir riche.
   c. L'important, c'est d'exercer ses talents même si on n'est pas très riche.
   d. La vie des rois détrônés est meilleure.

VOCABULARY STUDY

Write sentences of your own with each of the following words and phrases.

le pirate
le patron
la galère
les galériens
être aux galères
payer la rançon
délivrer
ramer
aborder au rivage

le mal (*pl.* maux) physique ou moral
avoir des rides
être laid
souffrir
pousser un cri
pâlir
être inquiet
s'inquiéter
l'inquiétude
être ennuyé
s'ennuyer
l'ennui
le besoin

STRUCTURES

A. *Interrogative Construction*

There are three interrogative constructions in French:

1. normal construction with interrogative intonation

   Cunégonde est toujours à Constantinople?

2. use of **est-ce que** + *normal construction*

   Est-ce que Cunégonde est toujours à Constantinople?

3. *noun* + *verb* + *pronoun (inversion of subject and verb)*

   Cunégonde est-elle toujours à Constantinople?

   Cunégonde travaille-t-elle toujours?

(Note the use of **-t-** between the vowel ending of **travaille** and the initial vowel of **elle.**)

Rewrite the following sentences in the interrogative using all three constructions.

1. Cunégonde m'aime toujours.
2. Tu lui as acheté un palais.
3. Je ne vous ai pas tué.
4. Vous n'êtes pas mort.
5. Cunégonde veut m'épouser.
6. Les Turcs font travailler Cunégonde.
7. Nous avons encore assez d'argent.
8. Je n'ai pas payé ta rançon.
9. Candide épousera Cunégonde.
10. Le baron s'opposera au mariage.

B. *The use of* ***ne ... que***

Ne ... que is a restrictive expression, as it is in English. It modifies the word immediately following it.

Candide **n'a qu**'un diamant.
*Candide has **only** one diamond.*

Rewrite the following sentences replacing **seulement** with **ne ... que.**

1. Ma sœur épousera seulement un baron.
2. Il restait seulement une petite ferme.
3. Cacambo vendait seulement des légumes.
4. J'envoie seulement les fruits du jardin.
5. J'ai seulement quelques champs.
6. Candide a perdu seulement cent moutons.

C. *The Use of* ***il faut*** *+ infinitive*

It is possible to replace the construction **il faut que** + *subjunctive* with **il faut** + *infinitive*.

Il faut que nous cultivions notre jardin = **Il faut cultiver** notre jardin

---

Rewrite the following sentences, using the construction **il faut** + *infinitive*.

1. Il faut que nous travaillions sans raisonner.
2. Il faut que tu laves la vaisselle.
3. Il faut que tu deviennes meilleure cuisinière.
4. Il faut qu'elle se jette à ses pieds.
5. Il faut que je réfléchisse.
6. Il faut que nous prenions les choses en patience.
7. Il faut que nous vendions nos légumes.
8. Il faut qu'on soit réaliste.

D. *The Use of the Subjunctive with **c'est dommage que***

Rewrite the following sentences according to the example.

EXAMPLE: Elle est devenue laide.
C'est dommage *qu'elle* ***soit*** *devenue laide.*

1. Elle n'est plus belle.
2. Elle a perdu sa beauté.
3. Candide ne le sait pas.
4. Cunégonde devient insupportable.
5. Candide perd ses diamants.
6. On bat les criminels.
7. On ne peut pas les délivrer.
8. Vous n'avez que quelques champs.

E. *The Formation of the Conditional*

The conditional is formed by adding conditional endings to the stem of the future.

Future	Conditional	
je croirai →	**je croirais**	**vous croiriez**
	tu croirais	**nous croirions**
	il / elle / on croirait	**ils / elles croiraient**

Rewrite the following sentences in the conditional.

1. Ils raisonneront.
2. Il reverra Cunégonde.
3. Elle deviendra laide.
4. Tu n'épouseras qu'un baron.
5. Nous aurons envie de le tuer.
6. Tu pourras me tuer.
7. Vous le jetterez dans la mer.
8. On n'en dira rien.
9. Vous ne ferez pas cela.
10. Ils vendront des légumes.

WRITING PRACTICE

Write a short paragraph on one of the following topics.

1. Portrait de Candide au commencement de l'histoire.
2. Portrait de Candide à la fin de l'histoire.
3. Portrait de Cunégonde au commencement et à la fin de l'histoire.
4. Description du pays de l'Eldorado.

Your paragraph will be evaluated for grammatical accuracy and vocabulary usage. It should be at least fifty words in length.

COMMUNICATIVE ACTIVITY

Prepare one of the topics listed below to be discussed in class with two of your classmates. Once the topic has been thoroughly analyzed, your group should present a composite version of the discussion to the other members of the class and should be ready to quote sentences or parts of sentences in support of the views expressed.

Candide est un conte philosophique qui nous présente les idées du dix-huitième siècle sur le bien et le mal, le bonheur et le malheur, le but (*purpose*) de la vie.

1. Quelles sont les idées de Candide?
2. Quelles sont les idées de Pangloss?
3. Quelles sont les idées de Martin?
4. Quelles sont les idées de Jacques?
5. Quelles sont les idées des habitants de l'Eldorado?

6. Quelles sont les idées du cultivateur turc?
7. Faites une liste des principales formes de bien et de mal sur la terre.
8. La narration est rapide et vivante, avec beaucoup d'actions, de développements, de changements géographiques et de situations.
9. Il y a beaucoup d'ironie dans le caractère et les actions des personnages, dans les situations et dans les mots.

REVIEW EXERCISE

Review the vocabulary and the grammar covered in *Part I.* Then rewrite each sentence; use the correct form of the word in parentheses or supply the missing word.

Il y _____ (avait / eut) _____ (*preposition*) Westphalie un garçon qu'on _____ (nommait / nomma) Candide. Pangloss _____ (enseignait / enseigna) que le château du baron _____ (ètait / fut) le plus beau des châteaux. Un jour Candide _____ (rencontrait / rencontra) Cunégonde. _____ (*demonstrative pronoun for* **Cunégonde**) rougit et Candide rougit aussi. Il _____ (était / fut) chassé du château à grands coups _____ dans le derrière. Arrivé _____ (*preposition*) Hollande, Candide crut d'abord qu'on le _____ (*conditional of* **traiter**) aussi bien. Dans la rue, Pangloss lui demanda s'il ne _____ **(reconnaître)** pas son maître. Étant (*past participle of* **aller**) au Portugal, Jacques, Candide et Pangloss _____ (sentaient / sentirent) la terre trembler _____ (*preposition*) Lisbonne. Après la persécution, une vieille _____ (s'approchait / s'approcha) de Candide et lui dit: _____ (*imperative of* **suivre** + *pronoun*). _____ (*preposition*) Cadix, Candide, Cunégonde et la vieille _____ (allaient / allèrent) chez le gouverneur. _____ (*demonstrative pronoun replacing* **le gouverneur**) tomba amoureux de Cunégonde et lui dit qu'il _____(voulait / voulut) l'épouser. La vieille dit à Candide: _____ (*imperative of* **partir**). Candide et Cacambo descendirent une rivière qui devenait _____ large. Dans le pays de l'Eldorado on _____ (parlait / parla) péruvien et Cacambo dit à Candide: «Je vous _____ d'interprète.» Ils n'avaient pas d'argent, mais il n'était pas nécessaire d'_____ (*pronoun replacing* **argent**) pour dîner. Un vieillard leur _____ (expliquait / expliqua) qu'ils étaient dans la patrie des Incas et qu'ils _____ (*pronoun replacing* **patrie**) étaient sortis sans prudence. Les nations de l'Europe les _____ (*conditional of* **tuer**) pour avoir leurs diamants. Après avoir quitté l'Eldorado, Candide perdit ses moutons _____ (*use* **la plupart** *with* **ses moutons**). Il ne lui _____ (*pronoun replacing* **moutons**) resta que deux. Candide alla _____ (*preposition*) France, puis _____ (*preposition*) Angleterre, et arriva finalement _____ (*preposition*) Venise. Martin lui répétait qu'il y avait _____ **(peu)** vertu et _____ **(peu)** bonheur sur la terre. Un soir que Candide _____ (mangeait / mangea), Cacambo s'approcha de _____ (*personal pronoun*) et lui dit: _____ «(*imperative of* **être**) prêt à partir avec _____ (*personal pronoun*). Il faut que j'_____ **(aller)** servir mon maître.» Les cinq rois donnèrent _____ **(peu)** d'argent au roi Théodore. En apprenant que Cunégonde n'était plus si belle, Candide dit _____: «C'est dommage qu'elle _____ **(être)** laide. Mais je la _____ (*future of* **délivrer**).» Le baron s'opposa au mariage. «Jamais je ne _____ une telle insolence,» dit-il. Pangloss dit à Candide que s'il n'avait pas été chassé, il ne _____ (manger) pas des oranges. Réponse de Candide: il faut _____ notre jardin.

PART II

Part II, which focuses on the theater, features *Knock,* a comedy in three acts by Jules Romains (1885–1972). Through the machinations of an unscrupulous, self-styled doctor, a peaceful mountain community is enveloped by a cloud of uncertainty and fear because of pseudo-medical technologies. Knock, the "doctor," whose name is funny yet vaguely sinister, convinces everyone in the town that they are sick. His success is complete: one after another, healthy but fearful persons are changed into invalids. The situations are comical, but behind the farce and the traditional mockery of the medical profession, the author clearly warns us about paranoiacs who would impose their sick and totalitarian views upon us.

The play appears as originally written. It provides students with an excellent opportunity to practice conversational French in everyday situations.

STUDY AIDS

The following suggestions will help you in your reading of "Knock" and in preparing for class activities.

1. Glance at the vocabulary exercises before reading the play, particularly those dealing with the more familiar phrases used in daily life.
2. Review the use and position of **y** and **en;** possessive pronouns; the imperative; the subjunctive; the past conditional; the pluperfect.
3. Try to guess the general meaning of each line within its

situational context before looking at the footnotes and vocabulary. Reread the scenes aloud with the help of the footnotes, when necessary.

4. Prepare yourself for the Communicative Activity. Write the lines spoken by the characters and practice them aloud several times in order to improve your conversational skill. When performing one of the scenes, rehearse your part thoroughly and make an effort to speak in a natural way.

Knock
ou
Le triomphe de la Médecine

JULES ROMAINS

Personnages

	KNOCK	JEAN
	LE DOCTEUR PARPALAID	MADAME PARPALAID
	MOUSQUET	MADAME RÉMY
	BERNARD	LA DAME EN NOIR
5	LE TAMBOUR DE VILLE[1]	LA DAME EN VIOLET
	PREMIER GARS[2]	LA BONNE
	DEUXIÈME GARS	VOIX DE MARIETTE, *à la cantonade*[3]
	SCIPION	

ACTE I

10 *L'action se passe à l'intérieur ou autour d'une automobile très ancienne, type 1900–1902. Carrosserie[4] énorme.*

Pendant une partie de l'acte, l'auto se déplace.

On part des abords[5] d'une petite gare pour s'élever ensuite le long d'une route de montagne.

15 Scène unique

KNOCK, LE DOCTEUR PARPALAID, MADAME PARPALAID, JEAN

LE DOCTEUR PARPALAID

Tous vos bagages sont là, mon cher confrère?

20 KNOCK

Tous, docteur Parpalaid.

LE DOCTEUR

Jean les casera[6] près de lui. Nous tiendrons[7] très bien tous les trois à l'arrière de la voiture. La carrosserie est si spacieuse, les
25 strapontins[8] si confortables! Ah! ce n'est pas la construction étriquée[9] de maintenant!

---

[1]**tambour** drum; **tambour de ville** town crier [2]**gars** boy [3]**à la cantonade** behind the scenes [4]**carrosserie** body [5]**abords** surrounding area [6]**caser** to place [7]**tenir** to find room [8]**strapontin** jump seat [9]**étriqué** cramped

KNOCK, *à Jean, au moment où il place la caisse.*

Je vous recommande cette caisse. J'y ai logé quelques appareils,[10] qui sont fragiles.

Jean commence à empiler[11] les bagages de Knock.

MADAME PARPALAID 5

Voilà une torpédo[12] que je regretterais longtemps si nous faisions la sottise[13] de la vendre.

Knock regarde le véhicule avec surprise.

LE DOCTEUR

Car c'est, en somme,[14] une torpédo, avec les avantages de l'ancien double-phaéton. 10

KNOCK

Oui, oui.

Toute la banquette d'avant[15] disparaît sous l'amas.[16]

LE DOCTEUR 15

Voyez comme vos valises se logent facilement! Jean ne sera pas gêné[17] du tout. Il est même dommage que vous n'en ayez pas plus. Vous vous seriez mieux rendu compte des commodités[18] de ma voiture.

KNOCK 20

Saint-Maurice[19] est loin?

LE DOCTEUR

Onze kilomètres. Notez que cette distance du chemin de fer[20] est excellente pour la fidélité de la clientèle. Les malades ne vous jouent pas le tour[21] d'aller consulter au chef-lieu.[22] 25

---

[10]**appareil** apparatus [11]**empiler** to pile up [12]**torpédo** touring car [13]**si nous faisions la sottise** if we were foolish enough [14]**en somme** actually [15]**banquette d'avant** front seat [16]**amas** pile [17]**gêné** bothered [18]**commodité** convenience [19]**Saint-Maurice** (*imaginary mountain town*) [20]**chemin de fer** railroad [21]**jouer un tour** to play a trick [22]**consulter au chef-lieu** to see a city doctor

KNOCK

Il n'y a donc pas de diligence?[23]

LE DOCTEUR

Une guimbarde si lamentable qu'elle donne envie de faire le
5 chemin à pied.[24]

MADAME PARPALAID

Ici l'on ne peut guère se passer d'[25]automobile.

LE DOCTEUR

Surtout dans la profession.

10 *Knock reste courtois et impassible.*[26]

JEAN, *au docteur.*

Je mets en marche?[27]

LE DOCTEUR

Oui, commencez à mettre en marche, mon ami.

15 *Jean entreprend toute une série de manœuvres: ouverture du capot, dévissage des bougies, injection d'essence, etc.*[28]

MADAME PARPALAID, *à Knock.*

Sur le parcours[29] le paysage[30] est délicieux. Zénaïde Fleuriot l'a décrit dans un de ses plus beaux romans,[31] dont j'ai oublié le
20 titre. (*Elle monte en voiture. A son mari.*) Tu prends le strapontin, n'est-ce pas? Le docteur Knock se placera près de moi pour bien jouir de[32] la vue...

Knock s'assied à la gauche de Mme Parpalaid.

[23]**diligence** bus [24]**Une guimbarde . . . à pied** Such a rickety old bus that you'd rather walk the distance [25]**se passer de** to do without [26]**impassible** unmoved [27]**mettre en marche** to start [28]**Jean entreprend... etc.** Jean starts doing all sorts of things; opening the hood, unscrewing the plugs, injecting gas, etc. [29]**parcours** way [30]**paysage** landscape [31]**roman** novel [32]**jouir de** to enjoy

LE DOCTEUR

La carrosserie est assez vaste pour que trois personnes se sentent à l'aise[33] sur la banquette d'arrière. Mais il faut pouvoir s'étaler[34] lorsqu'on contemple un panorama. (*Il s'approche de Jean.*) Tout va bien? L'injection d'essence est terminée? Dans les deux cylindres? Avez-vous pensé à essuyer[35] un peu les bougies? C'eût été[36] prudent après une étape[37] de onze kilomètres. Enveloppez bien le carburateur. Un vieux foulard[38] vaudrait mieux que ce chiffon.[39] (*Pendant qu'il revient vers l'arrière.*) Parfait! parfait! (*Il monte en voiture.*) Je m'assois—pardon, cher confrère—je m'assois sur ce large strapontin, qui est plutôt un fauteuil pliant.[40]

MADAME PARPALAID

La route ne cesse de s'élever jusqu'à Saint-Maurice. A pied, avec tous ces bagages, le trajet[41] serait terrible. En auto, c'est un enchantement.

LE DOCTEUR

Jadis,[42] mon cher confrère, il m'arrivait de taquiner la muse.[43] J'avais composé un sonnet, de quatorze vers,[44] sur les magnificences naturelles qui vont s'offrir à nous. Du diable si je me le rappelle encore.[45] «Profondeurs des vallons,[46] retraites pastorales... »

Jean tourne désespérément la manivelle.[47]

MADAME PARPALAID

Albert, depuis quelques années, tu t'obstines à dire «Profondeurs». C'est «Abîmes[48] des vallons» qu'il y avait dans les premiers temps.

---

[33]**se sentir à l'aise** to feel comfortable [34]**s'étaler** to move around freely [35]**essuyer** to wipe [36]**C'eût été** It would have been [37]**étape** lap [38]**foulard** scarf [39]**chiffon** rag [40]**fauteuil pliant** folding chair [41]**trajet** trip [42]**Jadis** In the old days [43]**il m'arrivait... muse** I used to court the muse [44]**vers** line [45]**Du diable si je me le rappelle encore** I'll be darned if I still remember it [46]**Profondeurs des vallons** Deep valleys [47]**manivelle** crank [48]**abîme** abyss

LE DOCTEUR

Juste! Juste! (*On entend une explosion.*) Écoutez, mon cher confrère, comme le moteur part bien. A peine quelques tours de manivelle pour appeler les gaz, et tenez... une explosion... une autre... voilà! voilà!... Nous marchons.

Jean s'installe. Le véhicule s'ébranle.[49] *Le paysage peu à peu se déroule.*[50]

LE DOCTEUR, *après quelques instants de silence.*

Croyez-m'en, mon cher successeur! (*Il donne une tape*[51] *à Knock.*) Car vous êtes dès cet instant mon successeur! Vous avez fait une bonne affaire.[52] Oui, dès cet instant ma clientèle est à vous. Si même, le long de la route, quelque patient, me reconnaissant au passage, malgré la vitesse,[53] réclame[54] l'assistance de mon art, je m'efface[55] en déclarant: «Vous vous trompez,[56] monsieur. Voici le médecin du pays.» (*Il désigne Knock.*) Et je ne ressors[57] de mon trou (*pétarades*[58] *du moteur*) que si vous m'invitez formellement à une consultation contradictoire.[59] (*Pétarades.*) Mais vous avez eu de la chance[60] de tomber sur un homme qui voulait s'offrir un coup de tête.[61]

MADAME PARPALAID

Mon mari s'était juré[62] de finir sa carrière dans une grande ville.

LE DOCTEUR

Lancer mon chant du cygne[63] sur un vaste théâtre! Vanité un peu ridicule, n'est-ce pas? Je rêvais de Paris, je me contenterai de Lyon.

MADAME PARPALAID

Au lieu d'achever[64] tranquillement de faire fortune ici!

---

[49]**s'ébranler** to start moving [50]**se dérouler** to unfold [51]**tape** tap [52]**affaire** deal [53]**vitesse** speed [54]**réclamer** to demand [55]**s'effacer** to step back [56]**se tromper** to be mistaken [57]**ressortir** to come out again [58]**pétarade** backfire [59]**consultation contradictoire** second opinion [60]**chance** luck [61]**tomber... tête** to hit upon a man who wanted to indulge a whim [62]**se jurer** to swear to oneself [63]**Lancer mon chant du cygne** Sing my swan song [64]**achever** to finish

Knock, tour à tour,[65] *les observe, médite, donne un coup d'œil*[66] *au paysage.*

LE DOCTEUR

Ne vous moquez pas trop de moi, mon cher confrère. C'est grâce à cette toquade[67] que vous avez ma clientèle pour un morceau de pain.[68] 5

KNOCK

Vous trouvez?

LE DOCTEUR

C'est l'évidence même! 10

KNOCK

En tout cas, je n'ai guère marchandé.[69]

LE DOCTEUR

Certes, et votre rondeur[70] m'a plu. J'ai beaucoup aimé aussi votre façon de traiter[71] par correspondance et de ne venir sur place 15 qu'avec le marché[72] en poche. Cela m'a semblé chevaleresque,[73] ou même américain. Mais je puis bien vous féliciter[74] de l'aubaine[75]: car c'en est une. Une clientèle égale, sans à-coups...[76]

MADAME PARPALAID

Pas de concurrent.[77] 20

LE DOCTEUR

Un pharmacien qui ne sort jamais de son rôle.[78]

MADAME PARPALAID

Aucune occasion de dépense.

---

[65]**tour à tour** in turn [66]**coup d'œil** glance [67]**grâce à cette toquade** thanks to this whim [68]**pour un morceau de pain** for a song [69]**marchander** to bargain [70]**rondeur** straightforwardness [71]**traiter** to do business [72]**marché** deal [73]**chevaleresque** gentlemanly [74]**féliciter** to congratulate [75]**aubaine** good buy [76]**Une clientèle... à-coups** A settled practice, without any surprises [77]**concurrent** competitor [78]**que ne sort jamais de son rôle** who sticks to his own business

LE DOCTEUR

Pas une seule distraction coûteuse.[79]

MADAME PARPALAID

Dans six mois, vous aurez économisé[80] le double de ce que vous
5 devez[81] à mon mari.

LE DOCTEUR

Et je vous accorde quatre échéances trimestrielles[82] pour vous libérer! Ah! sans les rhumatismes de ma femme, je crois que j'aurais fini par vous dire non.

10 KNOCK

Mme Parpalaid est rhumatisante?

MADAME PARPALAID

Hélas!

LE DOCTEUR

Le climat, quoique très salubre[83] en général, ne lui valait rien en
15 particulier.

KNOCK

Y a-t-il beaucoup de rhumatisants dans le pays?

LE DOCTEUR

Dites, mon cher confrère, qu'il n'y a que des rhumatisants.

20 KNOCK

Voilà qui me semble d'un grand intérêt.

LE DOCTEUR

Oui, pour qui voudrait étudier le rhumatisme.

KNOCK, *doucement.*

25 Je pensais à la clientèle.

---

[79] **distraction coûteuse** costly amusement [80] **économiser** to save [81] **devoir** to owe [82] **échéance trimestrielle** quarterly installment [83] **salubre** healthful

LE DOCTEUR

Ah! pour ça, non. Les gens d'ici n'auraient pas plus l'idée d'aller chez le médecin pour un rhumatisme, que vous n'iriez chez le curé[84] pour faire pleuvoir.

KNOCK 5

Mais... c'est fâcheux.[85]

MADAME PARPALAID

Regardez, docteur, comme le point de vue est ravissant.[86] On se croirait en Suisse.

Pétarades accentuées. 10

JEAN, *à l'oreille du docteur Parpalaid.*

Monsieur, monsieur. Il a quelque chose qui ne marche pas. Il faut que je démonte[87] le tuyau[88] d'essence.

LE DOCTEUR, *à Jean.*

Bien, bien!... (*Aux autres.*) Précisément, je voulais vous proposer 15 un petit arrêt ici.

MADAME PARPALAID

Pourquoi?

LE DOCTEUR, *lui faisant des regards expressifs.*

Le panorama... hum!... n'en vaut-il pas la peine?[89] 20

MADAME PARPALAID

Mais, si tu veux t'arrêter, c'est encore plus joli un peu plus haut.

La voiture stoppe. Mme Parpalaid comprend.

LE DOCTEUR

Eh bien! nous nous arrêterons aussi un peu plus haut. Nous nous 25 arrêterons deux fois, trois fois, quatre fois, si le cœur nous en

---

[84]**curé** parish priest [85]**fâcheux** worrisome [86]**ravissant** gorgeous
[87]**démonter** to take apart [88]**tuyau** pipe [89]**valoir la peine** to be worthwhile

dit.[90] Dieu merci, nous ne sommes pas des chauffards.[91] (*A Knock.*) Observez, mon cher confrère, avec quelle douceur[92] cette voiture vient de stopper. Et comme là-dessus vous restez constamment maître de votre vitesse. Point capital dans un pays montagneux. (*Pendant qu'ils descendent.*) Vous vous convertirez à la traction mécanique, mon cher confrère, et plus tôt que vous ne pensez. Mais gardez-vous[93] de la camelote actuelle.[94] Les aciers,[95] les aciers, je vous le demande, montrez-nous vos aciers.

KNOCK

S'il n'y a rien à faire du côté des rhumatismes, on doit se rattraper[96] avec les pneumonies et pleurésies?

LE DOCTEUR, *à Jean.*

Profitez donc de notre halte pour purger[97] un peu le tuyau d'essence. (*A Knock.*) Vous me parliez, mon cher confrère, des pneumonies et pleurésies? Elles sont rares. Le climat est rude,[98] vous le savez. Tous les nouveau-nés chétifs[99] meurent dans les six premiers mois, sans que le médecin ait à intervenir, bien entendu. Ceux qui survivent sont des gaillards durs à cuire.[1] Toutefois, nous avons des apoplectiques et des cardiaques. Ils ne s'en doutent[2] pas une seconde et meurent foudroyés vers la cinquantaine.[3]

KNOCK

Ce n'est pas en soignant les morts subites[4] que vous avez pu faire fortune?

LE DOCTEUR

Évidemment. (*Il cherche.*) Il nous reste... d'abord la grippe. Pas la grippe banale,[5] qui ne les inquiète[6] en aucune façon, et qu'ils accueillent[7] même avec faveur parce qu'ils prétendent[8] qu'elle

---

[90]**si le cœur nous en dit** if we feel like it [91]**chauffard** reckless driver [92]**douceur** smoothness [93]**se garder** to watch out [94]**la camelote actuelle** today's junk [95]**acier** steel [96]**se rattraper** to make up [97]**purger** to clean out [98]**rude** harsh [99]**nouveau-nés chétifs** weak new-borns [1]**gaillards durs à cuire** tough cookies [2]**s'en douter** to suspect [3]**meurent foudroyés vers la cinquantaine** drop dead at about fifty [4]**subit** sudden [5]**banal** common [6]**inquiéter** to worry [7]**accueillir** to welcome [8]**prétendre** to claim

fait sortir les humeurs viciées.[9] Non, je pense aux grandes épidémies mondiales[10] de grippe.

KNOCK

Mais ça, dites donc, c'est comme le vin de la comète.[11] S'il faut que j'attende la prochaine épidémie mondiale!... 5

LE DOCTEUR

Moi qui vous parle, j'en ai vu deux: celle de 89-90 et celle de 1918.

MADAME PARPALAID

En 1918, nous avons eu ici une très grosse mortalité, plus, relativement, que dans les grandes villes. (*A son mari.*) N'est-ce pas? Tu avais comparé les chiffres. 10

LE DOCTEUR

Avec notre pourcentage nous laissions derrière nous quatre-vingt-trois départements.[12] 15

KNOCK

Ils s'étaient fait soigner?

LE DOCTEUR

Oui, surtout vers la fin.

MADAME PARPALAID 20

Et nous avons eu de très belles rentrées à la Saint-Michel.[13]

Jean se couche sous la voiture.

KNOCK

Plaît-il?

---

[9]**humeurs viciées** foul humors [10]**mondial** world-wide [11]**c'est comme le vin de la comète** that will happen once in a blue moon [12]**département** (*an administrative district*) [13]**de très belles rentrées à la Saint-Michel** very nice payments at Michaelmas Day

MADAME PARPALAID

Ici, les clients vous payent à la Saint-Michel.

KNOCK

Mais... quel est le sens de cette expression? Est-ce un équivalent
5 des calendes grecques, ou de la Saint-Glinglin?[14]

LE DOCTEUR, *de temps en temps il surveille du coin de l'œil le travail du chauffeur.*

Qu'allez-vous penser, mon cher confrère? La Saint-Michel est une des dates les plus connues du calendrier. Elle correspond à
10 la fin septembre.

KNOCK, *changeant de ton.*

Et nous sommes au début d'octobre. Ouais![15] Vous, au moins, vous avez su choisir votre moment pour vendre. (*Il fait quelques pas, réfléchit.*) Mais, voyons! si quelqu'un vient vous trouver
15 pour une simple consultation,[16] il vous paye bien séance tenante?[17]

LE DOCTEUR

Non, à la Saint-Michel!... C'est l'usage.

KNOCK

20 Mais s'il ne vient que pour une consultation seule et unique! Si vous ne le revoyez plus de toute l'année?

LE DOCTEUR

A la Saint-Michel.

MADAME PARPALAID

25 A la Saint-Michel.

Knock les regarde. Silence.

---

[14]**un équivalent des calendes grecques ou de la Saint-Glinglin** the same thing as putting it off till Kingdom Come [15]**Ouais = Oui** *pronounced derisively here* [16]**consultation** appointment [17]**séance tenante** on the spot

MADAME PARPALAID

D'ailleurs,[18] les gens viennent presque toujours pour une seule consultation.

KNOCK

Hein?[19]

5

MADAME PARPALAID

Mais oui.

Le docteur Parpalaid prend des airs distraits.[20]

KNOCK

Alors, qu'est-ce que vous faites des clients réguliers?

10

MADAME PARPALAID

Quels clients réguliers?

KNOCK

Eh bien! ceux qu'on visite plusieurs fois par semaine, ou plusieurs fois par mois?

15

MADAME PARPALAID, *à son mari.*

Tu entends ce que dit le docteur? Des clients comme en a le boulanger[21] ou le boucher?[22] Le docteur est comme tous les débutants. Il se fait des illusions.

LE DOCTEUR, *mettant la main sur le bras de Knock.*

20

Croyez-moi, mon cher confrère. Vous avez ici le meilleur type de clientèle: celle qui vous laisse indépendant.

KNOCK

Indépendant? Vous en avez de bonnes![23]

---

[18]**D'ailleurs** Besides [19]**Hein?** What? [20]**prendre des airs distraits** to have a vacant look [21]**boulanger** baker [22]**boucher** butcher [23]**Vous en avez de bonnes** That's a good one

LE DOCTEUR

Je m'explique! Je veux dire que vous n'êtes pas à la merci de quelques clients, susceptibles[24] de guérir d'un jour à l'autre, et dont la perte fait chavirer votre budget.[25] Dépendant de tous, 5 vous ne dépendez de personne. Voilà.

KNOCK

En d'autres termes, j'aurais dû apporter une provision d'asticots[26] et une canne à pêche.[27] Mais peut-être trouve-t-on ça là-haut? (*Il fait quelques pas, médite, s'approche de la guimbarde,* 10 *la considère, puis se retournant à demi.*) La situation commence à devenir limpide. Mon cher confrère, vous m'avez cédé[28]—pour quelques billets de mille,[29] que je vous dois encore—une clientèle de tous points assimilable[30] à cette voiture (*il la tapote*[31] *affectueusement*) dont on peut dire qu'à dix-neuf francs elle ne 15 serait pas chère,[32] mais qu'à vingt-cinq elle est au-dessus de son prix. (*Il la regarde en amateur.*) Tenez![33] Comme j'aime à faire les choses largement,[34] je vous en donne trente.

LE DOCTEUR

Trente francs? De ma torpédo? Je ne la lâcherais[35] pas pour six 20 mille.

KNOCK, *l'air navré.*

Je m'y attendais![36] (*Il contemple de nouveau la guimbarde.*) Je ne pourrai donc pas acheter cette voiture.

LE DOCTEUR

25 Si, au moins, vous me faisiez une offre sérieuse!

---

[24]**susceptible** liable [25]**dont la perte fait chavirer votre budget** whose loss jeopardizes your budget [26]**provision d'asticots** supply of fish bait [27]**canne à pêche** fishing rod [28]**céder** to sell [29]**pour quelques billets de mille** for a few thousand francs [30]**de tous points assimilable** exactly like [31]**tapoter** to tap [32]**dont on peut... chère** which you might say wouldn't be expensive at nineteen francs [33]**Tenez!** Here! [34]**largement** generously [35]**lâcher** to let go [36]**s'attendre à** to expect

KNOCK

C'est dommage.[37] Je pensais la transformer en bahut[38] breton. (*Il revient.*) Quant à votre clientèle, j'y renoncerais[39] avec la même absence d'amertume[40] s'il en était temps encore.

LE DOCTEUR 5

Laissez-moi vous dire, mon cher confrère, que vous êtes victime... d'une fausse impression.

KNOCK

Moi, je croirais volontiers que c'est plutôt de vous que je suis victime. Enfin, je n'ai pas coutume de geindre,[41] et quand je suis 10 roulé,[42] je ne m'en prends[43] qu'à moi.

MADAME PARPALAID

Roulé! Proteste, mon ami. Proteste.

LE DOCTEUR

Je voudrais surtout détromper[44] le docteur Knock. 15

KNOCK

Pour vos échéances, elles ont le tort[45] d'être trimestrielles, dans un climat où le client est annuel. Il faudra corriger ça. De toute façon,[46] ne vous tourmentez pas à mon propos.[47] Je déteste avoir des dettes. Mais c'est en somme beaucoup moins douloureux 20 qu'un lumbago, par exemple, qu'un simple furoncle à la fesse.[48]

MADAME PARPALAID

Comment! Vous ne voulez pas nous payer? aux dates convenues?[49]
25

---

[37]**C'est dommage** It's a pity [38]**bahut** cupboard [39]**renoncer** to give up [40]**amertume** bitterness [41]**geindre** to whine [42]**roulé** taken [43]**s'en prendre** to blame [44]**détromper** to set right [45]**elles ont le tort** what's wrong with them [46]**De toute façon** In any case [47]**ne vous tourmentez pas à mon propos** don't worry on my account [48]**qu'un simple furoncle à la fesse** than a mere boil on your buttock [49]**convenu** agreed upon

KNOCK

Je brûle[50] de vous payer, madame, mais je n'ai aucune autorité sur l'almanach, et il est au-dessus de mes forces de faire changer de place la Saint-Glinglin.

5 MADAME PARPALAID

La Saint-Michel!

KNOCK

La Saint-Michel!

LE DOCTEUR

10 Mais vous avez bien des réserves?

KNOCK

Aucune. Je vis de mon travail. Ou plutôt, j'ai hâte[51] d'en vivre. Et je déplore d'autant plus le caractère mythique de la clientèle que vous me vendez, que[52] je comptais lui appliquer des méthodes 15 entièrement neuves. (*Après un temps de réflexion et comme à part lui.*[53]) Il est vrai que le problème ne fait que changer d'aspect.

LE DOCTEUR

En ce cas, mon cher confrère, vous seriez deux fois coupable[54] de 20 vous abandonner[55] à un découragement prématuré, qui n'est que la rançon[56] de votre inexpérience. Certes,[57] la médecine est un riche terroir.[58] Mais les moissons[59] n'y lèvent[60] pas toutes seules. Vos rêves de jeunesse vous ont un peu leurré.[61]

KNOCK

25 Votre propos,[62] mon cher confrère, fourmille d'inexactitudes.[63] D'abord, j'ai quarante ans. Mes rêves, si j'en ai, ne sont pas des rêves de jeunesse.

---

[50]**brûler** to die (*with impatience*) [51]**avoir hâte** to be in a hurry [52]**d'autant plus... que** the more . . . as [53]**comme à part lui** as though he's talking to himself [54]**coupable** guilty [55]**s'abandonner** to yield [56]**rançon** price [57]**Certes** Certainly [58]**terroir** ground [59]**moisson** crop [60]**lever** to grow [61]**leurrer** to deceive [62]**propos** remark [63]**fourmille d'inexactitudes** is full of inaccuracies

LE DOCTEUR

Soit.[64] Mais vous n'avez jamais exercé.[65]

KNOCK

Autre erreur.

LE DOCTEUR

Comment? Ne m'avez-vous pas dit que vous veniez de passer votre thèse l'été dernier?

KNOCK

Oui, trente-deux pages in-octavo: *Sur les prétendus états de santé*,[66] avec cette épigraphe, que j'ai attribuée à Claude Bernard.[67] «Les gens bien portants sont des malades qui s'ignorent.»[68]

LE DOCTEUR

Nous sommes d'accord, mon cher confrère.

KNOCK

Sur le fond[69] de ma théorie?

LE DOCTEUR

Non, sur le fait que vous êtes un débutant.

KNOCK

Pardon! Mes études sont, en effet,[70] toutes récentes. Mais mon début dans la pratique de la médecine date de vingt ans.

LE DOCTEUR

Quoi! Vous étiez officier de santé? Depuis le temps qu'il n'en reste plus![71]

---

[64]**Soit** OK [65]**exercer** to practice [66]**Sur les prétendus états de santé** On the supposed states of health [67]**Claude Bernard** (*famous French scientist of the 19th century*) [68]**Les gens bien portants sont des malades qui s'ignorent** Healthy people are actually sick people who don't know they are sick [69]**fond** substance [70]**en effet** indeed [71]**Depuis le temps qu'il n'en reste plus** There haven't been any for ages

KNOCK

Non, j'étais bachelier.

MADAME PARPALAID

Il n'y a jamais eu de bacheliers de santé.

5 KNOCK

Bachelier ès lettres,[72] madame.

LE DOCTEUR

Vous avez donc pratiqué sans titres et clandestinement?

KNOCK

10 A la face du monde,[73] au contraire, et non pas dans un trou de province, mais sur un espace d'environ sept mille kilomètres.

LE DOCTEUR

Je ne vous comprends pas.

KNOCK

15 C'est pourtant simple. Il y a une vingtaine d'années, ayant dû renoncer à l'étude des langues romanes,[74] j'étais vendeur[75] aux «Dames de France»[76] de Marseille, rayon des cravates.[77] Je perds mon emploi. En me promenant sur le port, je vois annoncé qu'un vapeur[78] de 1 700 tonnes à destination des Indes demande un 20 médecin, le grade de docteur n'étant pas exigé.[79] Qu'auriez-vous fait à ma place?

LE DOCTEUR

Mais... rien, sans doute.[80]

KNOCK

25 Oui, vous, vous n'aviez pas la vocation. Moi, je me suis présenté. Comme j'ai horreur[81] des situations fausses, j'ai déclaré en

---

[72]**Bachelier ès lettres** High school graduate specializing in liberal arts [73]**À la face du monde** In front of everybody [74]**langues romanes** romance languages [75]**vendeur** sales clerk [76]**Dames de France** (*name of a department store*) [77]**rayon des cravates** tie department [78]**vapeur** steamship [79]**exigé** required [80]**sans doute** probably [81]**avoir horreur** to detest

entrant: «Messieurs, je pourrais vous dire que je suis docteur, mais je ne suis pas docteur. Et je vous avouerai[82] même quelque chose de plus grave: je ne sais pas encore quel sera le sujet de ma thèse.» Ils me répondent qu'ils ne tiennent[83] pas au titre de docteur et qu'ils se fichent complètement[84] de mon sujet de thèse. Je réplique[85] aussitôt: «Bien que n'étant pas docteur, je désire, pour des raisons de prestige et de discipline, qu'on m'appelle docteur à bord.» Ils me disent que c'est tout naturel. Mais je n'en continue pas moins[86] à leur expliquer pendant un quart d'heure les raisons qui me font vaincre[87] mes scrupules et réclamer cette appellation de docteur à laquelle, en conscience, je n'ai pas droit.[88] Si bien qu'il nous est resté à peine trois minutes pour régler[89] la question des honoraires.

LE DOCTEUR

Mais vous n'aviez réellement aucune connaissance?

KNOCK

Entendons-nous![90] Depuis mon enfance, j'ai toujours lu avec passion les annonces[91] médicales et pharmaceutiques des journaux, ainsi que les prospectus intitulés «mode d'emploi»[92] que je trouvais enroulés[93] autour des boîtes de pilules et des flacons[94] de sirop qu'achetaient mes parents. Dès l'âge de neuf ans, je savais par cœur des tirades entières sur l'exonération imparfaite du constipé.[95] Et encore aujourd'hui, je puis vous réciter une lettre admirable, adressée en 1897 par la veuve[96] P..., de Bourges,[97] à la tisane[98] américaine des Shakers. Voulez-vous?

LE DOCTEUR

Merci, je vous crois.

---

[82]**avouer** to confess [83]**tenir** to care [84]**se ficher complètement** to not care at all [85]**répliquer** to reply [86]**je n'en continue pas moins** nevertheless I went on [87]**vaincre** to overcome [88]**avoir droit** to be entitled [89]**régler** to settle [90]**Entendons-nous** Let me explain [91]**annonce** advertisement [92]**mode d'emploi** directions [93]**enroulé** wrapped [94]**flacon** bottle [95]**je savais... constipé** I knew by heart whole paragraphs about the incomplete relief from constipation [96]**veuve** widow [97]**Bourges** (*French city*) [98]**tisane** herbal tea

KNOCK

Ces textes m'ont rendu familier de bonne heure[99] avec le style de la profession. Mais surtout ils m'ont laissé transparaître[1] le véritable esprit et la véritable destination de la médecine, que l'enseignement des Facultés dissimule sous le fatras scientifique.[2] Je puis dire qu'à douze ans j'avais déjà un sentiment médical correct. Ma méthode actuelle en est sortie.

LE DOCTEUR

Vous avez une méthode? Je serais curieux de la connaître.

KNOCK

Je ne fais pas de propagande. D'ailleurs, il n'y a que les résultats qui comptent. Aujourd'hui, de votre propre aveu,[3] vous me livrez[4] une clientèle nulle.[5]

LE DOCTEUR

Nulle... pardon! pardon!

KNOCK

Revenez voir dans un an ce que j'en aurai fait. La preuve sera péremptoire.[6] En m'obligeant à partir de zéro, vous accroissez[7] l'intérêt de l'expérience.

JEAN

Monsieur, monsieur... (*Le docteur Parpalaid va vers lui.*) Je crois que je ferais bien de démonter aussi le carburateur.

LE DOCTEUR

Faites, faites.[8] (*Il revient.*) Comme notre conversation se prolonge,[9] j'ai dit à ce garçon d'effectuer son nettoyage mensuel[10] de carburateur.

---

[99]**de bonne heure** early [1]**m'ont laissé transparaître** made transparent to me [2]**que l'enseignement des Facultés dissimule sous le fatras scientifique** which medical schools conceal under their scientific junk [3]**de votre propre aveu** as you admit it yourself [4]**livrer** to hand over [5]**nul** nonexistent [6]**La preuve sera péremptoire** The proof will be decisive [7]**accroître** to increase [8]**Faites, faites** Go ahead [9]**se prolonger** to continue [10]**effectuer son nettoyage mensuel** to perform his monthly cleaning

MADAME PARPALAID

Mais, quand vous avez été sur votre bateau, comment vous en êtes-vous tiré?[11]

KNOCK

Les deux dernières nuits avant de m'embarquer, je les ai passées à réfléchir. Mes six mois de pratique à bord m'ont servi à vérifier mes conceptions. C'est un peu la façon dont on procède[12] dans les hôpitaux.

MADAME PARPALAID

Vous aviez beaucoup de gens à soigner?

KNOCK

L'équipage[13] et sept passagers, de conditions très modeste. Trente-cinq personnes en tout.

MADAME PARPALAID

C'est un chiffre.[14]

LE DOCTEUR

Et vous avez eu des morts?

KNOCK

Aucune. C'était d'ailleurs contraire à mes principes. Je suis partisan[15] de la diminution de la mortalité.

LE DOCTEUR

Comme nous tous.

KNOCK

Vous aussi? Tiens![16] Je n'aurais pas cru. Bref,[17] j'estime[18] que, malgré toutes les tentations contraires, nous devons travailler à la conservation du malade.

---

[11]**s'en tirer** to manage [12]**procéder** to do things [13]**équipage** crew [14]**C'est un chiffre** That's quite a few [15]**être partisan** to be in favor [16]**Tiens!** Really! [17]**Bref** Well [18]**estimer** to feel

MADAME PARPALAID

Il y a du vrai dans ce que dit le docteur.

LE DOCTEUR

Et des malades, vous en avez eu beaucoup?

KNOCK

Trente-cinq.

LE DOCTEUR

Tout le monde alors?

KNOCK

Oui, tout le monde.

MADAME PARPALAID

Mais comment le bateau a-t-il pu marcher?

KNOCK

Un petit roulement à établir.[19]

Silence.

LE DOCTEUR

Dites donc, maintenant, vous êtes bien réellement docteur?... Parce qu'ici le titre est exigé, et vous nous causeriez de gros ennuis[20]... Si vous n'étiez pas réellement docteur, il vaudrait mieux nous le confier[21] tout de suite...

KNOCK

Je suis bien réellement et bien doctoralement docteur. Quand j'ai vu mes méthodes confirmées par l'expérience, je n'ai eu qu'une hâte, c'est de les appliquer sur la terre ferme, et en grand.[22] Je n'ignorais pas que le doctorat est une formalité indispensable.

---

[19]**Un petit roulement à établir** Everybody had to take turns [20]**de gros ennuis** a lot of trouble [21]**confier** to tell [22]**en grand** on a large scale

MADAME PARPALAID

Mais vous nous disiez que vos études étaient toutes récentes?

KNOCK

Je n'ai pas pu les commencer dès ce moment-là. Pour vivre, j'ai dû m'occuper quelque temps du commerce des arachides.[23] 5

MADAME PARPALAID

Qu'est-ce que c'est?

KNOCK

L'arachide s'appelle aussi cacahuète.[24] (*Mme Parpalaid fait un mouvement.*) Oh! madame, je n'ai jamais été marchand au 10 panier.[25] J'avais créé un office central où les revendeurs[26] venaient s'approvisionner. Je serais millionnaire si j'avais continué cela dix ans. Mais c'était très fastidieux.[27] D'ailleurs, presque tous les métiers sécrètent l'ennui à la longue,[28] comme je m'en suis rendu compte par moi-même. Il n'y a de vrai, décidé- 15 ment, que la médecine, peut-être aussi la politique, la finance et le sacerdoce[29] que je n'ai pas encore essayés.

MADAME PARPALAID

Et vous pensez appliquer vos méthodes ici?

KNOCK 20

Si je ne le pensais pas, madame, je prendrais mes jambes à mon cou,[30] et vous ne me rattraperiez[31] jamais. Évidemment je préférerais une grande ville.

MADAME PARPALAID, *à son mari.*

Toi qui vas à Lyon, ne pourrais-tu pas demander au docteur 25 quelques renseignements[32] sur sa méthode? Cela n'engage à rien.[33]

---

[23]**commerce des arachides** ground-nut business [24]**cacahuète** peanut [25]**être marchand au panier** to be a street vendor [26]**revendeur** retailer [27]**fastidieux** boring [28]**sécrètent l'ennui à la longue** end up being tedious [29]**sacerdoce** priesthood [30]**prendre ses jambes à son cou** to run off in a hurry [31]**rattraper** to catch [32]**renseignement** information [33]**Cela n'engage à rien** There's nothing to lose

LE DOCTEUR

Mais le docteur Knock ne semble pas tenir[34] à la divulguer.

KNOCK, *au docteur Parpalaid, après un temps de réflexion.*

Pour vous être agréable, je puis vous proposer l'arrangement
5 suivant: au lieu[35] de vous payer, Dieu sait quand, en espèces;[36] je
vous paye en nature:[37] c'est-à-dire que je vous prends huit jours[38]
avec moi, et vous initie à mes procédés.

LE DOCTEUR, *piqué.*

Vous plaisantez,[39] mon cher confrère. C'est peut-être vous qui
10 m'écrirez dans huit jours pour me demander conseil.

KNOCK

Je n'attendrai pas jusque-là. Je compte bien obtenir de vous aujourd'hui même plusieurs indications très utiles.

LE DOCTEUR

15 Disposez de moi,[40] mon cher confrère.

KNOCK

Est-ce qu'il y a un tambour de ville, là-haut?

LE DOCTEUR

Vous voulez dire un homme qui joue du tambour et qui fait des
20 annonces au public?

KNOCK

Parfaitement.

LE DOCTEUR

Il y a un tambour de ville. La municipalité le charge de certains
25 avis.[41] Les seuls particuliers[42] qui recourent[43] à lui sont les gens

---

[34]**tenir** to be anxious [35]**au lieu** instead [36]**en espèces** in cash [37]**en nature** in kind [38]**huit jours** a week [39]**plaisanter** to joke [40]**Disposez de moi** At your service [41]**La municipalité... avis** The town asks him to make certain announcements [42]**particuliers** private people [43]**recourir** to use

qui ont perdu leur porte-monnaie,[44] ou encore quelque marchand forain qui solde un déballage de faïence et de porcelaine.[45]

KNOCK

Bon. Saint-Maurice a combien d'habitants? 5

LE DOCTEUR

Trois mille cinq cents dans l'agglomération,[46] je crois, et près de six mille dans la commune.[47]

KNOCK

Et l'ensemble du canton?[48] 10

LE DOCTEUR

Le double, au moins.

KNOCK

La population est pauvre?

MADAME PARPALAID 15

Très à l'aise,[49] au contraire, et même riche. Il y a de grosses fermes. Beaucoup de gens vivent de leurs rentes[50] ou du revenu de leurs domaines.[51]

LE DOCTEUR

Terriblement avares,[52] d'ailleurs. 20

KNOCK

Il y a de l'industrie?

LE DOCTEUR

Fort peu.[53]

---

[44]**porte-monnaie** purse [45]**quelque marchand forain... porcelaine** some peddler who's selling off his earthenware or china [46]**dans l'agglomération** downtown [47]**dans la commune** in the town at large [48]**l'ensemble du canton** in the **canton** as a whole (*a* **canton** *is a subdivision of a* **département**) [49]**à l'aise** well-off [50]**rente** private income [51]**domaine** estate [52]**avare** stingy [53]**Fort peu** Very little

KNOCK

Du commerce?

MADAME PARPALAID

Ce ne sont pas les boutiques qui manquent.[54]

5 KNOCK

Les commerçants sont-ils très absorbés par leurs affaires?

LE DOCTEUR

Ma foi non![55] Pour la plupart, ce n'est qu'un supplément de revenus, et surtout une façon d'utiliser les loisirs.[56]

10 MADAME PARPALAID

D'ailleurs, pendant que la femme garde la boutique,[57] le mari se promène.

LE DOCTEUR

Ou réciproquement.

15 MADAME PARPALAID

Tu avoueras que c'est plutôt le mari. D'abord, les femmes ne sauraient guère où aller. Tandis que pour les hommes il y a la chasse, la pêche, les parties de quilles;[58] en hiver le café.

KNOCK

20 Les femmes sont-elles très pieuses? (*Le docteur Parpalaid se met à rire.*) La question a pour moi son importance.

MADAME PARPALAID

Beaucoup vont à la messe.

KNOCK

25 Mais Dieu tient-il une place considérable dans leurs pensées quotidiennes?[59]

---

[54]**Ce ne sont pas... manquent** There's no lack of shops [55]**Ma foi non!** Goodness no! [56]**loisirs** spare time [57]**boutique** shop [58]**partie de quilles** game of ninepins [59]**quotidien** daily

MADAME PARPALAID

Quelle idée!

KNOCK

Parfait! (*Il réfléchit.*) Il n'y a pas de grands vices?

LE DOCTEUR

Que voulez-vous dire?

KNOCK

Opium, cocaïne, messes noires, sodomie, convictions politiques?

LE DOCTEUR

Vous mélangez des choses si différentes! Je n'ai jamais entendu parler d'opium ni de messes noires. Quant à la politique, on s'y intéresse comme partout.

KNOCK

Oui, mais en connaissez-vous qui feraient rôtir la plante des pieds de leurs père et mère en faveur de l'impôt sur le revenu?[60]

LE DOCTEUR

Dieu merci, ils n'en sont pas là![61]

KNOCK

Bon. Vous ne voyez rien d'autre à me signaler? Par exemple dans l'ordre des sectes, des superstitions, des sociétés secrètes?

MADAME PARPALAID

A un moment, plusieurs de ces dames ont fait du spiritisme.[62]

KNOCK

Ah! ah!

[60]**qui feraient rôtir... revenu** who would burn the soles of their father's and mother's feet in favor of the income tax [61]**ils n'en sont pas là** they have not reached that point [62]**faire du spiritisme** to hold séances

MADAME PARPALAID

L'on se réunissait chez la notairesse, et l'on faisait parler le guéridon.[63]

KNOCK

5 Mauvais, mauvais. Détestable.

MADAME PARPALAID

Mais je crois qu'elles ont cessé.

KNOCK

Ah? Tant mieux![64] Et pas de sorcier,[65] non plus, pas de thau-
10 maturge?[66]

De temps en temps, l'on voit Jean tourner la manivelle jusqu'à perdre haleine,[67] puis s'éponger le front.[68]

LE DOCTEUR

Autrefois, peut-être, mais plus maintenant.

15 KNOCK, *il paraît agité, se frotte les paumes,[69] et, tout en marchant:*

En somme l'âge médical peut commencer. (*Il s'approche de la voiture.*) Mon cher confrère, serait-il inhumain de demander à ce véhicule un nouvel effort? J'ai une hâte incroyable[70] d'être à
20 Saint-Maurice.

MADAME PARPALAID

Cela vous vient bien brusquement!

KNOCK

Je vous en prie, arrivons là-haut.

---

[63]**L'on se réunissait... güeridon** They met at the notary's wife's house and made the table talk [64]**Tant mieux** So much the better [65]**sorcier** sorcerer [66]**thaumaturge** faith healer [67]**jusqu'à perdre haleine** until he's out of breath [68]**s'éponger le front** to wipe one's brow [69]**se frotter les paumes** to rub one's hands [70]**incroyable** unbelievable

LE DOCTEUR

Qu'est-ce donc, de si puissant,[71] qui vous y attire?[72]

KNOCK, *il fait quelques allées et venues en silence, puis:*

Mon cher confrère, j'ai le sentiment que vous avez gâché[73] là-haut une situation magnifique, et, pour parler votre style, fait laborieusement pousser des chardons là où voulait croître un verger plantureux.[74] C'est couvert d'or que vous en deviez repartir, les fesses calées sur un matelas d'obligations;[75] vous, madame, avec trois rangs de perles[76] au cou, tous deux à l'intérieur d'une étincelante limousine[77] (*il montre la guimbarde*) et non point sur ce monument des premiers efforts du génie moderne.

MADAME PARPALAID

Vous plaisantez, docteur?

KNOCK

La plaisanterie serait cruelle, madame.

MADAME PARPALAID

Mais alors, c'est affreux![78] Tu entends, Albert?

LE DOCTEUR

J'entends que le docteur Knock est un chimérique[79] et, de plus, un cyclothymique.[80] Il est le jouet[81] d'impressions extrêmes. Tantôt le poste ne valait pas deux sous.[82] Maintenant, c'est un pactole.[83]

Il hausse les épaules.[84]

---

[71]**puissant** powerful [72]**attirer** to attract [73]**gâcher** to waste [74]**fait laborieusement... plantureux** labored to make thistles grow where there should have been a fertile orchard [75]**les fesses... obligations** your buttocks resting on a mattress stuffed with notes and bonds [76]**rangs de perles** strands of pearls [77]**étincelante limousine** sparkling luxury car [78]**affreux** awful [79]**chimérique** visionary [80]**de plus, un cyclothymique** in addition, a manic depressive [81]**être le jouet** to be the victim [82]**Tantôt... sous** A little while ago the position wasn't worth a thing [83]**pactole** gold mine [84]**hausser les épaules** to shrug one's shoulders

MADAME PARPALAID

Toi aussi, tu es trop sûr de toi. Ne t'ai-je pas souvent dit qu'à Saint-Maurice, en sachant s'y prendre,[85] on pouvait mieux faire que végéter?

5 LE DOCTEUR

Bon, bon, bon! Je reviendrai dans trois mois, pour la première échéance. Nous verrons où en est le docteur Knock.

KNOCK

C'est cela. Revenez dans trois mois. Nous aurons le temps de
10 causer. Mais je vous en supplie,[86] partons tout de suite.

LE DOCTEUR, *à Jean, timidement.*

Vous êtes prêt?

JEAN, *à mi-voix.*[87]

Oh! moi, je serais bien prêt. Mais cette fois-ci, je ne crois pas que
15 nous arriverons tout seuls à la mettre en marche.

LE DOCTEUR, *même jeu.*[88]

Comment cela?

JEAN, *hochant la tête.*[89]

Il faudrait des hommes plus forts.

20 LE DOCTEUR

Et si on essayait de la pousser?

JEAN, *sans conviction.*

Peut-être.

LE DOCTEUR

25 Mais oui. Il y a vingt mètres en plaine.[90] Je prendrai le volant.[91]
Vous pousserez.

---

[85]**en sachant s'y prendre** by knowing how to go about it [86]**je vous en supplie** I beg of you [87]**à mi-voix** softly [88]**même jeu** same action [89]**hocher la tête** to shake one's head [90]**en plaine** flat [91]**volant** wheel

JEAN

Oui.

LE DOCTEUR

Et ensuite, vous tâcherez[92] de sauter sur le marchepied[93] au bon moment, n'est-ce pas? (*Le docteur revient vers les autres.*) Donc, en voiture, mon cher confrère, en voiture. C'est moi qui vais conduire.[94] Jean, qui est un hercule, veut s'amuser à nous mettre en marche sans le secours[95] de la manivelle, par une espèce de démarrage qu'on pourrait appeler automatique... bien que l'énergie électrique y soit remplacée par celle des muscles, qui est un peu de même nature, il est vrai. (*Jean s'arc-boute contre la caisse de la voiture.*[96])

5

10

RIDEAU

ACTE II

Dans l'ancien[97] domicile de Parpalaid.

15

L'installation provisoire[98] de Knock. Table, sièges,[99] armoire-bibliothèque,[1] chaise longue.[2] Tableau[3] noir, lavabo.[4] Quelques figures[5] anatomiques et histologiques au mur.

Scène I

KNOCK, LE TAMBOUR DE VILLE

KNOCK, *assis, regarde la pièce et écrit.*

20

C'est vous, le tambour de ville?

LE TAMBOUR, *debout.*

Oui, monsieur.

---

[92]**tâcher** to try [93]**sauter sur le marchepied** to jump on the running board [94]**conduire** to drive [95]**secours** help [96]**s'arc-boute... voiture** leans firmly against the back of the car [97]**ancien** former [98]**installation provisoire** temporary facility [99]**siège** seat [1]**armoire-bibliothèque** bookcase [2]**chaise longue** reclining chair [3]**tableau** board [4]**lavabo** washbasin [5]**figure** drawing

KNOCK

Appelez-moi docteur. Répondez-moi «oui, docteur», ou «non, docteur».

LE TAMBOUR

5 Oui, docteur.

KNOCK

Et quand vous avez l'occasion de parler de moi au-dehors, ne manquez jamais[6] de vous exprimer ainsi: «Le docteur a dit», «le docteur a fait»... J'y attache de l'importance. Quand vous parliez 10 entre vous du docteur Parpalaid, de quels termes vous serviez-vous?

LE TAMBOUR

Nous disions: «C'est un brave[7] homme, mais il n'est pas bien fort.»[8]

15 KNOCK

Ce n'est pas ce que je vous demande. Disiez-vous «le docteur»?

LE TAMBOUR

Non. «M. Parpalaid», ou «le médecin», ou encore «Ravachol».[9]

KNOCK

20 Pourquoi «Ravachol»?

LE TAMBOUR

C'est un surnom[10] qu'il avait. Mais je n'ai jamais su pourquoi.

KNOCK

Et vous ne le jugiez pas très fort?

25 LE TAMBOUR

Oh! pour moi, il était bien assez fort. Pour d'autres, il paraît que non.

---

[6]**ne manquez jamais** always be sure [7]**brave** nice [8]**fort** competent [9]**Ravachol** (*19th century anarchist known as an assassin*) [10]**surnom** nickname

KNOCK

Tiens!

LE TAMBOUR

Quand on allait le voir, il ne trouvait pas.

KNOCK 5

Qu'est-ce qu'il ne trouvait pas?

LA TAMBOUR

Ce que vous aviez.[11] Neuf fois sur dix, il vous renvoyait[12] en vous disant: «Ce n'est rien du tout. Vous serez sur pied demain, mon ami.» 10

KNOCK

Vraiment!

LE TAMBOUR

Ou bien, il vous écoutait à peine, en faisant «oui, oui», «oui, oui», et il se dépêchait[13] de parler d'autre chose, pendant une 15 heure, par exemple de son automobile.

KNOCK

Comme si l'on venait pour ça!

LE TAMBOUR

Et puis il vous indiquait des remèdes de quatre sous,[14] quel- 20 quefois une simple tisane. Vous pensez bien que les gens qui payent huit francs pour une consultation n'aiment pas trop qu'on leur indique un remède de quatre sous. Et le plus bête[15] n'a pas besoin du médecin pour boire une camomille.[16]

KNOCK 25

Ce que vous m'apprenez me fait réellement de la peine.[17] Mais je vous ai appelé pour un renseignement. Quel prix demandiez-

---

[11]**Ce que vous aviez** What was the matter with you [12]**renvoyer** to send home [13]**se dépêcher** to hasten [14]**remède de quatre sous** two-bit remedy [15]**bête** stupid [16]**camomille** camomile tea [17]**faire de la peine** to hurt

vous au docteur Parpalaid quand il vous chargeait d'une annonce?

LE TAMBOUR, *avec amertume.*

Il ne me chargeait jamais d'une annonce.

KNOCK

Oh! Qu'est-ce que vous me dites? Depuis trente ans qu'il était là?

LE TAMBOUR

Pas une seule annonce en trente ans, je vous jure.

KNOCK, *se relevant,*[18] *un papier à la main.*

Vous devez avoir oublié. Je ne puis pas vous croire. Bref, quels sont vos tarifs?

LE TAMBOUR

Trois francs le petit tour et cinq francs le grand tour. Ça vous paraît peut-être cher. Mais il y a du travail. D'ailleurs, je conseille à monsieur...

KNOCK

«Au docteur.»

LE TAMBOUR

Je conseille au docteur, s'il n'en est pas à deux francs près,[19] de prendre le grand tour, qui est beaucoup plus avantageux.

KNOCK

Quelle différence y a-t-il?

LE TAMBOUR

Avec le petit tour, je m'arrête cinq fois: devant la Mairie,[20] devant la Poste, devant l'Hôtel de la Clef, au Carrefour des

---

[18]**se relever** to get up [19]**s'il n'en est pas à deux francs près** if the two francs aren't too much for him [20]**Mairie** Town Hall

Voleurs[21] et au coin de la Halle.[22] Avec le grand tour, je m'arrête onze fois, c'est à savoir...

KNOCK

Bien, je prends le grand tour. Vous êtes disponible,[23] ce matin?

LE TAMBOUR

Tout de suite si vous voulez...

KNOCK

Voici donc le texte de l'annonce.

Il lui remet le papier.

LE TAMBOUR *regarde le texte.*

Je suis habitué aux écritures.[24] Mais je préfère que vous me le lisiez une première fois.

KNOCK, *lentement.*
Le Tambour écoute d'une oreille professionnelle.

«Le docteur Knock, successeur du docteur Parpalaid, présente ses compliments à la population de la ville et du canton de Saint-Maurice, et a l'honneur de lui faire connaître que, dans un esprit philanthropique, et pour enrayer le progrès inquiétant des maladies de toutes sortes qui envahissent depuis quelques années nos régions si salubres autrefois... »[25]

LE TAMBOUR

Ça, c'est rudement vrai![26]

KNOCK

«...il donnera tous les lundis matin, de neuf heures trente à onze heures trente, une consultation entièrement gratuite, réservée

---

[21]**Carrefour des Voleurs** Thieves' Square [22]**Halle** Market Hall [23]**disponible** available [24]**écriture** handwriting [25]**pour enrayer... autrefois** to check the alarming increase of various diseases which, for several years, have been spreading throughout our once so healthy area [26]**rudement vrai** so true

aux habitants du canton. Pour les personnes étrangères au canton,[27] la consultation restera au prix ordinaire de huit francs.»

LE TAMBOUR, *recevant le papier avec respect.*

Eh bien! C'est une belle idée! Une idée qui sera appréciée! Une
5 idée de bienfaiteur![28] (*Changeant de ton.*) Mais vous savez que nous sommes lundi. Si je fais l'annonce ce matin, il va vous en arriver dans cinq minutes.

KNOCK

Si vite que cela, vous croyez?

10 LE TAMBOUR

Et puis, vous n'aviez peut-être pas pensé que le lundi est jour de marché? La moitié du canton est là. Mon annonce va tomber dans tout ce monde. Vous ne saurez plus où donner de la tête.[29]

KNOCK

15 Je tâcherai de me débrouiller.[30]

LE TAMBOUR

Il y a encore ceci: que c'est le jour du marché que vous aviez le plus de chances d'avoir des clients. M. Parpalaid n'en voyait guère que ce jour-là. (*Familièrement.*) Si vous les recevez
20 gratis...

KNOCK

Vous comprenez, mon ami, ce que je veux, avant tout, c'est que les gens se soignent. Si je voulais gagner de l'argent, c'est à Paris que je m'installerais, ou à New York.

25 LE TAMBOUR

Ah! vous avez mis le doigt dessus. On ne se soigne pas assez. On ne veut pas s'écouter, et on se mène trop durement. Quand le

---

[27]**étrangères au canton** not living in the canton [28]**bienfaiteur** benefactor
[29]**où donner de la tête** where to start [30]**se débrouiller** to manage

mal vous tient, on se force. Autant vaudrait-il être des animaux.[31]

KNOCK

Je remarque que vous raissonez avec une grande justesse,[32] mon ami. 5

LE TAMBOUR, *se gonflant.*

Oh! sûr que je raisonne, moi. Je n'ai pas l'instruction que je devrais. Mais il y en a de plus instruits qui ne m'en remontreraient pas.[33] M. le maire, pour ne pas le nommer, en sait quelque chose. Si je vous racontais qu'un jour, monsieur... 10

KNOCK

«Docteur.»

LE TAMBOUR, *avec ivresse.*

Docteur!... qu'un jour, M. le préfet,[34] en personne, se trouvait à la mairie dans la grande salle des mariages, et même que vous 15 pourriez demander attestation du fait à des notabilités présentes, à M. le premier adjoint,[35] pour ne pas le nommer, ou à M. Michalon, et qu'alors...

KNOCK

Et qu'alors M. le préfet a vu tout de suite à qui il avait affaire,[36] et 20 que le tambour de ville était un tambour qui raisonnait mieux que d'autres qui n'étaient pas tambours mais qui se prenaient pour quelque chose de bien plus fort qu'un tambour. Et qui est-ce qui n'a plus su quoi dire? C'est M. le maire.

---

[31]**On ne veut... animaux** We don't want to take care of ourselves and we push ourselves too hard. When we are sick, we overdo. We might as well be animals [32]**justesse** soundness [33]**de plus instruits... pas** better educated ones who couldn't do better than I can [34]**préfet** (*the head of a* **département**) [35]**même que... adjoint** you can even check this out with some of the notables that were there, like the first deputy mayor [36]**avoir affaire** to deal

LE TAMBOUR, *extasié.*

C'est l'exacte vérité! Il n'y a pas un mot à changer! On jurerait que vous étiez là, caché dans un petit coin.[37]

KNOCK

Je n'y étais pas, mon ami.

LE TAMBOUR

Alors, c'est quelqu'un qui vous l'a raconté, et quelqu'un de bien placé? (*Knock fait un geste de réserve diplomatique.*) Vous ne m'ôterez pas de la tête[38] que vous en avez causé récemment avec M. le préfet.

Knock se contente de sourire.[39]

KNOCK, *se levant.*

Donc, je compte sur vous, mon ami. Et rondement,[40] n'est-ce pas?

LE TAMBOUR, *après plusieurs hésitations.*

Je ne pourrai pas venir tout à l'heure, ou j'arriverai trop tard. Est-ce que ça serait un effet de votre bonté[41] de me donner ma consultation maintenant?

KNOCK

Heu... Oui. Mais dépêchons-nous. J'ai rendez-vous avec M. Bernard, l'instituteur,[42] et avec M. le pharmacien Mousquet. Il faut que je les reçoive avant que les gens n'arrivent. De quoi souffrez-vous?

LE TAMBOUR

Attendez que je réfléchisse! (*Il rit.*) Voilà. Quand j'ai dîné, il y a des fois que je sens une espèce de démangeaison[43] ici. (*Il montre*

[37]**coin** corner [38]**Vous ne m'ôterez pas de la tête** I'll bet my life [39]**se contente de sourire** merely smiles [40]**rondement** right away [41]**Est-ce que... bonté** Would you be so kind [42]**instituteur** school teacher [43]**une espèce de démangeaison** a kind of itch

le haut de son épigastre.[44]) Ça me chatouille, ou plutôt, ça me grattouille.[45]

KNOCK, *d'un air de profonde concentration.*

Attention. Ne confondons pas. Est-ce que ça vous chatouille, ou est-ce que ça vous grattouille? 5

LE TAMBOUR

Ça me grattouille. (*Il médite.*) Mais ça chatouille bien un peu aussi.

KNOCK

Désignez-moi exactement l'endroit. 10

LE TAMBOUR

Par ici.

KNOCK

Par ici... ou cela, par ici?

LE TAMBOUR 15

Là. Ou peut-être là... Entre les deux.

KNOCK

Juste entre les deux?... Est-ce que ça ne serait pas plutôt un rien à gauche,[46] là, où je mets mon doigt?

LE TAMBOUR 20

Il me semble bien.

KNOCK

Ça vous fait mal quand j'enfonce[47] mon doigt?

---

[44]**le haut de son épigastre** the upper part of his abdomen [45]**Ça me chatouille... grattouille** It tickles me or rather prickles me [46]**un rien à gauche** a bit to the left [47]**enfoncer** to push in

LE TAMBOUR

Oui, on dirait que ça me fait mal.

KNOCK

Ah! ah! (*Il médite d'un air sombre.*) Est-ce que ça ne vous grattouille pas davantage quand vous avez mangé de la tête de veau à la vinaigrette?[48]

LE TAMBOUR

Je n'en mange jamais. Mais il me semble que si j'en mangeais, effectivement,[49] ça me grattouillerait plus.

KNOCK

Ah! ah! très important. Ah! ah! Quel âge avez-vous?

LE TAMBOUR

Cinquante et un, dans mes cinquante-deux.

KNOCK

Plus près de cinquante-deux ou de cinquante et un?

LE TAMBOUR, *il se trouble*[50] *peu à peu.*

Plus près de cinquante-deux. Je les aurai fin novembre.

KNOCK, *lui mettant la main sur l'épaule.*

Mon ami, faites votre travail aujourd'hui comme d'habitude.[51] Ce soir, couchez-vous de bonne heure.[52] Demain matin, gardez le lit. Je passerai vous voir. Pour vous, mes visites seront gratuites. Mais ne le dites pas. C'est une faveur.

LE TAMBOUR, *avec anxiété.*

Vous êtes trop bon, docteur. Mais c'est donc grave, ce que j'ai?

---

[48]**tête de veau à la vinaigrette** calf's head with vinaigrette sauce
[49]**effectivement** indeed [50]**se troubler** to get confused [51]**comme d'habitude** as usual [52]**de bonne heure** early

KNOCK

Ce n'est peut-être pas encore très grave. Il était temps de vous soigner. Vous fumez?

LE TAMBOUR, *tirant son mouchoir.*[53]

Non, je chique.[54] 5

KNOCK

Défense absolue de chiquer. Vous aimez le vin?

LE TAMBOUR

J'en bois raisonnablement.

KNOCK 10

Plus une goutte de vin.[55] Vous êtes marié?

LE TAMBOUR

Oui, docteur.

Le Tambour s'essuie le front.[56]

KNOCK 15

Sagesse totale de ce côté-là, hein?[57]

LE TAMBOUR

Je puis manger?

KNOCK

Aujourd'hui, comme vous travaillez, prenez un peu de potage.[58] 20
Demain, nous en viendrons à des restrictions plus sérieuses. Pour l'instant, tenez-vous-en[59] à ce que je vous ai dit.

---

[53]**tirant son mouchoir** pulling out his handkerchief [54]**chiquer** to chew tobacco [55]**goutte de vin** drop of wine [56]**s'essuyer le front** to wipe one's forehead [57]**Sagesse totale... hein?** Extreme caution in that area, understand? [58]**potage** soup [59]**tenez-vous-en** stick

LE TAMBOUR *s'essuie à nouveau.*

Vous ne croyez pas qu'il vaudrait mieux que je me couche tout de suite? Je ne me sens réellement pas à mon aise.[60]

KNOCK, *ouvrant la porte.*

5 Gardez-vous-en bien![61] Dans votre cas, il est mauvais d'aller se mettre au lit entre le lever et le coucher du soleil. Faites vos annonces comme si de rien n'était,[62] et attendez tranquillement jusqu'à ce soir.

Le Tambour sort. Knock le reconduit.

Scène II

10 KNOCK, L'INSTITUTEUR BERNARD

KNOCK

Bonjour, monsieur Bernard. Je ne vous ai pas trop dérangé[63] en vous priant de venir à cette heure-ci?

BERNARD

15 Non, non, docteur. J'ai une minute. Mon adjoint surveille la récréation.[64]

KNOCK

J'étais impatient de m'entretenir[65] avec vous. Nous avons tant de choses à faire ensemble, et de si urgentes. Ce n'est pas moi qui 20 laisserai s'interrompre[66] la collaboration si précieuse que vous accordiez[67] à mon prédécesseur.

BERNARD

La collaboration?

---

[60]**à mon aise** well [61]**Gardez-vous-en bien** Do nothing of the kind [62]**comme si de rien n'était** as if nothing were wrong [63]**déranger** to trouble [64]**Mon adjoint... récréation** My assistant is keeping an eye on recess [65]**s'entretenir** to have a talk [66]**laisser s'interrompre** to break off [67]**accorder** to grant

KNOCK

Remarquez que je ne suis pas homme à imposer mes idées, ni à faire table rase[68] de ce qu'on a édifié[69] avant moi. Au début, c'est vous qui serez mon guide.

BERNARD 5

Je ne vois pas bien...

KNOCK

Ne touchons à rien pour le moment. Nous améliorerons[70] par la suite s'il y a lieu.[71]

Knock s'assoit. 10

BERNARD, *s'asseyant aussi.*

Mais...

KNOCK

Qu'il s'agisse de la propagande, ou des causeries populaires, ou de nos petites réunions à nous, vos procédés seront les miens, 15 vos heures seront les miennes.[72]

BERNARD

C'est que, docteur, je crains de ne pas bien saisir à quoi vous faites allusion.

KNOCK 20

Je veux dire tout simplement que je désire maintenir intacte la liaison[73] avec vous, même pendant ma période d'installation.

BERNARD

Il doit y avoir quelque chose qui m'échappe...[74]

---

[68]**faire table rase** to make a clean sweep [69]**édifier** to build [70]**améliorer** to improve [71]**par la suite s'il y a lieu** later if necessary [72]**Qu'il s'agisse... miennes** Whether it's advertising or public talks, or our own informal meetings, I'll do what you do, and your time will be my time [73]**liaison** collaboration [74]**échapper** to escape

KNOCK

Voyons![75] Vous étiez bien en relations constantes avec le docteur Parpalaid?

BERNARD

5 Je le rencontrais de temps en temps à l'estaminet[76] de l'Hôtel de la Clef. Il nous arrivait de faire un billard.[77]

KNOCK

Ce n'est pas de ces relations-là que je veux parler.

BERNARD

10 Nous n'en avions pas d'autres.

KNOCK

Mais... mais... comment vous étiez-vous réparti[78] l'enseignement populaire de l'hygiène, l'œuvre[79] de propagande dans les familles... que sais-je, moi! Les mille besognes[80] que le médecin 15 et l'instituteur ne peuvent faire que d'accord?

BERNARD

Nous ne nous étions rien réparti du tout.

KNOCK

Quoi! Vous aviez préféré agir chacun isolément?[81]

20 BERNARD

C'est bien plus simple. Nous n'y avons jamais pensé ni l'un ni l'autre. C'est la première fois qu'il est question d'une chose pareille à Saint-Maurice.

KNOCK, *avec tous les signes d'une surprise navrée.*[82]

25 Ah!... Si je ne l'entendais pas de votre bouche, je vous assure que je n'en croirais rien.

---

[75]**Voyons!** Come on, now! [76]**estaminet** smoking room [77]**Il nous arrivait... billard** We sometimes played billiards together [78]**se répartir** to share [79]**œuvre** work [80]**besogne** task [81]**chacun isolément** separately [82]**navré** painful

Un silence.

BERNARD

Je suis désolé de vous causer cette déception,[83] mais ce n'est pas moi qui pouvais prendre une initiative de ce genre-là, vous l'admettrez, même si j'en avais eu l'idée, et même si le travail de l'école me laissait plus de loisir. 5

KNOCK

Évidemment! Vous attendiez un appel[84] qui n'est pas venu.

BERNARD

Chaque fois qu'on m'a demandé un service, j'ai tâché de le rendre.[85] 10

KNOCK

Je le sais, monsieur Bernard, je le sais. (*Un silence.*) Voilà donc une malheureuse population qui est entièrement abandonnée à elle-même[86] au point de vue hygiénique et prophylactique!

BERNARD 15

Dame![87]

KNOCK

Je parie qu'ils boivent de l'eau sans penser aux milliards de bactéries qu'ils avalent à chaque gorgée.[88]

BERNARD 20

Oh! certainement.

KNOCK

Savent-ils même ce que c'est qu'un microbe?

---

[83]**déception** disappointment [84]**appel** call [85]**Chaque fois... rendre** Whenever I was asked for a favor, I tried to help [86]**abandonnée à elle-même** left to its own devices [87]**Dame!** I would say so! [88]**Je parie... gorgée** I bet they drink water without ever thinking of the billions of bacteria they swallow with each mouthful

BERNARD

J'en doute fort! Quelques-uns connaissent le mot, mais ils doivent se figurer qu'il s'agit d'une espèce de mouche.[89]

KNOCK, *il se lève.*

5 C'est effrayant. Écoutez, cher monsieur Bernard, nous ne pouvons pas, à nous deux, réparer en huit jours des années de... disons d'insouciance.[90] Mais il faut faire quelque chose.

BERNARD

Je ne m'y refuse pas. Je crains seulement de ne pas vous être d'un 10 grand secours.

KNOCK

Monsieur Bernard, quelqu'un qui est bien renseigné[91] sur vous, m'a révélé que vous aviez un grave défaut: la modestie. Vous êtes le seul à ignorer que vous possédez ici une autorité morale et une 15 influence personnelle peu communes.[92] Je vous demande pardon d'avoir à vous le dire. Rien de sérieux ici ne se fera sans vous.

BERNARD

Vous exagérez, docteur.

20 KNOCK

C'est entendu![93] Je puis soigner sans vous mes malades. Mais la maladie, qui est-ce qui m'aidera à la combattre, à la débusquer?[94] Qui est-ce qui instruira ces pauvres gens sur les périls de chaque seconde qui assiègent leur organisme? Qui leur apprendra qu'on 25 ne doit pas attendre d'être mort pour appeler le médecin?

BERNARD

Ils sont très négligents. Je n'en disconviens pas.[95]

---

[89]**mouche** fly [90]**insouciance** carelessness [91]**renseigné** informed [92]**peu commun** very unusual [93]**C'est entendu!** OK! [94]**débusquer** to drive out [95]**Je n'en disconviens pas** I quite agree

KNOCK, *s'animant de plus en plus.*

Commençons par le commencement. J'ai ici la matière de plusieurs causeries de vulgarisation,[96] des notes très complètes, de bons clichés,[97] et une lanterne. Vous arrangerez tout cela comme vous savez le faire. Tenez,[98] pour débuter, une petite 5 conférence, toute écrite, ma foi,[99] et très agréable, sur la fièvre typhoïde, les formes insoupçonnées qu'elle prend, ses véhicules innombrables:[1] eau, pain, lait,[2] conquillages,[3] légumes,[4] salades, poussières,[5] haleine,[6] etc... les semaines et les mois durant lesqueles elle couve sans se trahir,[7] les accidents mortels qu'elle 10 déchaîne[8] soudain, les complications redoutables[9] qu'elle charrie à sa suite,[10] le tout agrémenté[11] de jolies vues: bacilles formidablement grossis,[12] détails d'excréments typhiques, ganglions infectés, perforations d'intestin, et pas en noir, en couleurs, des roses, des marrons,[13] des jaunes et des blancs verdâtres[14] que 15 vous imaginez. (*Il se rassied.*)

BERNARD, *le cœur chaviré.*

C'est que... je suis très impressionnable... Si je me plonge[15] là-dedans, je n'en dormirai plus.

KNOCK 20

Voilà justement ce qu'il faut. Je veux dire: voilà l'effet de saisissement que nous devons porter jusqu'aux entrailles de l'auditoire.[16] Vous, monsieur Bernard, vous vous y habituerez.[17] Qu'ils n'en dorment plus![18] (*Penché*[19] *sur lui.*) Car leur tort,[20]

---

[96]**la matière de plusieurs causeries de vulgarisation** enough material for several informational talks [97]**cliché** negative plate [98]**Tenez** Look [99]**toute écrite, ma foi** already written, you know [1]**innombrable** countless [2]**lait** milk [3]**coquillage** shellfish [4]**légume** vegetable [5]**poussière** dust [6]**haleine** breath [7]**elle couve sans se trahir** it breeds undetected [8]**déchaîner** to cause [9]**redoutable** fearful [10]**charrie à sa suite** brings along [11]**le tout agrémenté** everything pleasantly assorted [12]**formidablement grossis** greatly magnified [13]**marron** brown [14]**verdâtre** greenish [15]**se plonger** to get into [16]**l'effet... auditoire** the shock effect that we must direct at the heart of the audience [17]**s'habituer** to get used [18]**Qu'ils n'en dorment plus** They must not sleep any longer [19]**Penché** Bending [20]**tort** mistake

c'est de dormir, dans une sécurité trompeuse[21] dont les réveille trop tard le coup de foudre de la maladie.[22]

BERNARD, *tout frissonnant,*[23] *la main sur le bureau, regard détourné.*

5 Je n'ai pas déjà une santé si solide. Mes parents ont eu beaucoup de peine à m'élever.[24] Je sais bien que, sur vos clichés, tous ces microbes ne sont qu'en reproduction. Mais, enfin...

KNOCK, *comme s'il n'avait rien entendu.*

Pour ceux que notre première conférence aurait laissés froids, 10 j'en tiens[25] une autre, dont le titre n'a l'air[26] de rien: «Les porteurs[27] de germes.» Il y est démontré, clair comme le jour, à l'aide de cas observés, qu'on peut se promener avec une figure ronde, une langue rose, un excellent appétit, et receler dans tous les replis de son corps des trillions de bacilles de la dernière viru- 15 lence[28] capables d'infecter un département. (*Il se lève.*) Fort de[29] la théorie et de l'expérience, j'ai le droit de soupçonner[30] le premier venu d'être un porteur de germes. Vous, par exemple, absolument rien ne me prouve que vous n'en êtes pas un.

BERNARD *se lève.*

20 Moi! docteur...

KNOCK

Je serais curieux de connaître quelqu'un qui, au sortir de cette deuxième petite causerie, se sentirait d'humeur à batifoler.[31]

BERNARD

25 Vous pensez que moi, docteur, je suis un porteur de germes?

---

[21]**trompeur** false [22]**dont les... maladie** from which they wake up too late when disease strikes like lightning [23]**frissonner** to shiver [24]**élever** to raise [25]**tenir** to have [26]**avoir l'air** to look [27]**porteur** carrier [28]**receler... virulence** to hide in every fold of his body trillions of extremely virulent bacilli [29]**Fort de** Backed by [30]**soupçonner** to suspect [31]**au sortir... batifoler** at the end of the second little lecture would be in a joking mood

KNOCK

Pas vous spécialement. J'ai pris un exemple. Mais j'entends la voix de M. Mousquet. A bientôt,[32] cher monsieur Bernard, et merci de votre adhésion, dont je ne doutais pas.

Scène III

KNOCK, LE PHARMACIEN MOUSQUET

5

KNOCK

Asseyez-vous, cher monsieur Mousquet. Hier, j'ai eu à peine le temps de jeter un coup d'œil sur l'intérieur de votre pharmacie. Mais il n'en faut pas davantage[33] pour constater[34] l'excellence de votre installation, l'ordre méticuleux qui y règne et le moder- 10 nisme du moindre détail.

MOUSQUET, *tenue très simple, presque négligée*[35]

Docteur, vous êtes trop indulgent![36]

KNOCK

C'est une chose qui me tient au cœur.[37] Pour moi, le médecin qui 15 ne peut pas s'appuyer[38] sur un pharmacien de premier ordre est un général qui va à la bataille sans artillerie.

MOUSQUET

Je suis heureux de voir que vous appréciez l'importance de la profession.

20

KNOCK

Et moi de me dire qu'une organisation comme la vôtre trouve certainement sa récompense,[39] et que vous vous faites[40] bien dans l'année un minimum de vingt-cinq mille.

---

[32]**À bientôt** See you again soon [33]**il n'en faut pas davantage** one glance is enough [34]**constater** to notice [35]**tenue négligée** casual dress [36]**indulgent** kind [37]**tenir au cœur** to concern [38]**s'appuyer** to lean [39]**récompense** reward [40]**se faire** to make

MOUSQUET

De bénéfices? Ah! mon Dieu! Si je m'en faisais seulement la moitié!

KNOCK

5 Cher monsieur Mousquet, vous avez en face de vous non point un agent du fisc,[41] mais un ami, et j'ose dire un collègue.

MOUSQUET

Docteur, je ne vous fais pas l'injure[42] de me méfier[43] de vous. Je vous ai malheureusement dit la vérité. (*Une pause.*) J'ai toutes 10 les peines du monde[44] à dépasser[45] les dix mille.

KNOCK

Savez-vous bien que c'est scandaleux! (*Mousquet hausse tristement les épaules.*) Dans ma pensée, le chiffre de vingt-cinq mille était un minimum. Vous n'avez pourtant pas de concurrent?

15 MOUSQUET

Aucun, à près de cinq lieues à la ronde.[46]

KNOCK

Alors quoi? des ennemis?

MOUSQUET

20 Je ne m'en connais pas.

KNOCK, *baissant la voix.*

Jadis,[47] vous n'auriez pas eu d'histoire fâcheuse...[48] une distraction...[49] cinquante grammes de laudanum en place d'huile de ricin?...[50] C'est si vite fait.

---

[41]**agent du fisc** tax collector [42]**injure** insult [43]**se méfier** to distrust [44]**toutes les peines du monde** all the trouble in the world [45]**dépasser** to exceed [46]**à près de cinq lieues à la ronde** within a radius of about twenty kilometers [47]**Jadis** In the past [48]**histoire fâcheuse** unpleasant incident [49]**distraction** absent-mindedness [50]**cinquante... ricin?** fifty grams of morphine in place of castor oil?

MOUSQUET

Pas le plus minime incident, je vous prie de le croire, en vingt années d'exercice.

KNOCK

Alors... alors... je répugne[51] à former d'autres hypothèses... Mon prédécesseur... aurait-il été au-dessous de sa tâche?[52] 5

MOUSQUET

C'est une affaire de point de vue.

KNOCK

Encore une fois, cher monsieur Mousquet, nous sommes strictement entre nous. 10

MOUSQUET

Le docteur Parpalaid est un excellent homme. Nous avions les meilleures relations privées.

KNOCK 15

Mais on ne ferait pas un gros volume avec le recueil de ses ordonnances?[53]

MOUSQUET

Vous l'avez dit.

KNOCK 20

Quand je rapproche[54] tout ce que je sais de lui maintenant, j'en arrive à me demander s'il croyait en la médecine.

MOUSQUET

Dans les débuts, je faisais loyalement mon possible. Dès que les gens se plaignaient à moi et que cela me paraissait un peu grave, je les lui envoyais. Bonsoir! Je ne les voyais plus revenir. 25

---

[51]**répugner** to hate [52]**au-dessous de sa tâche** inferior to his task [53]**avec le recueil de ses ordonnances** with his collected prescriptions [54]**rapprocher** to piece together

KNOCK

Ce que vous me dites m'affecte plus que je ne voudrais. Nous avons, cher monsieur Mousquet, deux des plus beaux métiers[55] qu'on connaisse. N'est-ce pas une honte que de les faire peu à 5 peu déchoir du haut degré de prospérité et de puissance où nos devanciers les avaient mis?[56] Le mot de sabotage me vient aux lèvres.

MOUSQUET

Oui, certes. Toute question d'argent à part, il y a conscience à se 10 laisser glisser ainsi au-dessous du ferblantier et de l'épicier.[57] Je vous assure, docteur, que ma femme serait bien empêchée[58] de se payer les chapeaux et les bas de soie que la femme du ferblantier arbore semaine et dimanche.[59]

KNOCK

15 Taisez-vous,[60] cher ami, vous me faites mal. C'est comme si j'entendais dire que la femme d'un président de chambre en est réduite à laver le linge de sa boulangère[61] pour avoir du pain.

MOUSQUET

Si Mme Mousquet était là, vos paroles lui iraient à l'âme.[62]

20 KNOCK

Dans un canton comme celui-ci nous devrions, vous et moi, ne pas pouvoir suffire à la besogne.

MOUSQUET

C'est juste.

---

[55]**métier** profession [56]**N'est-ce pas... mis?** Isn't it a shame to let them sink little by little from the high level of prosperity and power to which our predecessors had raised them? [57]**il y a conscience... l'épicier** it's wrong to let oneself slip like this below the tinsmith and the grocer [58]**empêché** unable [59]**se payer... dimanche** to afford the hats and the silk stockings that the tinsmith's wife wears weekdays and Sundays [60]**Taisez-vous** Don't say another word [61]**entendais dire... boulangère** heard that the wife of the chief judge is reduced to taking in her baker's laundry [62]**à l'âme** to her heart

KNOCK

Je pose en principe que tous les habitants du canton sont ipso facto nos clients désignés.[63]

MOUSQUET

Tous, c'est beaucoup demander. 5

KNOCK

Je dis tous.

MOUSQUET

Il est vrai qu'à un moment ou l'autre de sa vie, chacun peut devenir notre client par occasion. 10

KNOCK

Par occasion? Point du tout. Client régulier, client fidèle.[64]

MOUSQUET

Encore faut-il qu'il tombe malade![65]

KNOCK 15

«Tomber malade», vieille notion qui ne tient plus devant les données[66] de la science actuelle. La santé n'est qu'un mot, qu'il n'y aurait aucun inconvénient à rayer[67] de notre vocabulaire. Pour ma part, je ne connais que des gens plus ou moins atteints[68] de maladies plus ou moins nombreuses à évolution plus ou 20 moins rapide. Naturellement, si vous allez leur dire qu'ils se portent bien,[69] ils ne demandent qu'à vous croire. Mais vous les trompez. Votre seule excuse, c'est que vous ayez déjà trop de malades à soigner pour en prendre de nouveaux.

MOUSQUET 25

En tout cas, c'est une très belle théorie.

---

[63]**clients désignés** appointed clients [64]**fidèle** loyal [65]**Encore faut-il qu'il tombe malade** But still he must get sick [66]**données** data [67]**qu'il n'y aurait aucun inconvénient à rayer** so that there would be nothing wrong in crossing it out [68]**atteint** afflicted [69]**se porter bien** to be in good health

KNOCK

Théorie profondément moderne, monsieur Mousquet, réfléchissez-y, et toute proche parente[70] de l'admirable idée de la nation armée, qui fait la force de nos États.

5 MOUSQUET

Vous êtes un penseur, vous, docteur Knock, et les matérialistes auront beau soutenir le contraire,[71] la pensée mène le monde.

KNOCK, *il se lève.*

Écoutez-moi. (*Tous deux sont debout. Knock saisit les mains de*
10 *Mousquet.*) Je suis peut-être présomptueux. D'amères désillusions me sont peut-être réservées. Mais si, dans un an, jour pour jour,[72] vous n'avez pas gagné les vingt-cinq mille francs nets qui vous sont dus, si Mme Mousquet n'a pas les robes, les chapeaux et les bas que sa condition exige, je vous autorise à venir me faire
15 une scène ici, et je tendrai les deux joues pour que vous m'y déposiez chacun un soufflet.[73]

MOUSQUET

Cher docteur, je serais un ingrat, si je ne vous remerciais pas avec effusion,[74] et un misérable si je ne vous aidais pas de tout mon
20 pouvoir.

KNOCK

Bien, bien. Comptez sur moi comme je compte sur vous.

Scène IV

KNOCK, LA DAME EN NOIR

Elle a quarante-cinq ans et respire[75] l'avarice
25 *paysanne et la constipation.*

---

[70]**proche parente** close relative [71]**les matérialistes... contraire** no matter how much materialists will claim the opposite [72]**dans un an, jour pour jour** in exactly one year from today [73]**je tendrai... soufflet** I'll hold out both of my cheeks for you to slap [74]**avec effusion** again and again [75]**respirer** to exude

KNOCK

Ah! voici les consultants.[76] (*A la cantonade.*) Une douzaine, déjà? Prévenez[77] les nouveaux arrivants qu'après onze heures et demie je ne puis plus recevoir personne, au moins en consultation gratuite. C'est vous qui êtes la première, madame? (*Il fait entrer la dame en noir et referme la porte.*) Vous êtes bien du canton?[78] 5

LA DAME EN NOIR

Je suis de la commune.

KNOCK 10

De Saint-Maurice même?

LA DAME

J'habite la grande ferme qui est sur la route de Luchère.

KNOCK

Elle vous appartient? 15

LA DAME

Oui, à mon mari et à moi.

KNOCK

Si vous l'exploitez vous-même, vous devez avoir beaucoup de travail? 20

LA DAME

Pensez, monsieur! dix-huit vaches, deux bœufs, deux taureaux, la jument et le poulain, six chèvres, une bonne douzaine de cochons, sans compter la basse-cour.[79]

KNOCK 25

Diable![80] Vous n'avez pas de domestiques?

---

[76]**consultant** patient [77]**prévenir** to warn, to inform [78]**Vous êtes bien du canton** You do live in the canton, don't you [79]**Pensez... basse-cour** Just imagine, sir. Eighteen cows, two steers, two bulls, the mare and foal, six goats, a good dozen pigs, not counting the poultry [80]**Diable!** Heavens!

LA DAME

Dame si.[81] Trois valets,[82] une servante et les journaliers[83] dans la belle saison.

KNOCK

5 Je vous plains. Il ne doit guère vous rester de temps pour vous soigner?

LA DAME

Oh! non.

KNOCK

10 Et pourtant vous souffrez.

LA DAME

Ce n'est pas le mot. J'ai plutôt de la fatigue.

KNOCK

Oui, vous appelez ça de la fatigue. (*Il s'approche d'elle.*) Tirez la
15 langue. Vous ne devez pas avoir beaucoup d'appétit.

LA DAME

Non.

KNOCK

Vous êtes constipée.

20 LA DAME

Oui, assez.

KNOCK, *il l'ausculte.*[84]

Baissez la tête.[85] Respirez. Toussez. Vous n'êtes jamais tombée d'une échelle,[86] étant petite?

---

[81]**Dame si** Why of course [82]**valet** farm hand [83]**journalier** day laborer [84]**ausculter** to examine with a stethoscope [85]**baisser la tête** to lower one's head [86]**échelle** ladder

LA DAME

Je ne me souviens pas.

KNOCK, *il lui palpe et lui percute le dos, lui presse brusquement les reins.*[87]

Vous n'avez jamais mal ici le soir en vous couchant? Une espèce de courbature?[88] 5

LA DAME

Oui, des fois.[89]

KNOCK, *il continue de l'ausculter.*

Essayez de vous rappeler.[90] Ça devait être une grande échelle. 10

LA DAME

Ça se peut bien.

KNOCK, *très affirmatif.*

C'était une échelle d'environ trois mètres cinquante, posée contre un mur. Vous êtes tombée à la renverse.[91] C'est la fesse gauche, heureusement, qui a porté.[92] 15

LA DAME

Ah oui!

KNOCK

Vous aviez déjà consulté[93] le docteur Parpalaid? 20

LA DAME

Non, jamais.

KNOCK

Pourquoi?

---

[87]**lui palpe... reins** feels her back all over, tapping it, and all of a sudden presses down on the small of the back [88]**coubature** ache [89]**des fois** sometimes [90]**se rappeler** to remember [91]**tomber à la renverse** to fall over backwards [92]**C'est la fesse... porté** Fortunately, your left buttock bore the weight [93]**consulter** to see (*the doctor*)

LA DAME

Il ne donnait pas de consultations gratuites.

Un silence.

KNOCK, *la fait asseoir.*

5 Vous vous rendez compte de votre état?

LA DAME

Non.

KNOCK, *il s'assied en face d'elle.*

Tant mieux.[94] Vous avez envie de guérir, ou vous n'avez pas
10 envie?

LA DAME

J'ai envie.

KNOCK

J'aime mieux vous prévenir tout de suite que ce sera très long et
15 très coûteux.

LA DAME

Ah! mon Dieu! Et pourquoi ça?

KNOCK

Parce qu'on ne guérit pas en cinq minutes un mal qu'on traîne[95]
20 depuis quarante ans.

LA DAME

Depuis quarante ans?

KNOCK

Oui, depuis que vous êtes tombée de votre échelle.

25 LA DAME

Et combien que ça me coûterait?

---

[94]**Tant mieux** So much the better [95]**traîner** to drag along

KNOCK

Qu'est-ce que valent les veaux, actuellement?

LA DAME

Ça dépend des marchés et de la grosseur.[96] Mais on ne peut guère en avoir de propres[97] à moins de quatre ou cinq cents francs. 5

KNOCK

Et les cochons gras?

LA DAME

Il y en a qui font plus de mille.

KNOCK 10

Eh bien! ça vous coûtera à peu près deux cochons et deux veaux.

LA DAME

Ah! là! là! Près de trois mille francs? C'est une désolation,[98] Jésus Marie!

KNOCK 15

Si vous aimez mieux faire un pèlerinage,[99] je ne vous en empêche pas.

LA DAME

Oh! un pèlerinage, ça revient cher[1] aussi et ça ne réussit pas souvent. (*Un silence.*) Mais qu'est-ce que je peux donc avoir de si 20 terrible que ça?

KNOCK, *avec une grande courtoisie.*

Je vais vous l'expliquer en une minute au tableau noir. (*Il va au tableau et commence un croquis.*[2]) Voici votre moelle épinière, en coupe, très schématiquement, n'est-ce pas? Vous reconnais- 25 sez ici votre faisceau de Türck et ici votre colonne de Clarke.[3]

---

[96]**grosseur** size [97]**propre** nice [98]**C'est une désolation** that's terrible
[99]**pèlerinage** pilgrimage [1]**revenir cher** to run high [2]**croquis** sketch
[3]**Voici... Clarke** Here's your spine, in a very simplified cross section. You recognize your Turk's facellum and your Clarke's column (*Note here and further on the use of medical jargon.*)

Vous me suivez? Eh bien! quand vous êtes tombée de l'échelle, votre Türck et votre Clarke ont glissé en sens inverse[4] (*il trace des flèches de direction*[5]) de quelques dixièmes[6] de millimètre. Vous me direz que c'est très peu. Évidemment. Mais c'est très 5 mal placé. Et puis vous avez ici un tiraillement continu qui s'exerce sur les multipolaires.[7]

Il s'essuie les doigts.

LA DAME

Mon Dieu! Mon Dieu!

10 KNOCK

Remarquez que vous ne mourrez pas du jour au lendemain.[8] Vous pouvez attendre.

LA DAME

Oh! là! là! J'ai bien eu du malheur de tomber de cette échelle!

15 KNOCK

Je me demande même s'il ne vaut pas mieux laisser les choses comme elles sont. L'argent est si dur à gagner. Tandis que les années de vieillesse, on en a toujours bien assez. Pour le plaisir qu'elles donnent!

20 LA DAME

Et en faisant ça plus... grossièrement,[9] vous ne pourriez pas me guérir à moins cher?... à condition que ce soit bien fait tout de même.[10]

KNOCK

25 Ce que je puis vous proposer, c'est de vous mettre en observation. Ça ne vous coûtera presque rien. Au bout de quelques jours

---

[4]**se glisser en sens inverse** to slip in opposite directions [5]**flèche de direction** directional arrow [6]**dixième** tenth [7]**un tiraillement... multipolaires** a constant strain exerted on the multipolaries [8]**du jour au lendemain** overnight [9]**plus grossièrement** less thoroughly [10]**tout de même** all the same

vous vous rendrez compte par vous-même de la tournure que prendra le mal,[11] et vous vous déciderez.

LA DAME

Oui, c'est ça.

KNOCK

Bien. Vous allez rentrer chez vous. Vous êtes venue en voiture?

LA DAME

Non, à pied.

KNOCK, *tandis qu'il rédige l'ordonnance,*[12] *assis à sa table.*

Il faudra tâcher de trouver une voiture. Vous vous coucherez en arrivant. Une chambre où vous serez seule, autant que possible. Faites fermer les volets[13] et les rideaux pour que la lumière ne vous gêne pas. Défendez qu'on vous parle. Aucune alimentation[14] solide pendant une semaine. Un verre d'eau de Vichy toutes les deux heures, et, à la rigueur,[15] une moitié de biscuit, matin et soir, trempée dans un doigt de lait.[16] Mais j'aimerais autant que vous vous passiez de biscuit. Vous ne direz pas que je vous ordonne des remèdes coûteux! A la fin de la semaine, nous verrons comment vous vous sentez. Si vous êtes gaillarde,[17] si vos forces et votre gaieté sont revenues, c'est que le mal est moins sérieux qu'on ne pouvait croire, et je serai le premier à vous rassurer. Si, au contraire, vous éprouvez une faiblesse générale, des lourdeurs de tête,[18] et une certaine paresse[19] à vous lever, l'hésitation ne sera plus permise, et nous commencerons le traitement. C'est convenu?

LA DAME, *soupirant.*[20]

Comme vous voudrez.

---

[11]**de la tournure... mal** how your condition will develop [12]**ordonnance** prescription [13]**volet** shutter [14]**alimentation** food [15]**à la rigueur** if really necessary [16]**une moitié... lait** half a cracker, in the morning and in the evening, soaked in a tiny bit of milk [17]**gaillard** in good shape [18]**lourdeur de tête** slight headache [19]**paresse** laziness [20]**soupirer** to sigh

KNOCK, *désignant l'ordonnance.*

Je rappelle[21] mes prescriptions sur ce bout de papier. Et j'irai vous voir bientôt. (*Il lui remet l'ordonnance et la reconduit. A la cantonade.*) Mariette, aidez madame à descendre l'escalier et à
5 trouver une voiture.

On aperçoit quelques visages de consultants que la sortie de la dame en noir frappe de crainte[22] *et de respect.*

Scène V

KNOCK, LA DAME EN VIOLET[23]

Elle a soixante ans; toutes les pièces de son costume sont de
10 *la même nuance*[24] *de violet; elle s'appuie assez royalement sur une sorte d'alpenstock.*[25]

LA DAME EN VIOLET, *avec emphase.*[26]

Vous devez bien être étonné, docteur, de me voir ici.

KNOCK

15 Un peu étonné, madame.

LA DAME

Qu'une dame Pons, née demoiselle Lempoumas, vienne à une consultation gratuite, c'est en effet assez extraordinaire.

KNOCK

20 C'est surtout flatteur pour moi.

LA DAME

Vous vous dites peut-être que c'est là un des jolis résultats du gâchis[27] actuel, et que, tandis qu'une quantité de malotrus et de marchands de cochons roulent carrosse et sablent le

[21]**rappeler** to write down [22]**frapper de crainte** to strike with fear [23]**violet** purple [24]**nuance** shade [25]**alpenstock** a stick made of knotty wood [26]**avec emphase** importantly [27]**gâchis** waste

champagne[28] avec des actrices, une demoiselle Lempoumas, dont la famille remonte[29] sans interruption jusqu'au XIIIe siècle et a possédé jadis la moitié du pays, et qui a des alliances avec toute la noblesse et la haute bourgeoisie[30] du département, en est réduite à faire la queue,[31] avec les pauvres et pauvresses de Saint-Maurice? Avouez, docteur, qu'on a vu mieux. 5

KNOCK, *la fait asseoir.*

Hélas[32] oui, madame.

LA DAME

Je ne vous dirai pas que mes revenus soient restés ce qu'ils étaient autrefois, ni que j'aie conservé la maisonnée[33] de six domestiques et l'écurie[34] de quatre chevaux qui étaient de règle[35] dans la famille jusqu'à la mort de mon oncle. J'ai même dû vendre, l'an dernier, un domaine de cent soixante hectares,[36] la Michouille, qui me venait de ma grand-mère maternelle. Ce nom de la Michouille a des origines gréco-latines, à ce que prétend M. le curé.[37] Il dériverait[38] de *mycodium* et voudrait dire: haine du champignon,[39] pour cette raison qu'on n'aurait jamais trouvé un seul champignon dans ce domaine, comme si le sol en avait horreur. Il est vrai qu'avec les impôts[40] et les réparations, il ne me rapportait[41] plus qu'une somme ridicule, d'autant que, depuis la mort de mon mari, les fermiers abusaient[42] volontiers de la situation et sollicitaient à tout bout de champ[43] des réductions ou des délais. J'en avais assez, assez, assez! Ne croyez-vous pas, docteur, que, tout compte fait,[44] j'ai eu raison de me débarrasser[45] de ce domaine? 10 15 20 25

[28]**une quantité... le champagne** a certain amount of boors and hog dealers live in grand style and drink champagne [29]**remonter** to date back [30]**haute bourgeoisie** upper middle class [31]**faire la queue** to wait in line [32]**Hélas** Unfortunately [33]**maisonnée** household [34]**écurie** stable [35]**être de règle** to be customary [36]**hectare** two and a half acres [37]**à ce que prétend... curé** according to what the pastor claims [38]**Il dériverait** It is supposed to derive [39]**champignon** mushroom [40]**impôt** tax [41]**rapporter** to bring in [42]**abuser** to take advantage [43]**à tout bout de champ** all the time [44]**tout compte fait** everything considered [45]**se débarrasser** to get rid

KNOCK, *qui n'a cessé d'être parfaitement attentif.*

Je le crois, madame, surtout si vous aimez les champignons, et si, d'autre part,[46] vous avez bien placé votre argent.

LA DAME

5 Aïe![47] Vous avez touché le vif de la plaie![48] Je me demande jour et nuit si je l'ai bien placé, et j'en doute, j'en doute terriblement. J'ai suivi les conseils de ce gros bêta de notaire,[49] au demeurant[50] le meilleur des hommes. Mais je le crois moins lucide que le guéridon de sa chère femme, qui, comme vous le savez, servit 10 quelque temps de truchement[51] aux esprits. En particulier, j'ai acheté un tas d'actions de charbonnages.[52] Docteur, que pensez-vous des charbonnages?

KNOCK

Ce sont, en général, d'excellentes valeurs, un peu spéculatives 15 peut-être, sujettes[53] à des hausses inconsidérées[54] suivies de baisses[55] inexplicables.

LA DAME

Ah! mon Dieu! Vous me donnez la chair de poule.[56] J'ai l'impression de les avoir achetées en pleine hausse. Et j'en ai pour plus 20 de cinquante mille francs. D'ailleurs, c'est une folie de mettre[57] une somme pareille dans les charbonnages, quand on n'a pas une grosse fortune.

KNOCK

Il me semble, en effet, qu'un tel placement ne devrait jamais 25 représenter plus du dixième de l'avoir total.[58]

---

[46]**d'autre part** on the other hand [47]**Aïe!** Ouch! [48]**le vif de la plaie** the sore spot [49]**ce gros bêta de notaire** this idiot of a **notaire** (*a* **notaire** *handles real estate papers, contracts, wills, etc.*) [50]**au demeurant** all the same [51]**truchement** medium [52]**action de charbonnages** coal [mining] stocks [53]**sujet** subject [54]**hausse inconsidérée** inconsistent high [55]**baisse** low [56]**donner la chair de poule** to give goose bumps [57]**mettre** to invest [58]**avoir total** total assets

LA DAME

Ah? Pas plus du dixième? Mais s'il ne représente pas plus du dixième, ce n'est pas une folie proprement dite?

KNOCK

Nullement.[59] 5

LA DAME

Vous me rassurez, docteur. J'en avais besoin. Vous ne sauriez croire quels tourments me donne la gestion de mes quatre sous.[60] Je me dis parfois qu'il me faudrait d'autres soucis[61] pour chasser celui-là. Docteur, la nature humaine est une pauvre chose. Il est 10 écrit que nous ne pouvons déloger[62] un tourment qu'à condition d'en installer un autre à la place. Mais au moins trouve-t-on quelque répit[63] à en changer. Je voudrais ne plus penser toute la journée à mes locataires,[64] à mes fermiers et à mes titres.[65] Je ne puis pourtant pas, à mon âge, courir les aventures 15 amoureuses[66]—ah! ah! ah!—ni entreprendre[67] un voyage autour du monde. Mais vous attendez, sans doute, que je vous explique pourquoi j'ai fait queue à votre consultation gratuite?

KNOCK

Quelle que soit votre raison, madame, elle est certainement ex- 20 cellente.

LA DAME

Voilà! J'ai voulu donner l'exemple. Je trouve que vous avez eu là, docteur, une belle et noble inspiration. Mais, je connais mes gens. J'ai pensé: «Ils n'en ont pas l'habitude, ils n'iront pas. Et ce 25 monsieur en sera pour sa générosité.[68]» Et je me suis dit: «S'ils voient qu'une dame Pons, demoiselle Lempoumas, n'hésite pas à inaugurer les consultations gratuites, ils n'auront plus honte de

---

[59]**Nullement** In no way [60]**la gestion de mes quatre sous** the management of my few francs [61]**souci** worry [62]**déloger** to drive out [63]**répit** respite [64]**locataire** tenant [65]**titres** securities [66]**courir les aventures amoureuses** to have romances [67]**entreprendre** to undertake [68]**en sera pour sa générosité** will have been generous in vain

s'y montrer.» Car mes moindres gestes sont observés et commentés. C'est bien naturel.

KNOCK

Votre démarche est très louable,[69] madame. Je vous en remercie.

5 LA DAME, *se lève, faisant mine de se retirer.*[70]

Je suis enchantée,[71] docteur, d'avoir fait votre connaissance. Je reste chez moi toutes les après-midi. Il vient quelques personnes. Nous faisons salon autour d'une vieille théière Louis XV que j'ai héritée de mon aïeule.[72] Il y aura toujours une tasse[73] de côté
10 pour vous. (*Knock s'incline.*[74] *Elle avance encore vers la porte.*) Vous savez que je suis réellement très, très tourmentée avec mes locataires et mes titres. Je passe des nuits sans dormir. C'est horriblement fatigant. Vous ne connaîtriez pas, docteur, un secret pour faire dormir?

15 KNOCK

Il y a longtemps que vous souffrez d'insomnie?

LA DAME

Très, très longtemps.

KNOCK

20 Vous en aviez parlé au docteur Parpalaid?

LA DAME

Oui, plusieurs fois.

KNOCK

Que vous a-t-il dit?

---

[69]**louable** praiseworthy [70]**faisant mine de se retirer** looking as if she were about to leave [71]**enchanté** delighted [72]**Nous faisons... aïeule** We sit around and chat, sipping tea from an antique Louis XV teapot that I inherited from my ancestress [73]**tasse** cup [74]**s'incliner** to bow

LA DAME

De lire chaque soir trois pages du Code civil.[75] C'était une plaisanterie. Le docteur n'a jamais pris la chose au sérieux.

KNOCK

Peut-être a-t-il eu tort. Car il y a des cas d'insomnie dont la signification est d'une exceptionnelle gravité. 5

LA DAME

Vraiment?

KNOCK

L'insomnie peut être due à un trouble essentiel de la circulation intracérébrale, particulièrement à une altération des vaisseaux dite «en tuyau de pipe».[76] Vous avez peut-être, madame, les artères du cerveau[77] en tuyau de pipe. 10

LA DAME

Ciel! En tuyau de pipe! L'usage du tabac, docteur, y serait-il pour quelque chose? Je prise un peu.[78] 15

KNOCK

C'est un point qu'il faudrait examiner. L'insomnie peut encore provenir d'une attaque profonde et continue de la substance grise par la névroglie.[79] 20

LA DAME

Ce doit être affreux. Expliquez-moi cela, docteur.

KNOCK, *très posément.*

Représentez-vous un crabe, ou un poulpe, ou une gigantesque araignée en train de vous grignoter, de vous suçoter et de vous déchiqueter doucement la cervelle.[80] 25

---

[75]**Code civil** Civil Law Code [76]**altération... pipe»** deterioration of the vessels described as a "pipe stem" [77]**cerveau** brain [78]**L'usage du tabac... un peu** Could the use of tobacco have anything to do with it? I take snuff now and then [79]**névroglie** neuroglia [80]**Représentez-vous... cervelle** Picture a crab, or

LA DAME

Oh! (*Elle s'effondre*[81] *dans un fauteuil.*) Il y a de quoi s'évanouir[82] d'horreur. Voilà certainement ce que je dois avoir. Je le sens bien. Je vous en prie, docteur, tuez-moi tout de suite. Une piqûre,[83] une piqûre! Ou plutôt ne m'abandonnez pas. Je me sens glisser au dernier degré de l'épouvante.[84] (*Un silence.*) Ce doit être absolument incurable? et mortel?

KNOCK

Non.

LA DAME

Il y a un espoir de guérison?[85]

KNOCK

Oui, à la longue.

LA DAME

Ne me trompez pas, docteur. Je veux savoir la vérité.

KNOCK

Tout dépend de la régularité et de la durée du traitement.

LA DAME

Mais de quoi peut-on guérir? De la chose en tuyau de pipe, ou de l'araignée? Car je sens bien que, dans mon cas, c'est plutôt l'araignée.

KNOCK

On peut guérir de l'un et de l'autre. Je n'oserais[86] peut-être pas donner cet espoir à un malade ordinaire, qui n'aurait ni le temps ni les moyens de se soigner, suivant les méthodes les plus modernes. Avec vous, c'est différent.

---

an octopus, or a gigantic spider nibbling on your brain, sucking on it, and tearing it slowly apart [81]**s'effondrer** to collapse [82]**s'évanouir** to faint [83]**Une piqûre** Give me a shot [84]**Je me sens... l'épouvante** I feel I'm falling to the lowest degree of terror [85]**guérison** cure [86]**oser** to dare

LA DAME, *se lève.*

Oh! je serai une malade très docile, docteur, soumise[87] comme un petit chien. Je passerai partout où il le faudra, surtout si ce n'est pas trop douloureux.

KNOCK

Aucunement[88] douloureux, puisque c'est à la radioactivité que l'on fait appel.[89] La seule difficulté, c'est d'avoir la patience de poursuivre bien sagement[90] la cure pendant deux ou trois années, et aussi d'avoir sous la main un médecin qui s'astreigne à une surveillance incessante[91] du processus de guérison, à un calcul minutieux des doses radioactives—et à des visites presque quotidiennes.

LA DAME

Oh! moi, je ne manquerai[92] pas de patience. Mais c'est vous, docteur, qui n'allez pas vouloir vous occuper de moi autant qu'il faudrait.

KNOCK

Vouloir, vouloir! Je ne demanderais pas mieux.[93] Il s'agit de pouvoir. Vous demeurez[94] loin?

LA DAME

Mais non, à deux pas.[95] La maison qui est en face du poids public.[96]

KNOCK

J'essayerai de faire un bond[97] tous les matins jusque chez vous. Sauf le dimanche. Et le lundi à cause de ma consultation.

---

[87]**soumis** obedient [88]**Aucunement** Not at all [89]**faire appel à** to resort to [90]**bien sagement** quite patiently [91]**qui s'astreigne à une surveillance incessante** who endlessly watches over [92]**manquer** to lack [93]**Je ne demanderais pas mieux** There's nothing I'd like better [94]**demeurer** to live [95]**à deux pas** at a stone's throw [96]**en face du poids public** across from the public weighing station [97]**faire un bond** to pop by

LA DAME

Mais ce ne sera pas trop d'intervalle, deux jours d'affilée? Je resterai pour ainsi dire sans soins[98] du samedi au mardi?

KNOCK

5 Je vous laisserai des instructions détaillées. Et puis, quand je trouverai une minute, je passerai le dimanche matin ou le lundi après-midi.

LA DAME

Ah! tant mieux! tant mieux! (*Elle se relève.*[99]) Et qu'est-ce qu'il 10 faut que je fasse tout de suite?

KNOCK

Rentrez chez vous. Gardez la chambre. J'irai vous voir demain matin et je vous examinerai plus à fond.[1]

LA DAME

15 Je n'ai pas de médicaments à prendre aujourd'hui?

KNOCK, *debout.*

Heu... si. (*Il bâcle*[2] *une ordonnance.*) Passez chez M. Mousquet et priez-le d'exécuter aussitôt cette première petite ordonnance.

Scène VI

KNOCK, LES DEUX GARS DE VILLAGE

20 KNOCK, *à la cantonade.*

Mais, Mariette, qu'est-ce que c'est que tout ce monde? (*Il regarde sa montre.*) Vous avez bien annoncé que la consultation gratuite cessait à onze heures et demie?

LA VOIX DE MARIETTE

25 Je l'ai dit. Mais ils veulent rester.

---

[98]**soin** care [99]**se relever** to get up again [1]**à fond** thoroughly [2]**bâcler** to dash off

KNOCK

Quelle est la première personne? (*Deux gars s'avancent. Ils se retiennent de rire, se poussent le coude, clignent de l'œil, pouffant soudain. Derrière eux, la foule s'amuse de leur manège et devient assez bruyante. Knock feint de ne rien remarquer.*[3]) Lequel de vous deux? 5

LE PREMIER GARS, *regard de côté, dissimulation de rire et légère crainte.*[4]

Hi! hi! hi! Tous les deux. Hi! hi! hi!

KNOCK 10

Vous n'allez pas passer ensemble?

LE PREMIER

Si! si! hi! hi! Si! si! (*Rires à la cantonade.*)

KNOCK

Je ne puis pas vous recevoir tous les deux à la fois. Choisissez. 15
D'abord, il me semble que je ne vous ai pas vus tantôt.[5] Il y a des gens avant vous.

LE PREMIER

Il nous ont cédé[6] leur tour. Demandez-leur. Hi! hi! (*Rires et gloussements.*[7]) 20

LE SECOND, *enhardi.*[8]

Nous deux, on va toujours ensemble. On fait la paire. Hi! hi! hi! (*Rires à la cantonade.*)

KNOCK, *il se mord la lèvre*[9] *et du ton le plus froid:*

---

[3]**Ils se retiennent... remarquer** They try not to laugh, elbow each other, wink, then suddenly burst out laughing. Behind them, the crowd enjoys their little game and becomes fairly noisy. Knock pretends not to notice anything
[4]**regard de côté... crainte** looking askance, concealing his laughter, and slightly apprehensive [5]**tantôt** a little while ago [6]**céder** to give up
[7]**gloussement** chuckle [8]**enhardi** getting bolder [9]**se mordre la lèvre** to bite one's lip

Entrez. (*Il referme la porte. Au premier gars.*) Déshabillez-vous.[10] (*Au second, lui désignant une chaise.*) Vous, asseyez-vous là. (*Ils échangent encore des signes, et gloussent,*[11] *mais en se forçant un peu.*)

5 LE PREMIER, *il n'a plus que son pantalon et sa chemise.*

Faut-il que je me mette tout nu?[12]

KNOCK

Enlevez[13] encore votre chemise. (*Le gars apparaît en gilet*[14] *de flanelle.*) Ça suffit. (*Knock s'approche, tourne autour de*
10 *l'homme, palpe, percute, ausculte, tire sur la peau,*[15] *retourne les paupières,*[16] *retrousse les lèvres.*[17] *Puis il va prendre un laryngoscope à réflecteur,*[18] *s'en casque*[19] *lentement, en projette soudain la lueur aveuglante sur le visage du gars, au fond de son arrière-gorge,*[20] *sur ses yeux. Quand l'autre est maté,*[21] *il lui dé-*
15 *signe la chaise longue.*) Étendez-vous là-dessus. Allons. Ramenez les genoux.[22] (*Il palpe le ventre, applique çà et là le stéthoscope.*) Allongez le bras.[23] (*Il examine le pouls.*[24] *Il prend la pression artérielle.*) Bien. Rhabillez-vous. (*Silence. L'homme se rhabille.*) Vous avez encore votre père?

20 LE PREMIER

Non, il est mort.

KNOCK

De mort subite?

LE PREMIER

25 Oui.

---

[10]**se déshabiller** to undress [11]**glousser** to chuckle [12]**se mettre tout nu** to take off everything [13]**enlever** to take off [14]**gilet** undershirt [15]**peau** skin [16]**retourner les paupières** to turn the eyelids inside out [17]**retrousser** to curl [18]**laryngoscope à réflecteur** mirrored laryngoscope [19]**se casquer** to put on one's head [20]**en projette... arrière-gorge** suddenly projects the blinding light in the boy's face, deep down his throat [21]**maté** subdued [22]**ramener les genoux** to pull up one's knees [23]**allonger le bras** to stretch out one's arm [24]**pouls** pulse

KNOCK

C'est ça. Il ne devait pas être vieux?

LE PREMIER

Non, quarante-neuf ans.

KNOCK 5

Si vieux que ça! (*Long silence. Les deux gars n'ont pas la moindre envie de rire. Puis Knock va fouiller*[25] *dans un coin de la pièce*[26] *contre un meuble,*[27] *et rapporte de grands cartons*[28] *illustrés qui représentent les principaux organes chez l'alcoolique avancé,*[29] *et chez l'homme normal. Au premier gars, avec* 10 *courtoisie.*) Je vais vous montrer dans quel état sont vos principaux organes. Voilà les reins[30] d'un homme ordinaire. Voici les vôtres. (*Avec des pauses.*) Voici votre foie.[31] Voici votre cœur. Mais chez vous, le cœur est déjà plus abîmé[32] qu'on ne l'a représenté là-dessus. 15

Puis Knock va tranquillement remettre les tableaux à leur place.

LE PREMIER, *très timidement.*

Il faudrait peut-être que je cesse de boire?

KNOCK

Vous ferez comme vous voudrez. 20

Un silence.

LE PREMIER

Est-ce qu'il y a des remèdes à prendre?

KNOCK

Ce n'est guère la peine. (*Au second.*) A vous, maintenant. 25

---

[25]**fouiller** to rummage [26]**pièce** room [27]**meuble** piece of furniture [28]**carton** chart [29]**avancé** at an advanced stage [30]**rein** kidney [31]**foie** liver [32]**abîmé** damaged

LE PREMIER

Si vous voulez, monsieur le docteur, je reviendrai à une consultation payante?

KNOCK

5 C'est tout à fait inutile.

LE SECOND, *très piteux.*

Je n'ai rien, moi, monsieur le docteur.

KNOCK

Qu'est-ce que vous en savez?

10 LE SECOND, *il recule en tremblant.*

Je me porte bien, monsieur le docteur.

KNOCK

Alors pourquoi êtes-vous venu?

LE SECOND, *même jeu.*

15 Pour accompagner mon camarade.

KNOCK

Il n'était pas assez grand pour venir tout seul? Allons! déshabillez-vous.

LE SECOND, *il va vers la porte.*

20 Non, non, monsieur le docteur, pas aujourd'hui. Je reviendrai, monsieur le docteur.

Silence. Knock ouvre la porte. On entend le brouhaha[33] *des gens qui rient d'avance. Knock laisse passer les deux gars qui sortent avec des mines diversement hagardes et terrifiées, et traversent* 25 *la foule soudain silencieuse comme à un enterrement.*[34]

---

[33]**brouhaha** uproar [34]**avec des mines... enterrement** their faces diversely drawn and terrified, and make their way through the crowd which becomes suddenly silent as at a funeral

RIDEAU

ACTE III

La grande salle[35] *de l'Hôtel de la Clef. On y doit sentir l'hôtel de chef-lieu de canton en train de tourner au Médical-Hôtel. Les calendriers de liquoristes*[36] *y subsistent. Mais les nickels, les ripolins*[37] *et linges*[38] *blancs de l'asepsie*[39] *moderne y apparaissent.* 5

Scène I

MADAME RÉMY, SCIPION

MADAME RÉMY

Scipion, la voiture est arrivée? 10

SCIPION

Oui, madame.

MADAME RÉMY

On disait que la route était coupée par la neige.

SCIPION 15

Peuh! Quinze minutes de retard.

MADAME RÉMY

A qui sont ces bagages?

SCIPION

A une dame de Livron, qui vient consulter. 20

MADAME RÉMY

Mais nous ne l'attendions que pour ce soir.

---

[35]**grande salle** lobby [36]**liquoriste** wine and spirit dealer [37]**ripolin** enamel [38]**linge** linen [39]**asepsie** antiseptic methods

SCIPION

Erreur. La dame de ce soir vient de Saint-Marcellin.

MADAME RÉMY

Et cette valise?

5 SCIPION

A Ravachol.

MADAME RÉMY

Comment! M. Parpalaid est ici?

SCIPION

10 A cinquante mètres derrière moi.

MADAME RÉMY

Qu'est-ce qu'il vient faire? Pas reprendre sa place, bien sûr?

SCIPION

Consulter, probable.

15 MADAME RÉMY

Mais il n'y a que le 9 et le 14 de disponibles. Je garde le 9 pour la dame de Saint-Marcellin. Je mets la dame de Livron au 14. Pourquoi n'avez-vous pas dit à Ravachol qu'il ne restait rien?

SCIPION

20 Il restait le 14. Je n'avais pas d'instructions pour choisir entre la dame de Livron et Ravachol.

MADAME RÉMY

Je suis très ennuyée.[40]

SCIPION

25 Vous tâcherez de vous débrouiller. Moi, il faut que je m'occupe de mes malades.

---

[40]**Je suis très ennuyée** I really don't know what to do

MADAME RÉMY

Pas du tout, Scipion. Attendez M. Parpalaid et expliquez-lui qu'il n'y a plus de chambres. Je ne puis pas lui dire ça moi-même.

SCIPION 5

Désolé,[41] patronne. J'ai juste le temps de passer ma blouse. Le docteur Knock sera là dans quelques instants. J'ai à recueillir[42] les urines du 5 et du 8, les crachats[43] du 2, la température du 1, du 3, du 4, du 12, du 17, du 18, et le reste. Je n'ai pas envie de me faire engueuler![44] 10

MADAME RÉMY

Vous ne montez même pas les bagages de cette dame?

SCIPION

Et la bonne? Elle enfile des perles?[45]

Scipion quitte la scène. Mme Rémy, en voyant apparaître Parpalaid, fait de même.[46] 15

Scène II

PARPALAID, seul, puis LA BONNE

LE DOCTEUR PARPALAID

Hum!... Il n'y a personne?... Madame Rémy!... Scipion!... C'est curieux... Voilà toujours ma valise. Scipion!... 20

LA BONNE, *en tenue d'infirmière.*

Monsieur? Vous demandez?

LE DOCTEUR

Je voudrais bien voir la patronne.

---

[41]**Désolé** Sorry [42]**recueillir** to collect [43]**crachat** spit, sputum [44]**se faire engueuler** to get yelled at [45]**Et la bonne... perles?** And the maid? Is she filing her fingernails? [46]**faire de même** to do the same

LA BONNE

Pourquoi, monsieur?

LE DOCTEUR

Pour qu'elle m'indique ma chambre.

5 LA BONNE

Je ne sais pas, moi. Vous êtes un des malades annoncés?

LE DOCTEUR

Je ne suis pas un malade, mademoiselle, je suis un médecin.

LA BONNE

10 Ah! vous venez assister le docteur! Le fait est qu'il en aurait besoin.

LE DOCTEUR

Mais, mademoiselle, vous ne me connaissez pas?

LA BONNE

15 Non, pas du tout.

LE DOCTEUR

Le docteur Parpalaid... Il y a trois mois encore, j'étais médecin de Saint-Maurice... Sans doute n'êtes-vous pas du pays?[47]

LA BONNE

20 Si, si. Mais je ne savais pas qu'il y avait eu un médecin ici avant le docteur Knock. (*Silence.*) Vous m'excuserez, monsieur. La patronne va sûrement venir. Il faut que je termine la stérilisation de mes taies d'oreiller.[48]

LE DOCTEUR

25 Cet hôtel a pris une physionomie singulière.[49]

---

[47]**du pays** from here [48]**taie d'oreiller** pillow case [49]**Cet hôtel... singulière** This hotel looks quite peculiar now

Scène III

PARPALAID, puis MADAME RÉMY

MADAME RÉMY, *glissant un œil.*[50]

Il est encore là! (*Elle se décide.*) Bonjour, monsieur Parpalaid. Vous ne venez pas pour loger, au moins?

LE DOCTEUR 5

Mais si... Comment allez-vous, madame Rémy?

MADAME RÉMY

Nous voilà bien![51] Je n'ai plus de chambres.

LE DOCTEUR

C'est donc jour de foire,[52] aujourd'hui? 10

MADAME RÉMY

Non, jour ordinaire.

LE DOCTEUR

Et toutes vos chambres sont occupées, un jour ordinaire? Qu'est-ce que c'est que tout ce monde-là? 15

MADAME RÉMY

Des malades.

LE DOCTEUR

Des malades?

MADAME RÉMY 20

Oui, des gens qui suivent un traitement.

LE DOCTEUR

Et pourquoi logent-ils chez vous?

---

[50]**glisser un œil** to peep [51]**Nous voilà bien!** That's great! [52]**foire** market

MADAME RÉMY

Parce qu'il n'y a pas d'autre hôtel à Saint-Maurice. D'ailleurs, ils ne sont pas si à plaindre que cela, chez nous, en attendant notre nouvelle installation. Ils reçoivent tous les soins sur place.[53] Et 5 toutes les règles de l'hygiène moderne sont observées.

LE DOCTEUR

Mais d'où sortent-ils?

MADAME RÉMY

Les malades? Depuis quelque temps, il en vient d'un peu par- 10 tout. Au début, c'étaient des gens de passage.[54]

LE DOCTEUR

Je ne comprends pas.

MADAME RÉMY

Oui, des voyageurs qui se trouvaient à Saint-Maurice pour leurs 15 affaires. Ils entendaient parler du docteur Knock, dans le pays, et à tout hasard[55] ils allaient le consulter. Évidemment, sans bien se rendre compte de leur état, ils avaient le pressentiment[56] de quelque chose. Mais si leur bonne chance ne les avait pas conduits à Saint-Maurice, plus d'un serait mort à l'heure qu'il est.

20 LE DOCTEUR

Et pourquoi seraient-ils morts?

MADAME RÉMY

Comme ils ne se doutaient de rien, ils auraient continué à boire, à manger, à faire cent autres imprudences.

25 LE DOCTEUR

Et tous ces gens-là sont restés ici?

---

[53]**sur place** on the premises [54]**gens de passage** people passing through [55]**à tout hasard** just in case [56]**ils avaient le pressentiment** they vaguely sensed

MADAME RÉMY

Oui, en revenant de chez le docteur Knock, ils se dépêchaient de se mettre au lit, et ils commençaient à suivre le traitement. Aujourd'hui, ce n'est déjà plus pareil. Les personnes que nous recevons ont entrepris le voyage exprès.[57] L'ennui,[58] c'est que nous manquons de place. Nous allons faire construire. 5

LE DOCTEUR

C'est extraordinaire.

MADAME RÉMY, *après réflexion.*

En effet, cela doit vous sembler extraordinaire à vous. S'il fallait que vous meniez la vie du docteur Knock, je crois que vous crieriez grâce.[59] 10

LE DOCTEUR

Hé! quelle vie mène-t-il donc?

MADAME RÉMY 15

Une vie de forçat.[60] Dès qu'il est levé, c'est pour courir à ses visites. A dix heures, il passe à l'hôtel. Vous le verrez dans cinq minutes. Puis les consultations chez lui. Et les visites, de nouveau, jusqu'au bout du canton. Je sais bien qu'il a son automobile, une belle voiture neuve qu'il conduit à fond de train.[61] 20 Mais je suis sûre qu'il lui arrive plus d'une fois de déjeuner d'un sandwich.

LE DOCTEUR

C'est exactement mon cas à Lyon.

MADAME RÉMY 25

Ah?... Ici pourtant, vous aviez su vous faire une petite vie tranquille. (*Gaillarde.*[62]) Vous vous rappelez vos parties de billard dans l'estaminet?

---

[57]**exprès** on purpose [58]**ennui** problem [59]**crier grâce** to beg for mercy
[60]**forçat** convict [61]**à fond de train** at top speed [62]**Gaillard** Boldly

LE DOCTEUR

Il faut croire que de mon temps les gens se portaient mieux.

MADAME RÉMY

Ne dites pas cela, monsieur Parpalaid. Les gens n'avaient pas
5 l'idée de se soigner, c'est tout différent. Il y en a qui s'imaginent que dans nos campagnes[63] nous sommes encore des sauvages, que nous n'avons aucun souci de notre personne, que nous attendons que notre heure soit venue de crever[64] comme les animaux, et que les remèdes, les régimes,[65] les appareils et tous
10 les progrès, c'est pour les grandes villes. Erreur, monsieur Parpalaid. Nous nous apprécions autant que quiconque,[66] et bien qu'on n'aime pas à gaspiller[67] son argent, on n'hésite pas à se payer le nécessaire.[68] Vous, monsieur Parpalaid, vous en êtes au paysan d'autrefois, qui coupait les sous en quatre,[69] et qui aurait
15 mieux aimé perdre un œil et une jambe que d'acheter trois francs de médicaments. Les choses ont changé, Dieu merci.

LE DOCTEUR

Enfin, si les gens en ont assez d'être bien portants, et s'ils veulent s'offrir le luxe d'être malades, ils auraient tort de se gêner. C'est
20 d'ailleurs tout bénéfice pour le médecin.[70]

MADAME RÉMY, *très animée.*[71]

En tout cas, personne ne vous laissera dire que le docteur Knock est intéressé. C'est lui qui a créé les consultations gratuites, que nous n'avions jamais connues ici. Pour les visites, il fait payer
25 les personnes qui en ont les moyens[72]—avouez qu'autrement ce serait malheureux!—mais il n'accepte rien des indigents. On le voit traverser tout le canton, dépenser dix francs d'essence et s'arrêter avec sa belle voiture devant la cahute[73] d'une pauvre

---

[63]**dans nos campagnes** in our rural area [64]**crever** to croak [65]**régime** diet [66]**autant que quiconque** as much as anybody else [67]**gaspiller** to waste [68]**se payer le nécessaire** to get what it takes [69]**qui coupait les sous en quatre** who was a tight wad [70]**ils auraient... médecin** they would be wrong to deprive themselves. Besides it's all to the benefit of the physician [71]**très animé** very excited [72]**que en ont les moyens** who can afford to [73]**cahute** shack

vieille qui n'a même pas un fromage[74] de chèvre à lui donner. Et il ne faut pas insinuer non plus qu'il découvre des maladies aux gens qui n'en ont pas. Moi, la première, je me suis peut-être fait examiner dix fois depuis qu'il vient quotidiennement à l'hôtel. Chaque fois il s'y est prêté[75] avec la même patience, m'auscultant des pieds à la tête, avec tous ses instruments, et y perdant un bon quart d'heure. Il m'a toujours dit que je n'avais rien, que je ne devais pas me tourmenter,[76] que je n'avais qu'à bien manger et à bien boire. Et pas question de lui faire accepter un centime. La même chose pour M. Bernard, l'instituteur, qui s'était mis dans la tête qu'il était porteur de germes et qui n'en vivait plus.[77] Pour le rassurer, le docteur Knock a été jusqu'à lui analyser trois fois ses excréments. D'ailleurs voici M. Mousquet qui vient faire une prise de sang[78] au 15 avec le docteur. Vous pourrez causer ensemble. (*Après un temps de réflexion.*) Et puis, donnez-moi tout de même votre valise. Je vais essayer de vous trouver un coin.

Scène IV

PARPALAID, MOUSQUET

MOUSQUET, *dont la tenue est devenue fashionable.*

Le docteur n'est pas encore là? Ah? le docteur Parpalaid! Un revenant, ma foi.[79] Il y a si longtemps que vous nous avez quittés.

LE DOCTEUR

Si longtemps? Mais non, trois mois.

MOUSQUET

C'est vrai! Trois mois! Cela me semble prodigieux. (*Protecteur.*) Et vous êtes content à Lyon?

LE DOCTEUR

Très content.

---

[74]**fromage** cheese [75]**il s'y est prêté** he went about it [76]**se tourmenter** to worry [77]**qui s'était mis... plus** who somehow got it into his head that he was a germ carrier and led a miserable life because of it [78]**faire une prise de sang** to take a blood sample [79]**Un revenant, ma foi** A ghost, to be sure (*a trite pun on the two meanings of* **revenant**)

MOUSQUET

Ah! tant mieux, tant mieux. Vous aviez peut-être là-bas une clientèle toute faite?

LE DOCTEUR

5 Heu... Je l'ai déjà accrue d'un tiers...[80] La santé de Mme Mousquet est bonne?

MOUSQUET

Bien meilleure.

LE DOCTEUR

10 Aurait-elle été souffrante?

MOUSQUET

Vous ne vous rappelez pas, ces migraines dont elle se plaignait souvent? D'ailleurs vous n'y aviez pas attaché d'importance. Le docteur Knock a diagnostiqué aussitôt une insuffisance des sé-
15 crétions ovariennes, et prescrit un traitement opothérapique qui a fait merveille.[81]

LE DOCTEUR

Ah! Elle ne souffre plus?

MOUSQUET

20 De ses anciennes migraines, plus du tout. Les lourdeurs de tête qu'il lui arrive encore d'éprouver proviennent uniquement du surmenage[82] et n'ont rien que de naturel. Car nous sommes terriblement surmenés. Je vais prendre un élève. Vous n'avez personne de sérieux à me recommander?

25 LE DOCTEUR

Non, mais j'y penserai.

---

[80]**accrue d'un tiers** increased it by a third [81]**prescrit... merveille** prescribed an opotherapic treatment that worked wonders [82]**surmenage** overwork

MOUSQUET

Ah! ce n'est plus la petite existence calme d'autrefois. Si je vous disais que, même en me couchant à onze heures et demie du soir, je n'ai pas toujours terminé l'exécution de mes ordonnances.

LE DOCTEUR 5

Bref, le Pérou.[83]

MOUSQUET

Oh! il est certain que j'ai quintuplé mon chiffre d'affaires,[84] et je suis loin de le déplorer. Mais il y a d'autres satisfactions que celle-là. Moi, mon cher docteur Parpalaid, j'aime mon métier; et 10 j'aime à me sentir utile. Je trouve plus de plaisir à tirer le collier qu'à ronger mon frein.[85] Simple question de tempérament. Mais voici le docteur.

Scène V

LES MÊMES, KNOCK

KNOCK 15

Messieurs. Bonjour, docteur Parpalaid. Je pensais à vous. Vous avez fait bon voyage?

LE DOCTEUR

Excellent.

KNOCK 20

Vous êtes venu avec votre auto?

LE DOCTEUR

Non. Par le train.

---

[83]**Bref, le Pérou** In a word, a gold mine [84]**j'ai quintuplé mon chiffre d'affaires** I increased my sales figures five times [85]**plus de plaisir... frein** more pleasure in running at a gallop than in waiting at the starter's gate

KNOCK

Ah bon! Il s'agit de l'échéance[86], n'est-ce pas?

LE DOCTEUR

C'est-à-dire que je profiterai de l'occasion...

MOUSQUET

5 Je vous laisse, messieurs. (*A Knock.*) Je monte au 15.

Scène VI

LES MÊMES, moins MOUSQUET

LE DOCTEUR

Vous ne m'accusez plus maintenant de vous avoir «roulé»?

KNOCK

10 L'intention y était bien, mon cher confrère.

LE DOCTEUR

Vous ne nierez pas que je vous ai cédé le poste, et le poste valait quelque chose.

KNOCK

15 Oh! vous auriez pu rester. Nous nous serions à peine gênés l'un l'autre.[87] M. Mousquet vous a parlé de nos premiers résultats?

LE DOCTEUR

On m'en a parlé.

KNOCK, *fouillant dans son portefeuille.*

20 A titre tout à fait confidentiel, je puis vous communiquer quelques-uns de mes graphiques.[88] Vous les rattacherez sans peine à notre conversation d'il y a trois mois. Les consultations d'abord.

---

[86]**échéance** day of payment [87]**se gêner l'un l'autre** to be in each other's way [88]**A titre... graphiques** Quite confidentially I can show you some of my graphs

Cette courbe exprime les chiffres hebdomadaires.[89] Nous partons de votre chiffre à vous, que j'ignorais, mais que j'ai fixé approximativement à 5.

LE DOCTEUR

Cinq consultations par semaine? Dites le double hardiment, mon cher confrère. 5

KNOCK

Soit. Voici mes chiffres à moi. Bien entendu, je ne compte pas les consultations gratuites du lundi. Mi-octobre: 37. Fin octobre: 90. Fin novembre: 128. Fin décembre: je n'ai pas encore fait le relevé,[90] mais nous dépassons 150. D'ailleurs, faute de temps,[91] je dois désormais sacrifier la courbe des consultations à celle des traitements. Par elle-même la consultation ne m'intéresse qu'à demi: c'est un art un peu rudimentaire, une sorte de pêche au filet.[92] Mais le traitement c'est de la pisciculture.[93] 10 15

LE DOCTEUR

Pardonnez-moi, mon cher confrère: vos chiffres sont rigoureusement exacts?

KNOCK

Rigoureusement. 20

LE DOCTEUR

En une semaine, il a pu se trouver, dans le canton de Saint-Maurice, cent cinquante personnes qui se soient dérangées de chez elles pour venir faire queue, en payant, à la porte du médecin? On ne les y a pas amenées de force, ni par une contrainte quelconque?[94] 25

---

[89]**hebdomadaire** weekly [90]**faire le relevé** to do the accounts [91]**faute de temps** for lack of time [92]**pêche au filet** fishing with a net [93]**pisciculture** fish breeding [94]**il a pu... quelconque?** a hundred and fifty people were found in the canton of Saint-Maurice who took the trouble to come and wait in line, for a fee, at the doctor's door? They were not brought there by force, or under coercion of any kind?

KNOCK

Il n'y a fallu ni les gendarmes, ni la troupe.[95]

LE DOCTEUR

C'est inexplicable.

5 KNOCK

Passons à la courbe des traitements. Début d'octobre, c'est la situation que vous me laissiez; malades en traitement régulier à domicile: 0, n'est-ce pas? (*Parpalaid esquisse une protestation molle.*[96]) Fin octobre: 32. Fin novembre: 121. Fin décembre...
10 notre chiffre se tiendra entre 245 et 250.

LE DOCTEUR

J'ai l'impression que vous abusez de ma crédulité.

KNOCK

Moi, je ne trouve pas cela énorme. N'oubliez pas que le canton
15 comprend 2 853 foyers,[97] et là-dessus[98] 1 502 revenus réels qui dépassent 12 000 francs.

LE DOCTEUR

Quelle est cette histoire de revenus?

KNOCK, *il se dirige vers le lavabo.*

20 Vous ne pouvez tout de même pas imposer la charge d'un malade en permanence à[99] une famille dont le revenu n'atteint pas douze mille francs. Ce serait abusif.[1] Et pour les autres non plus, l'on ne saurait prévoir un régime uniforme.[2] J'ai quatre échelons[3] de traitements. Le plus modeste, pour les revenus de
25 douze à vingt mille, ne comporte qu'une visite par semaine, et cinquante francs environ de frais pharmaceutiques par mois. Au sommet, le traitement de luxe, pour revenus supérieurs à cin-

---

[95]**troup** military [96]**esquisse... molle** feebly attempts to protest [97]**foyer** home [98]**là-dessus** of them [99]**imposer la charge d'un malade en permanence à** to impose a fee for regular treatment upon [1]**abusif** improper [2]**Et pour les autres... uniforme** And neither for the others can a uniform treatment be envisaged [3]**échelon** level

quante mille francs, entraîne[4] un minimum de quatre visites par semaine, et de trois cents francs par mois de frais divers:[5] rayons X, radium, massages électriques, analyses, médication courante,[6] etc...

LE DOCTEUR 5

Mais comment connaissez-vous les revenus de vos clients?

KNOCK, *il commence un lavage de mains minutieux.*

Pas par les agents du fisc, croyez-le. Et tant mieux pour moi. Alors que je dénombre[7] 1 502 revenus supérieurs à 12 000 francs, le contrôleur de l'impôt en compte 17. Le plus gros re- 10 venu de sa liste est de 20 000. Le plus gros de la mienne, de 120 000. Nous ne concordons[8] jamais. Il faut réfléchir que lui travaille pour l'État.

LE DOCTEUR

Vos informations à vous, d'où viennent-elles? 15

KNOCK, *souriant.*

De bien des sources. C'est un très gros travail. Presque tout mon mois d'octobre y a passé.[9] Et je revise constamment. Regardez ceci: c'est joli, n'est-ce pas?

LE DOCTEUR 20

On dirait[10] une carte du canton. Mais que signifient tous ces points rouges?

KNOCK

C'est la carte de la pénétration médicale. Chaque point rouge indique l'emplacement[11] d'un malade régulier. Il y a un mois 25 vous auriez vu ici une énorme tache[12] grise: la tache de Chabrières.

---

[4]**entraîner** to involve [5]**frais divers** various expenses [6]**courant** common [7]**Alors que je dénombre** Where I find [8]**concorder** to agree [9]**y a passé** was spent on it [10]**On dirait** It looks like [11]**emplacement** presence [12]**tache** spot

LE DOCTEUR

Plaît-il?[13]

KNOCK

Oui, du nom du hameau[14] qui en formait le centre. Mon effort
5 des dernières semaines a porté principalement là-dessus.[15] Aujourd'hui, la tache n'a pas disparu, mais elle est morcelée.[16] N'est-ce pas? On la remarque à peine.

Silence

LE DOCTEUR

10 Même si je voulais vous cacher mon ahurissement,[17] mon cher confrère, je n'y parviendrais pas. Je ne puis guère douter de vos résultats: ils me sont confirmés de plusieurs côtés. Vous êtes un homme étonnant. D'autres que moi se retiendraient[18] peut-être de vous le dire: ils le penseraient. Ou alors, ils ne seraient pas
15 des médecins. Mais me permettez-vous de me poser une question tout haut?

KNOCK

Je vous en prie.

LE DOCTEUR

20 Si je possédais votre méthode... si je l'avais bien en main comme vous... s'il ne me restait qu'à la pratiquer...

KNOCK

Oui.

LE DOCTEUR

25 Est-ce que je n'éprouverais pas un scrupule? (*Silence.*) Répondez-moi.

---

[13]**Plaît-il?** I beg your pardon? [14]**hameau** hamlet [15]**a porté principalement là-dessus** was concentrated there [16]**morcelé** broken up [17]**ahurissement** bewilderment [18]**se retenir** to refrain

KNOCK

Mais c'est à vous de répondre, il me semble.

LE DOCTEUR

Remarquez que je ne tranche rien. Je soulève un point excessivement délicat.[19] 5

Silence.

KNOCK

Je voudrais vous comprendre mieux.

LE DOCTEUR

Vous allez dire que je donne dans le rigorisme, que je coupe les 10 cheveux en quatre.[20] Mais, est-ce que, dans votre méthode, l'intérêt du malade n'est pas un peu subordonné à l'intérêt du médecin?

KNOCK

Docteur Parpalaid, vous oubliez qu'il y a un intérêt supérieur à 15 ces deux-là.

LE DOCTEUR

Lequel?

KNOCK

Celui de la médecine. C'est le seul dont je me préoccupe. 20

Silence. Parpalaid médite.

LE DOCTEUR

Oui, oui, oui.

A partir de ce moment et jusqu'à la fin de la pièce, l'éclairage de la scène prend peu à peu les caractères de la Lumière 25

---

[19]**Remarquez... délicat** You see that I'm not deciding anything. I'm raising an extremely delicate point [20]**je donne... en quatre** I'm becoming puritanical, that I'm splitting hairs

Médicale, qui, comme on le sait, est plus riche en rayons verts et violets que la simple Lumière Terrestre...[21]

KNOCK

Vous me donnez un canton peuplé de quelques milliers d'individus neutres, indéterminés. Mon rôle, c'est de les déterminer, de les amener à l'existence médicale. Je les mets au lit, et je regarde ce qui va pouvoir en sortir: un tuberculeux, un névropathe, un artério-scléreux, ce qu'on voudra, mais quelqu'un, bon Dieu! quelqu'un! Rien ne m'agace comme cet être ni chair ni poisson que vous appelez un homme bien portant.[22]

LE DOCTEUR

Vous ne pouvez cependant pas mettre tout un canton au lit!

KNOCK, *tandis qu'il s'essuie*[23] *les mains.*

Cela se discuterait. Car j'ai connu, moi, cinq personnes de la même famille, malades toutes à la fois,[24] au lit toutes à la fois, et qui se débrouillaient fort bien. Votre objection me fait penser à ces fameux économistes qui prétendaient qu'une grande guerre moderne ne pourrait pas durer plus de six semaines. La vérité, c'est que nous manquons tous d'audace,[25] que personne, pas même moi, n'osera aller jusqu'au bout et mettre toute une population au lit, pour voir, pour voir! Mais soit! Je vous accorderai[26] qu'il faut des gens bien portants, ne serait-ce[27] que pour soigner les autres, ou former, à l'arrière[28] des malades en activité, une espèce de réserve. Ce que je n'aime pas, c'est que la santé prenne des airs de provocation, car alors vous avouerez que c'est excessif. Nous fermons les yeux sur un certain nombre de cas, nous laissons à un certain nombre de gens leur masque de prospérité.

---

[21] **l'éclairage... Terrestre** the stage lighting takes on the character of Medical Light, in which, as we know, more green and purple rays prevail than in simple Earth Light [22] **de les amener... bien portant** to introduce them to medical science. I put them to bed and I watch what will come out of it: be it a patient with tuberculosis, neurosis, arteriosclerosis, or what have you, but someone for Christ's sake! Nothing irritates me more than this being, neither fish nor fowl, that you call a healthy man [23] **s'essuyer** to wipe [24] **à la fois** at the same time [25] **audace** boldness [26] **accorder** to grant [27] **ne serait-ce** if only [28] **arrière** rear

Mais s'ils viennent ensuite se pavaner devant nous et nous faire la nique, je me fâche.[29] C'est arrivé ici pour M. Raffalens.

LE DOCTEUR

Ah! le colosse? Celui qui se vante de porter sa belle-mère à bras tendu?[30] 5

KNOCK

Oui. Il m'a défié près de trois mois... Mais ça y est.[31]

LE DOCTEUR

Quoi?

KNOCK 10

Il est au lit. Ses vantardises[32] commençaient à affaiblir[33] l'esprit médical de la population.

LE DOCTEUR

Il subsiste pourtant une sérieuse difficulté.

KNOCK 15

Laquelle?

LE DOCTEUR

Vous ne pensez qu'à la médecine... Mais le reste? Ne craignez-vous pas qu'en généralisant l'application de vos méthodes, on n'amène un certain ralentissement[34] des autres activités sociales 20 dont plusieurs sont, malgré tout, intéressantes?

KNOCK

Ça ne me regarde pas.[35] Moi, je fais de la médecine.

---

[29]**s'ils viennent... fâche** if they come and strut before us, looking down their noses at us, I get angry [30]**se vante... tendu** boasts he can carry his mother-in-law with one extended arm [31]**ça y est** I have him now [32]**vantardise** bragging [33]**affaiblir** to weaken [34]**ralentissement** slowing down [35]**Ça ne me regarde pas** That does not concern me

LE DOCTEUR

Il est vrai que lorsqu'il construit sa ligne de chemin de fer, l'ingénieur ne se demande pas ce qu'en pense le médecin de campagne.

KNOCK

Parbleu![36] (*Il remonte vers le fond de la scène*[37] *et s'approche d'une fenêtre.*) Regardez un peu ici, docteur Parpalaid. Vous connaissez la vue qu'on a de cette fenêtre. Entre deux parties de billard, jadis, vous n'avez pu manquer d'y prendre garde.[38] Tout là-bas, le mont Aligre marque les bornes[39] du canton. Les villages de Mesclat et de Trébures s'aperçoivent à gauche; et si, de ce côté, les maisons de Saint-Maurice ne faisaient pas une espèce de renflement,[40] c'est tous les hameaux de la vallée que nous aurions en enfilade.[41] Mais vous n'avez dû saisir[42] là que ces beautés naturelles, dont vous êtes friand.[43] C'est un paysage rude,[44] à peine humain, que vous contempliez. Aujourd'hui, je vous le donne tout imprégné de médecine, animé et parcouru par le feu souterrain de notre art.[45] La première fois que je me suis planté ici, au lendemain de mon arrivée, je n'étais pas trop fier, je sentais que ma présence ne pesait pas lourd.[46] Ce vaste terroir se passait insolemment de moi et de mes pareils.[47] Mais maintenant, j'ai autant d'aise à me trouver ici qu'à son clavier l'organiste des grandes orgues.[48] Dans deux cent cinquante de ces maisons—il s'en faut que nous les voyions toutes à cause de l'éloignement et des feuillages[49]—il y a deux cent cinquante chambres où quelqu'un confesse la médecine, deux cent cinquante lits où un corps étendu témoigne[50] que la vie a un sens, et grâce à moi un sens médical. La nuit, c'est encore plus beau, car

[36]**Parbleu!** Of course not! [37]**remonte vers le fond de la scène** walks to the back of the stage [38]**vous n'avez pu... garde** you could not have helped noticing it [39]**borne** limit [40]**ne faisaient... renflement** did not rise up [41]**en enfilade** in a row [42]**saisir** to perceive [43]**être friand** to be fond [44]**rude** rugged [45]**je vous le donne... art** I'm giving it to you all indoctrinated with medicine, alive and glowing with the underground fire of our art [46]**peser lourd** to be worth a lot [47]**mes pareils** my peers [48]**j'ai autant... orgues** I'm as happy here as the organist at the keyboard of his big organ [49]**il s'en faut... feuillages** we can't see them all because of the distance and the foliage [50]**un corps étendu témoigne** a stretched-out body bears witness

il y a les lumières. Et presque toutes les lumières sont à moi. Les non-malades dorment dans les ténèbres.[51] Ils sont supprimés.[52] Mais les malades ont gardé leur veilleuse[53] ou leur lampe. Tout ce qui reste en marge[54] de la médecine, la nuit m'en débarrasse, m'en dérobe l'agacement et le défi.[55] Le canton fait place à une sorte de firmament dont je suis le créateur continuel. Et je ne vous parle pas des cloches.[56] Songez que, pour tout ce monde, leur premier office[57] est de rappeler mes prescriptions; qu'elles sont la voix de mes ordonnances. Songez que, dans quelques instants, il va sonner dix heures, que pour tous mes malades, dix heures, c'est la deuxième prise de température rectale, et que, dans quelques instants, deux cent cinquante thermomètres vont pénétrer à la fois...

LE DOCTEUR, *lui saisissant le bras avec émotion.*

Mon cher confrère, j'ai quelque chose à vous proposer.

KNOCK

Quoi?

LE DOCTEUR

Un homme comme vous n'est pas à sa place dans un chef-lieu de canton. Il vous faut une grande ville.

KNOCK

Je l'aurai, tôt ou tard.

LE DOCTEUR

Attention! Vous êtes juste à l'apogée[58] de vos forces. Dans quelques années, elles déclineront déjà. Croyez-en mon expérience.

KNOCK

Alors?

---

[51]**ténèbres** darkness [52]**supprimé** cut out [53]**veilleuse** night light [54]**rester en marge** to remain outside [55]**m'en débarrasse... défi** frees me of it, takes away from me its irritation and defiance [56]**cloche** bell [57]**office** duty [58]**apogée** height

LE DOCTEUR

Alors, vous ne devriez pas attendre.

KNOCK

Vous avez une situation à m'indiquer?

5 LE DOCTEUR

La mienne. Je vous la donne. Je ne puis pas mieux vous prouver mon admiration.

KNOCK

Oui... Et vous, qu'est-ce que vous deviendriez?

10 LE DOCTEUR

Moi? Je me contenterais de nouveau de Saint-Maurice.

KNOCK

Oui.

LE DOCTEUR

15 Et je vais plus loin. Les quelques milliers de francs que vous me devez, je vous en fais cadeau.[59]

KNOCK

Oui... Au fond,[60] vous n'êtes pas si bête qu'on veut bien le dire.

LE DOCTEUR

20 Comment cela?

KNOCK

Vous produisez peu, mais vous savez acheter et vendre. Ce sont les qualités du commerçant.

LE DOCTEUR

25 Je vous assure que...

---

[59]**faire cadeau** to give [60]**Au fond** Basically

KNOCK

Vous êtes même, en l'espèce,[61] assez bon psychologue. Vous devinez[62] que je ne tiens plus à[63] l'argent dès l'instant que j'en gagne beaucoup; et que la pénétration médicale d'un ou deux quartiers[64] de Lyon m'aurait vite fait oublier mes graphiques de Saint-Maurice. Oh! je n'ai pas l'intention de vieillir[65] ici. Mais de là à me jeter sur la première occasion venue![66]

Scène VII

LES MÊMES, MOUSQUET

Mousquet traverse discrètement la salle pour gagner la rue. Knock l'arrête.

KNOCK

Approchez-vous, cher ami. Savez-vous ce que me propose le docteur Parpalaid?... Un échange de postes. J'irais le remplacer à Lyon. Il reviendrait ici.

MOUSQUET

C'est une plaisanterie.

KNOCK

Pas du tout. Une offre très sérieuse.

MOUSQUET

Les bras m'en tombent...[67] Mais, naturellement, vous refusez?

LE DOCTEUR

Pourquoi le docteur Knock refuserait-il?

---

[61]**en l'espèce** in the case at hand [62]**deviner** to guess [63]**tenir à** to value [64]**quartier** area [65]**vieillir** to grow old [66]**Mais de là... venue** But I'm not going to throw myself on the first occasion that comes along [67]**Les bras m'en tombent** I'm flabbergasted

MOUSQUET, *à Parpalaid.*

Parce que, quand en échange d'un hammerless de deux mille francs on leur offre un pistolet à air comprimé[68] «Euréka», les gens qui ne sont pas fous ont l'habitude de refuser. Vous pour-
5 riez aussi proposer au docteur un troc[69] d'automobiles.

LE DOCTEUR

Je vous prie de croire que je possède à Lyon une clientèle de premier ordre. J'ai succédé au docteur Merlu, qui avait une grosse réputation.

10 MOUSQUET

Oui, mais il y a trois mois de ça. En trois mois, on fait du chemin. Et encore plus à la descente qu'à la montée.[70] (*A Knock.*) D'abord, mon cher docteur, la population de Saint-Maurice n'acceptera jamais.

15 LE DOCTEUR

Qu'a-t-elle à voir là-dedans? Nous ne lui demanderons pas son avis.

MOUSQUET

Elle vous le donnera. Je ne vous dis pas qu'elle fera des bar-
20 ricades. Ce n'est pas la mode du pays et nous manquons de pavés.[71] Mais elle pourrait vous remettre sur la route de Lyon. (*Il aperçoit Mme Rémy.*) D'ailleurs, vous allez en juger.

Entre madame Rémy, portant des assiettes.[72]

Scène VIII

LES MÊMES, MADAME RÉMY

25 MOUSQUET

Madame Rémy, apprenez une bonne nouvelle. Le docteur Knock nous quitte, et le docteur Parpalaid revient.

---

[68]**pistolet à air comprimé** BB gun [69]**troc** swapping [70]**encore plus... montée** things run downhill even faster than you can push them up again [71]**Ce n'est pas... pavés** That's not the way we do things around here and we have no paving stones [72]**assiette** plate

Elle lâche sa pile d'assiettes, mais les rattrape à temps, et les tient appliquées sur sa poitrine, en rosace.[73]

MADAME RÉMY

Ah! mais non! Ah! mais non! Moi je vous dis que ça ne se fera pas. (*A Knock.*) Ou alors il faudra qu'ils vous enlèvent[74] de nuit en aéroplane, parce que j'avertirai les gens et on ne vous laissera pas partir. On crèvera[75] plutôt les pneus[76] de votre voiture. Quant à vous, monsieur Parpalaid, si c'est pour ça que vous êtes venu, j'ai le regret de vous dire que je ne dispose plus d'une seule chambre, et quoique nous soyons le 4 janvier, vous serez dans l'obligation de coucher dehors.

Elle va mettre ses assiettes sur une table.

LE DOCTEUR, *très ému.*[77]

Bien, bien! L'attitude de ces gens envers un homme qui leur a consacré vingt-cinq ans de sa vie est un scandale. Puisqu'il n'y a plus de place à Saint-Maurice que pour le charlatanisme,[78] je préfère gagner honnêtement mon pain à Lyon—honnêtement, et d'ailleurs largement.[79] Si j'ai songé un instant à reprendre mon ancien poste, c'était, je l'avoue, à cause de la santé de ma femme, qui ne s'habitue pas à l'air de la grande ville. Docteur Knock, nous réglerons nos affaires le plus tôt possible. Je repars ce soir.

KNOCK

Vous ne nous ferez pas cet affront, mon cher confrère. Mme Rémy, dans la surprise d'une nouvelle d'ailleurs inexacte, et dans la crainte où elle était de laisser tomber ses assiettes, n'a pu garder le contrôle de son langage. Ses paroles ont trahi[80] sa pensée. Vous voyez: maintenant que sa vaisselle est en sécurité, Mme Rémy a retrouvé sa bienveillance[81] naturelle, et ses yeux n'expriment plus que la gratitude que partage[82] toute la population de

---

[73]**Elle lâche... en rosace** She lets go of her pile of plates but catches them just in time and holds them close to her chest, resembling a rose window.
[74]**enlever** to take away [75]**crever** to puncture [76]**pneu** tire [77]**ému** upset
[78]**charlatanisme** quackery [79]**largement** handsomely [80]**trahir** to betray
[81]**bienveillance** kindness [82]**partager** to share

Saint-Maurice pour vos vingt-cinq années d'apostolat[83] silencieux.

MADAME RÉMY

Sûrement, M. Parpalaid a toujours été un très brave homme. Et il
5 tenait sa place aussi bien qu'un autre tant que nous pouvions nous passer de médecin. Ce n'était ennuyeux[84] que lorsqu'il y avait épidémie. Car vous ne me direz pas qu'un vrai médecin aurait laissé mourir tout ce monde au temps de la grippe espagnole.

10 LE DOCTEUR

Un vrai médecin! Quelles choses il faut s'entendre dire![85] Alors, vous croyez, madame Rémy, qu'un «vrai médecin» peut combattre une épidémie mondiale? A peu près comme le garde champêtre[86] peut combattre un tremblement de terre.[87] Attendez
15 la prochaine, et vous verrez si le docteur Knock s'en tire[88] mieux que moi.

MADAME RÉMY

Le docteur Knock... écoutez, monsieur Parpalaid. Je ne discuterai pas d'automobile avec vous, parce que je n'y entends
20 rien.[89] Mais je commence à savoir ce que c'est qu'un malade. Eh bien, je puis vous dire que dans une population où tous les gens chétifs sont déjà au lit, on l'attend de pied ferme,[90] votre épidémie mondiale. Ce qu'il y a de terrible, comme l'expliquait l'autre jour encore M. Bernard, à la conférence, c'est un coup de
25 tonnerre dans un ciel bleu.[91]

MOUSQUET

Mon cher docteur, je ne vous conseille pas de soulever ici des controverses de cet ordre. L'esprit pharmaco-médical court les

---

[83] **apostolat** service [84] **être ennuyeux** to be a problem [85] **il faut s'entendre dire** one has to listen to [86] **garde champêtre** village policeman [87] **tremblement de terre** earthquake [88] **s'en tirer** to pull through it [89] **je n'y entends rien** I don't know anything about them [90] **attendre de pied ferme** to wait on firm footing [91] **un coup... bleu** a bolt of lighting out of the blue

rues. Les notions abondent. Et le premier venu vous tiendra tête.[92]

KNOCK

Ne nous égarons[93] pas dans des querelles d'école. Mme Rémy et le docteur Parpalaid peuvent différer de conceptions, et garder néanmoins les rapports[94] les plus courtois. (*A Mme Rémy.*) Vous avez bien une chambre pour le docteur? 5

MADAME RÉMY

Je n'en ai pas. Vous savez bien que nous arrivons à peine à loger les malades. Si un malade se présentait, je réussirais peut-être à le caser,[95] en faisant l'impossible parce que c'est mon devoir. 10

KNOCK

Mais si je vous disais que le docteur n'est pas en état de repartir dès cet après-midi, et que, médicalement parlant, un repos d'une journée au moins lui est nécessaire? 15

MADAME RÉMY

Ah! ce serait autre chose... Mais... M. Parpalaid n'est pas venu consulter?

KNOCK

Serait-il venu consulter[96] que la discrétion professionnelle m'empêcherait peut-être de le déclarer publiquement. 20

LE DOCTEUR

Qu'allez-vous chercher là?[97] Je repars ce soir et voilà tout.

KNOCK, *le regardant.*

Mon cher confrère, je vous parle très sérieusement. Un repos de vingt-quatre heures vous est indispensable. Je déconseille[98] le départ aujourd'hui, et au besoin[99] je m'y oppose. 25

---

[92]**L'esprit... tête** The pharmaco-medical spirit runs everywhere. Ideas abound . . . and the first one you meet will oppose you [93]**s'égarer** to get lost [94]**rapport** relationship [95]**caser** to fit in [96]**Serait-il venu consulter** Even if he had come for an examination [97]**Qu'allez-vous chercher là?** What are you talking about? [98]**déconseiller** to advise against [99]**au besoin** if need be

MADAME RÉMY

Bien, bien, docteur. Je ne savais pas. M. Parpalaid aura un lit, vous pouvez être tranquille. Faudra-t-il prendre sa température?

KNOCK

5 Nous recauserons de cela tout à l'heure.

Mme Rémy se retire.

MOUSQUET

Je vous laisse un instant, messieurs. (*A Knock.*) J'ai cassé[1] une aiguille,[2] et je vais en prendre une autre à la pharmacie.

10 *Il sort.*

Scène IX

KNOCK, PARPALAID

LE DOCTEUR

Dites donc,[3] c'est une plaisanterie? (*Petit silence.*) Je vous remercie, de toute façon. Ça ne m'amusait pas de recommencer ce soir 15 même huit heures de voyage. (*Petit silence.*) Je n'ai plus vingt ans et je m'en aperçois. (*Silence.*) C'est admirable, comme vous gardez votre sérieux. Tantôt, vous avez eu un air pour me dire ça...[4] (*Il se lève.*) J'avais beau savoir que c'était une plaisanterie et connaître les ficelles du métier...[5] oui, un air et un œil... comme 20 si vous m'aviez scruté jusqu'au fond des organes...[6] Ah! c'est très fort.[7]

KNOCK

Que voulez-vous! Cela se fait un peu malgré moi. Dès que je suis en présence de quelqu'un, je ne puis pas empêcher qu'un diag- 25 nostic s'ébauche en moi... même si c'est parfaitement inutile, et

---

[1]**casser** to break [2]**aiguille** hypodermic [3]**Dites donc** Tell me [4]**vous avez eu... ça** you had such a look when you told me that [5]**les ficelles du métier** the ropes [6]**comme si... organes** as if you had seen right through me [7]**très fort** very good

hors de propos.[8] (*Confidentiel.*) A ce point[9] que, depuis quelque temps, j'évite de me regarder dans la glace.[10]

LE DOCTEUR

Mais... un diagnostic... que voulez-vous dire? un diagnostic de fantaisie,[11] ou bien?... 5

KNOCK

Comment, de fantaisie? Je vous dis que malgré moi quand je rencontre un visage, mon regard se jette, sans même que j'y pense, sur un tas de petits signes imperceptibles... la peau, la sclérotique, les pupilles, les capillaires, l'allure du souffle, le 10 poil... que sais-je encore, et mon appareil à construire des diagnostics fonctionne tout seul. Il faudra que je me surveille, car cela devient idiot.[12]

LE DOCTEUR

Mais c'est que... permettez... J'insiste d'une manière un peu 15 ridicule, mais j'ai mes raisons... Quand vous m'avez dit que j'avais besoin d'une journée de repos, était-ce par simple jeu, ou bien?... Encore une fois, si j'insiste, c'est que cela répond à certaines préoccupations que je puis avoir. Je ne suis pas sans avoir observé sur moi-même telle ou telle chose, depuis quelque 20 temps... et ne fût-ce qu'au point de vue purement théorique, j'aurais été très curieux de savoir si mes propres observations coïncident avec l'espèce de diagnostic involontaire dont vous parlez.[13]

---

[8]**Que voulez-vous!... propos** What do you expect? It happens almost unconsciously. Whenever I'm in the presence of anyone, I can't stop myself from diagnosing his case . . . even if it's completely useless and irrelevant [9]**À ce point** so much so [10]**glace** mirror [11]**un diagnostic de fantaisie** not a real diagnostic [12]**sur un tas... idiot** upon quite a few small, imperceptible signs . . . the skin, sclera, pupils, capillaries, breathing rate, hair, what have you, and my diagnosing mechanism functions automatically. I'll have to be on my guard because that becomes absurd [13]**Je ne suis pas... parlez** I certainly have noticed for some time such and such a thing about myself . . . and if only from a purely theoretical point of view, I would be curious to know if my own observations agree with the type of automatic diagnosis you're talking about

KNOCK

Mon cher confrère, laissons cela pour l'instant. (*Sonnerie de cloches.*) Dix heures sonnent. Il faut que je fasse ma tournée. Nous déjeunerons[14] ensemble, si vous voulez bien me donner cette marque d'amitié. Pour ce qui est de votre état de santé, et
5 des décisions qu'il comporte[15] peut-être, c'est dans mon cabinet, cet après-midi, que nous en parlerons plus à loisir.

Knock s'éloigne. Dix heures achèvent de sonner. Parpalaid médite, affaissé[16] sur une chaise. Scipion, la bonne, Mme Rémy paraissent, porteurs d'instruments rituels, et défilent, au sein de
10 *la Lumière Médicale.*[17]

RIDEAU

EXERCISES

Act I

READING COMPREHENSION

Rewrite the following statements, where necessary, to make them agree with the facts as presented in the play.

1. Le Dr Parpalaid aimerait vendre sa voiture: il cache les défauts et parle seulement des qualités.
2. Au commencement, Mme Parpalaid aime parler du panorama et des qualités de son mari.
3. Knock a fait une bonne affaire, dit le Dr Parpalaid, parce que sa clientèle sera nombreuse.

[14]**déjeuner** to have lunch [15]**comporter** to involve [16]**affaissé** collapsed
[17]**défilent... Médicale** file by, bathed in Medical Light

4. Knock s'intéressait aux rhumatismes d'un point de vue strictement médical.
5. La voiture s'est arrêtée pour qu'on puisse admirer le paysage.
6. Le Dr Parpalaid a clairement expliqué à Knock que les habitants ne le consultaient pas souvent.
7. Les malades payaient le docteur à la fin de l'année.
8. Knock a bien compris que l'affaire du Dr Parpalaid ne valait pas mieux que sa voiture.
9. Knock a menacé de ne pas payer ses dettes avant la Saint-Michel.
10. La théorie de Knock était qu'il fallait soigner les gens bien portants.
11. Knock exerçait la médecine sans diplôme médical depuis vingt ans.

VOCABULARY STUDY

Write sentences of your own with each of the following words and expressions.

l'auto (la voiture)
le véhicule
se sentir à l'aise sur la banquette
le capot
la carrosserie
la bougie
l'essence
le chauffeur
le chauffard
l'étape
démonter un tuyau
tourner la manivelle
les pétarades du moteur
mettre en marche
se mettre en marche
s'ébranler

le docteur (le médecin)
le confrère
le malade consulte un médecin
la consultation (visite chez un médecin)
se faire soigner par un médecin et soigner un malade
exercer la médecine
l'état de santé
un climat salubre (bon pour la santé)
un apoplectique
un rhumatisant
un cardiaque
les gens bien portants

Study the following expressions; then select the appropriate one to replace the near-equivalent in italics in each of the sentences below.

faire fortune
si le cœur nous en dit
donner envie de
se passer de
ne cesser de
avoir de la chance de
ne... guère
se rendre compte de
valoir la peine de
s'attendre à

1. Pendant le voyage, on peut bien *voir les* qualités de la voiture.
2. Le paysage est si beau que ça vous *donne le désir* de s'arrêter.
3. Mme Parpalaid *ne s'arrêtait pas* de parler de Saint-Maurice.
4. Le Dr Parpalaid pense que Knock *a été très heureux* de choisir Saint-Maurice.
5. Knock *ne pensait pas* trouver si peu de malades.
6. Jean pourra stopper si *cela nous plaît.*
7. Voici un panorama qui *doit* être vu.
8. En montagne, on ne peut pas *ne pas avoir* de voiture.
9. Knock *ne* parlait *pas beaucoup.*
10. Il se demandait comment le Dr Parpalaid *était devenu riche.*

STRUCTURES

A. *The Use of* **y**

Y replaces nouns introduced by prepositions like **à, dans,** and **sur.** It never replaces nouns introduced by **de.**

J'ai logé des appareils **dans la caisse.**
J'**y** ai logé des appareils.

Note that **y** precedes the verb or auxiliary verb.

Rewrite the following sentences replacing the words in italics with **y**.

1. Nous tiendrons très bien *à l'arrière de la voiture.*
2. Je pense *aux grandes épidémies.*
3. Les malades ne consultent pas *au chef-lieu.*
4. Elle a décrit ce paysage *dans un roman.*
5. On se sent à l'aise *sur la banquette.*
6. Mon mari finira se carrière *à Lyon.*

B. *The Use of* ***en***

En replaces nouns introduced by **de.**

> Jean profite **de la halte** pour examiner le moteur.
> Jean **en** profite pour examiner le moteur.

Rewrite the following sentences, replacing the words in italics with **en.**

1. Le docteur descend *de l'auto.*
2. Mme Parpalaid ne sort pas *de la voiture.*
3. Je vous donne 30 000 francs *de cette voiture.*
4. Knock était victime *de la situation.*
5. Knock n'avait pas *de réserves* pour payer le docteur.

Rewrite the following sentences, replacing the words in italics with **y** or **en.**

1. Le Dr Parpalaid n'a pas passé beaucoup de temps *à Saint-Maurice.*
2. Knock ne se faisait pas *d'illusions.*
3. Il ne s'attendait pas *à être roulé.*
4. Il renoncerait *à la clientèle* si possible.
5. Il vivait *de son travail.*
6. Il avait hâte de vivre *de son travail.*
7. On n'arrivait pas encore *à Saint-Maurice.*
8. Le Dr Parpalaid n'avait pas de clients réguliers *dans la petite ville.*

C. *The Imperative with Reflexive Verbs*

The position of the pronoun depends on whether the imperative is in the affirmative or in the negative.

> Attendez-**vous** à une grande clientèle.
>
> Ne **vous** attendez pas à une grande clientèle.

Rewrite the following sentences according to the example.

EXAMPLE: s'attendre à beaucoup de malades

*Attendez-**vous** à beaucoup de malades.*
*Ne **vous** attendez pas à beaucoup de malades.*

1. se mettre en marche
2. se placer près de lui
3. s'asseoir ici
4. se moquer de tout
5. s'arrêter ici
6. se faire soigner par Knock

WRITING PRACTICE

Study the following expressions used in everyday conversations; then write mini-dialogues using these expressions.

N'est-ce pas?	Isn't that so?, Won't you?, O.K.?, etc.
Pardon!	Excuse me.
Juste! Juste!	True, true.
Certes.	Surely.
Vous vous trompez.	You are mistaken (wrong).
Vous trouvez?	You think so?
Hélas!	Unfortunately.
C'est fâcheux!	How aggravating! (What a nuisance! That's bad!)
Évidemment.	Of course.
C'est l'évidence même.	It's quite obvious.
Plaît-il?	Excuse me? (*when asking to repeat a sentence*)
Je m'y attendais.	I expected as much.
C'est dommage.	What a pity.
Soit!	O.K. *or* Granted.
Nous sommes d'accord.	We're in agreement.

Act I

READING COMPREHENSION

Rewrite the following statements, where necessary, to make them agree with the facts as presented in the play.

1. Knock est devenu médecin sur le vapeur en disant la vérité, mais pas toute la vérité.
2. Knock a eu la vocation médicale à 12 ans, après avoir lu beaucoup de romans d'aventures.

3. Il a appris à soigner les malades en partant de zéro.
4. Les trente-sept malades du bateau étaient probablement des malades imaginaires.
5. Knock n'a pas continué le commerce des cacahuètes parce que les bénéfices n'étaient pas très bons.
6. Un tambour de ville est un homme qui joue du tambour dans les villes pour amuser les habitants.
7. La population de Saint-Maurice était surtout composée de commerçants et de gens aisés.
8. Il n'y avait pas beaucoup de gens fanatiques ou superstitieux.
9. Knock est très impatient d'aller à Saint-Maurice parce que la situation est magnifique.
10. Si le Dr Parpalaid avait exploité la situation, il serait parti dans une voiture de luxe.

VOCABULARY STUDY

Translate the following sentences using prepositions or prepositional phrases of time.

1. Knock connaissait de bonne heure le style médical.
2. Depuis son enfance, il a lu des journaux médicaux.
3. Dès l'âge de neuf ans, il savait beaucoup d'expressions médicales.
4. Dès ce moment-là, il avait un sentiment médical correct.
5. À un moment, il a vendu des cacahuètes.
6. Il y a une vingtaine d'années, il était vendeur de magasin.

Study the following expressions; then select the appropriate one to replace the near-equivalent in italics in each of the sentences below.

exiger
avoir horreur de
se ficher complètement de
tenir à
être à l'aise
ignorer
savoir s'y prendre
à la longue
prendre ses jambes à son cou

1. Les gens du bateau *ne s'interéssaient pas beaucoup au* sujet de la thèse de Knock.
2. Knock *insistait pour* tout expliquer.
3. On *ne demandait pas avec insistance* le titre de docteur.
4. Knock *détestait les* dettes.
5. Si on sait *comment faire*, on peut réussir.
6. *Après un certain temps*, on réussit.

7. Les habitants de Saint Maurice *étaient assez riches.*
8. La théorie de Knock est que les gens *ne savent pas* qu'ils sont malades.
9. Les habitants *s'enfuiront* en voyant un charlatan.

STRUCTURES

A. *The Use of the Imperfect with* ***si***

Rewrite the following sentences according to the example.

EXAMPLE: Si je ne le **pense** pas, je **prendrai** mes jambes à mon cou.
Si je ne le ***pensais*** *pas, je* ***prendrais*** *mes jambes à mon cou.*

1. Si je sais le sujet de ma thèse, je vous le dirai.
2. Si vous êtes docteur, vous pourrez exercer.
3. S'il a des connaissances médicales, il deviendra médecin.
4. Si je renonce à l'étude des langues, je devrai choisir un emploi.
5. Si vous avez une méthode, je serai moins sceptique.
6. Si nous nous arrêtons ici, je ferai le nettoyage.

B. *The Position of* ***pas encore***

Pas encore follows the verb or the auxiliary verb.

Je ne suis **pas encore** docteur.
I am not a doctor ***yet.***

Il n'a **pas encore** nettoyé le carburateur.
He has not cleaned the carburetor ***yet.***

Answer the following questions using the construction **ne ... pas encore.**

1. Était-il déjà docteur sur le bateau?
2. A-t-il déjà payé le Dr Parpalaid?
3. La voiture est-elle déjà en marche?
4. Sont-ils déjà arrivés à Saint-Maurice?
5. Jean a-t-il déjà sauté sur le marchepied?

C. *The Formation of the Past Conditional*

The past conditional is formed with the conditional of **avoir** or **être** + *past participle.*

Qu'**auriez-vous fait?**	*What **would you have done?***
Où **seriez-vous allé?**	*Where **would you have gone?***

Rewrite the following sentences in the past conditional.

1. Ils arriveraient dans une heure.
2. Je ne croirais pas.
3. Je voudrais vous croire.
4. Vous ne pourriez pas tuer quelqu'un.
5. La plaisanterie serait cruelle.
6. Vous auriez des perles au cou.
7. Vous deviendriez millionnaire.
8. On ferait du spiritisme.

D. *The Use of **c'est** for Emphasis*

C'est + *stress pronoun* is used to emphasize the subject.

C'est moi qui vais conduire.	***I'll** drive.*

Rewrite the following sentences, using **c'est** + **moi, toi, lui, elle, nous, vous, eux, elles.**

1. Tu vas conduire.
2. Je prendrai le volant.
3. Il va rire.
4. Je suis roulé.
5. Ils végétaient.
6. Vous m'écrirez.
7. Nous ne comprenons pas.
8. Elles faisaient du spiritisme.

E. *The Use of* **en** *and* **dans** *to Express Time*

En describes the time it takes to complete an action, whereas **dans** indicates when the action will take place in the future.

> Nous réglerons la question **en dix minutes.**
> *We'll settle the question* ***within*** *ten minutes.*
>
> Nous réglerons la question **dans dix minutes.**
> *We'll settle the question ten minutes* ***from now.***

Translate the following sentences.

1. Il a lu les annonces en quelques minutes.
2. Il lira les annonces dans quelques minutes.
3. Nous partirons dans trois jours.
4. J'ai appris la médecine en dix ans.
5. Revenez dans trois mois.
6. Nous avons vendu beaucoup de cacahuètes en une semaine.
7. On peut écrire cette lettre en une heure.
8. On peut écrire cette lettre dans une heure.

WRITING PRACTICE

Study the following expressions used in everyday conversations; then write minidialogues using these expressions.

Merci, je vous crois.	No, thanks, I believe you.
Pardon!	I beg your pardon. (*to express indignation*)
Faites!	Please do.
Tiens!	Really! *or* What a surprise!
Il y a du vrai dans ce que vous dites.	There is some truth in what you're saying.
Dites donc.	By the way.
Parfaitement.	Exactly.
Quelle idée!	The idea!
Que voulez-vous dire?	What do you mean?

Tant mieux!	So much the better.
Je vous en prie.	Will you please.
Vous plaisantez?	You're not serious?
C'est affreux!	That's awful!
Bon, bon, bon.	All right! All right! (*when giving up*)

Act II, Scenes I–III

READING COMPREHENSION

Rewrite the following statements, where necessary, to make them agree with the facts as presented in the play.

1. Le Dr Parpalaid faisait peur à ses malades au lieu de les rassurer.
2. Knock veut donner une consultation gratuite pour mieux se faire connaître.
3. Knock flatte le tambour pour qu'il devienne son propagandiste.
4. Knock ne veut pas confondre *chatouiller* avec *grattouiller* pour donner l'impression d'être très professionnel.
5. Le tambour doit aller se coucher tout de suite, ne plus chiquer, ne plus boire et manger seulement de la soupe.
6. Knock donne à l'instituteur l'impression qu'il est très naturel de collaborer avec lui.
7. Knock flatte Bernard en lui disant qu'il est modeste malgré son influence sur la population.
8. Selon Knock, les gens ne doivent plus dormir dans la peur d'être malades.
9. Bernard est si terrifié par Knock qu'il l'aidera à alerter la population sur tous les risques de maladies.
10. Knock espère faire du pharmacien un collaborateur en lui montrant ce qu'il pourrait gagner.
11. Parpalaid n'écrivait pas beaucoup d'ordonnances parce qu'il avait de mauvaises relations avec le pharmacien.
12. Knock explique au pharmacien sa théorie: tous les gens sont plus ou moins malades par occasion.
13. Le pharmacien est d'abord sceptique en entendant cette théorie, mais la promesse de Knock le décide à collaborer avec lui.

VOCABULARY STUDY

A. *Vocabulary Usage*

Select the word or phrase in *Column B* that is closest in meaning or related logically to each term in *Column A*.

A	B
davantage	tâcher
se débrouiller	gratuitement
paraître	plus
gratis	se hâter
essayer	être un peu malade
se dépêcher	causer
se sentir mal à l'aise	trouver une solution
parler	sembler

B. *Idiomatic Expressions with **avoir***

Study the following expressions with **avoir**; then write sentences of your own using each of them.

avoir une maladie, un problème	to be sick, to have a problem
Qu'est-ce que vous avez?	What's the matter with you?
avoir + *numeral* + ans	to be + *numeral*
Elle a cinquante ans.	She is fifty.
avoir affaire avec quelqu'un	To have something to do with somebody
avoir besoin de quelqu'un ou d'une chose	To need somebody or something
avoir la chance de faire quelque chose	to be lucky enough to do something
avoir de la chance	to be lucky
avoir envie d'une chose	to wish something
avoir envie de faire	to feel like doing
avoir mal	to hurt
Elle a mal aux dents.	Her teeth hurt.
avoir du mal à faire quelque chose	to find it hard to do something
avoir toutes les peines du monde à faire	to find it extremely hard to do
avoir raison	to be right
avoir tort	to be wrong

STRUCTURES

A. *The Use of Possessive Pronouns*

Possessive pronouns are composed of the definite article and a possessive word, both of which agree with the noun they replace.

Singular		Plural	
Masculine	*Feminine*	*Masculine*	*Feminine*
le mien	**la mienne**	**les miens**	**les miennes**
le tien	**la tienne**	**les tiens**	**les tiennes**
le sien	**la sienne**	**les siens**	**les siennes**
le nôtre	**la nôtre**	**les nôtres**	**les nôtres**
le vôtre	**la vôtre**	**les vôtres**	**les vôtres**
le leur	**la leur**	**les leurs**	**les leurs**

Replace the following words with their corresponding possessive pronouns.

1. leur conversation
2. leurs relations
3. mon médecin
4. ta santé
5. son service
6. vos malades
7. notre maire
8. mes heures
9. sa visite
10. mes compliments
11. votre consultation
12. nos rendez-vous
13. ton ami
14. ses réunions

B. *The Imperative with Reflexive Verbs*

Rewrite the following reflexive verbs, according to the example.

EXAMPLE: s'arrêter

arrêtez-vous
arrêtons-nous

1. se coucher
2. se soigner
3. se dépêcher
4. se méfier
5. se promener
6. se lever
7. s'asseoir
8. se servir

C. *The Use of the Subjunctive*

The subjunctive is used with verbs that express a wish, a will, or a desire: **préférer, aimer, exiger, accepter, désirer.**

Rewrite the following sentences, using the verbs in parentheses in the subjunctive.

1. J'aime mieux que vous me (lire) _____ le papier vous-même.
2. On exige qu'un médecin (avoir) _____ le titre de docteur.
3. Knock désire qu'on (se servir) _____ du mot **docteur.**
4. Je préfère que vous me (dire) _____ docteur.
5. Vous voudriez que je (venir) _____ vous voir.
6. Je n'accepte pas qu'on (être) _____ si ignorant.
7. Voulez-vous que je (réfléchir)?
8. Knock voulait qu'on (répondre) _____ à ses questions avec précision.

D. *The Use of the Immediate Future*

The immediate future expresses an action that is about to happen. It is formed with the verb **aller** + *infinitive.*

Ils **arriveront.**	*They **will** arrive.*
Ils **vont arriver.**	*They **are about to** arrive.*

Rewrite the following sentences in the immediate future.

1. Nous vous examinerons.
2. Ils te soigneront.
3. J'irai à la poste.
4. Vous lirez le papier.
5. Tu me diras la vérité.
6. Il réfléchira.
7. Mes visites seront gratuites.
8. Ma femme sera empêchée de venir.

WRITING PRACTICE

Study the following expressions used in everyday conversations; then write minidialogues using these expressions.

J'en doute fort.	I doubt it very much.
C'est effrayant!	It's frightening!
Évidemment!	Of course!
Je suis désolé.	I am sorry.
Taisez-vous!	Stop it! (*lit.*: Be quiet! *Used when you can't take it any-longer.*)
Voyons!	Come now! (*in mild re-proach*)
A bientôt.	See you soon.
C'est entendu.	All right.
Ça, c'est rudement vrai.	That's quite true. or You can say that again.
Ah!	Oh! (*in mild surprise*)
Oh!	Oh no! (*amazement or indig-nation, etc.*)

Act II, Scenes IV–VI

READING COMPREHENSION

Rewrite the following statements, where necessary, to make them agree with the facts as presented in the play.

1. La dame avare et constipée révèle qu'elle n'est pas pauvre en parlant de sa ferme.
2. Knock décrit avec précision l'accident de la dame en noir parce qu'il sait que ce type d'accident est fréquent dans les fermes.
3. La dame en noir a simplement mal aux reins, mais Knock se sert de son jargon médical pour la rassurer.
4. La dame en noir doit rester couchée pendant une semaine, ce qui est excellent pour une femme qui a l'habitude de travailler beaucoup.
5. La dame en violet est surtout venue pour parler de sa situation sociale et de ses problèmes, mais Knock l'écoute avec beaucoup d'attention.

6. Il est probable que son insomnie était due à ses tourments et certainement pas à ce que décrit Knock.
7. La dame en violet n'est pas une malade très intéressante pour Knock parce qu'il ne pourra pas la voir souvent.
8. Les deux gars de village veulent d'abord s'amuser et se moquer de la médecine.
9. Knock leur fait croire qu'ils mourront de l'alcoolisme.

VOCABULARY STUDY

Write sentences of your own with each of the following words and phrases.

ce que fait le médecin à une visite médicale:

examiner ou prendre le pouls
examiner les poumons, le foie, le cœur, les reins (*kidneys*), les autres organes
palper le ventre
ausculter
percuter le dos, la poitrine
tirer sur la peau
retourner les paupières
presser les reins (*back*)
explorer la gorge
prendre la pression artérielle
faire une piqûre
rédiger une ordonnance pour le pharmacien
mettre en observation

ce qu'il vous demande de faire:

respirer
tousser
tirer la langue
se déshabiller
se rhabiller
enlever la chemise
se mettre tout nu
s'entendre
ramener les genoux

les questions qu'il vous pose:

lourdeurs à la tête
la paresse à se lever
avoir mal à certains endroits
l'alimentation
le sommeil (*sleep*)
l'usage de tabac ou d'alcool

STRUCTURES

A. *The Use of the Present Tense with **depuis***

The present tense is used in conjunction with **depuis** to describe an action that has been going on for a certain time.

> Vous **traînez** ce mal **depuis quarante ans.**
> *You **have been suffering** from this condition **for forty years.***
>
> Vous **traînez** ce mal **depuis que vous êtes tombée d'une échelle.**
> *You **have been suffering** from this condition **ever since you fell from a ladder.***

Translate the following sentences.

1. La dame souffre depuis quarante ans.
2. Elle habite Saint-Maurice depuis son enfance.
3. Ses valets travaillent depuis longtemps.
4. La dame en violet a des insomnies depuis très longtemps.
5. Elle prend du tabac depuis des années.
6. Le médecin lui parle depuis dix heures du matin.

B. *The Use of Tenses with **il y a** and **il y a... que***

Il y a expresses the time elapsed since an action occurred.

> Elle est tombée d'une échelle **il y a quarante ans.**
> *She fell from a ladder **forty years ago.***

Il y a + *time* + **que** is used to describe an action that has been going on.

> **Il y a quarante ans que** la dame traîne ce mal.
> *The lady has been suffering from this condition **for forty years.***

Translate the following sentences.

1. Il y a cinq minutes que la dame est avec le docteur.
2. Il y a cinq minutes, la dame est sortie.
3. Il y a quelques années, la dame a vendu son domaine.
4. Il y a quelques années déjà que la dame dort mal.

5. Il y a longtemps que ses nuits sont fatigantes.
6. Le Dr Parpalaid l'a soignée il y a quelque temps.

Translate the following sentences into French, using the correct tense and the construction **il y a... que** (or **depuis**) or the construction **il y a.**

1. Knock has been in Saint Maurice for two days.
2. He arrived two days ago.
3. His patients have been arriving since 9 o'clock.
4. The lady fell forty years ago.
5. She has been sick for a very long time.
6. She has been sick since her childhood.

C. *The Use of the Subjunctive after Conjunctions*

The subjunctive is used after conjunctions like **à condition que, à moins que, pour que, bien que, avant que.**

Rewrite the following sentences, using the subjunctive with the verbs in parentheses.

1. Je vous soignerai à condition que vous ne (fumer) ____ plus.
2. Je vous aiderai à condition que vous (comprendre) ____ les conditions.
3. Je vous dis ça pour que vous (venir) ____ chez le pharmacien.
4. Vous pouvez rester, à moins que ce (être) ____ trop tard.
5. Déshabillez-vous avant que l'autre ne (prendre) ____ votre place.
6. Il faut lui expliquer avant qu'il (s'endormir).

D. *The Use of the Subjunctive with Certain Phrases*

The subjunctive is used after certain expressions that describe feelings: **être content, être désolé, être étonné, être heureux, être surpris.**

Rewrite the following sentences, using the subjunctive with the verbs in parentheses.

1. Knock était content que la dame en noir (être) _____ riche.
2. La dame est étonnée que Knock lui (défendre) _____ de travailler.
3. Je suis heureuse que vous me (comprendre) _____ si bien.
4. Knock n'est pas désolé que la dame en noir (avoir) _____ mal aux reins.
5. Les deux gars sont surpris que le médecin (vouloir) _____ les examiner.
6. Knock est heureux qu'on (suivre) _____ ses conseils.

WRITING PRACTICE

Write a paragraph on the following topic, using the expressions contained in the vocabulary study on p. 166.

Une visite médicale (réelle ou imaginaire). Dites ce que le médecin a fait et vous a dit de faire, les questions qu'il vous a posées, ses prescriptions.

Your paragraph will be evaluated for grammatical accuracy and vocabulary usage. It should be at least sixty words in length.

Act III, Scenes I–IV

READING COMPREHENSION

Rewrite the following statements, where necessary, to make them agree with the facts as presented in the play.

1. Il n'y a pas de chambre pour le Dr Parpalaid parce qu'il n'a pas fait de réservation.
2. La bonne de l'hôtel ignore que le Dr Parpalaid était le prédécesseur de Knock.
3. Knock a tant de malades que l'hôtel n'est pas assez grand pour les recevoir. Il doit donc faire construire.
4. Les paysans d'autrefois n'aimaient pas gaspiller leur argent chez le médecin, mais les paysans d'aujourd'hui sont restés sauvages, selon Mme Rémy.
5. Knock a gardé ses consultations gratuites et ne fait pas payer les pauvres. C'est excellent pour sa réputation.

6. Knock rassure Mme Rémy et l'instituteur en leur disant qu'ils ne sont pas malades. C'est parce qu'il a besoin d'eux.
7. La femme de Mousquet continue à avoir des lourdeurs de tête parce que le traitement de Knock n'est pas bon.

VOCABULARY STUDY

Write sentences of your own with each of the following words and phrases.

sur place (*on the premises*)
exprès (*on purpose*)
en effet (*indeed*)
de mon (ton, son, etc.) temps (*in my, your, his, etc. time*)
en tout cas (*at any rate*)
des pieds à la tête (*from head to foot*)
d'ailleurs (*besides*)
à l'heure qu'il est (*at this time*)
pas du tout (*not at all*)
au début (*at first, in the beginning*)
tout de même (*anyway*)

STRUCTURES

A. *The Use of Indefinite Articles*

The indefinite articles **un, une,** and **des** are used in the affirmative, whereas **de, d'** are used in the negative, except with **être.**

J'avais **des** instructions. → Je **n'***avais* **pas d'**instructions
Il y a **un** autre hôtel. → Il *n'*y a **pas d'**autre hôtel.

but:

Je suis **un** médecin   Je ne suis pas **un** médecin.

Rewrite the following sentences in the negative.

1. Elle a des chambres.
2. Ce sont des chambres ordinaires.
3. Il y a une autre solution.
4. J'attends des malades avant midi.

5. Vous avez des malades intéressants.
6. Je suis un malade.
7. C'est un autre hôtel.
8. Il voit des bagages.

B. *The Construction **ne... plus***

Compare the following sentences. Note that when the negative occurs, **des** changes to **de,** unless **être** is used. Study the English translations as well.

Nous sommes encore des sauvages? *We are still savages?*	Nous **ne sommes plus *des*** sauvages. *We are not savages anymore.*
Nous avons encore des chambres? *We still have rooms?*	Nous **n'avons plus *de*** chambres. *We have no rooms left.*

Answer the following questions in the negative, using **ne ... plus.**

1. Les gens se portent encore bien?
2. Il y a encore des bien-portants?
3. Les habitants mangent encore?
4. Ils font encore des imprudences?
5. Il y a encore de la place à l'hôtel?
6. Knock déjeune encore régulièrement?
7. Vous êtes encore en bonne santé?
8. Mme Mousquet se plaint encore de ses migraines.
9. Vous êtes des paysans?
10. Vous travaillez encore?

C. *The Formation of the **Plus-que-parfait***

Like the English past perfect, the **plus-que-parfait** is a compound tense. It is formed with the auxiliary verb in the imperfect + *past participle.*

With **avoir**

Il y **avait eu** un accident. *There **had been** an accident.*

With **être**

Parpalaid **était arrivé.**	*Parpalaid* ***had arrived.***

With **être**

Les malades **s'étaient couchés.**	*The sick people* ***had gone*** *to bed.*

Rewrite the following sentences in the pluperfect, making the past participle agree, if necessary.

1. Mousquet faisait une prise de sang.
2. Knock terminait ses ordonnances.
3. Les malades se levaient.
4. Mme Rémy ne se tourmentait plus.
5. Elle n'y pensait plus.
6. Parpalaid ne venait pas en voiture.
7. Knock ne découvrait pas de maladies à ses collaborateurs.
8. Les gens n'achetaient pas de médicaments.

D. *Reflexive Pronouns in an Infinitive Construction*

In an infinitive construction, the reflexive pronoun precedes the infinitive.

Vous tâcherez de **vous débrouiller.**	*You will try to find something.*
Elle tâchera de **se débrouiller.**	*She will try to find something.*

Rewrite the following sentences, using the appropriate form of the reflexive pronoun.

1. Les malades essaient de (se lever) ______.
2. Je n'ai pas envie de (se faire soigner) ______ ici.
3. Tu n'as qu'à (se débrouiller) ______.
4. Nous finirons tous par (se soigner) ______.
5. Dépêche-toi de (se mettre) ______ au lit.
6. Ici, vous ne pourriez pas (se faire) ______ une vie tranquille.

E. *The Use of* **oui, non,** and **si**

Si is used to contradict a negative question. Compare the following sentences:

—Vous êtes le Dr Parpalaid?
—Oui.

—Vous êtes le Dr Parpalaid?
—Non.

—Vous n'êtes pas le Dr Parpalaid?
—Si. (*Yes, I am.*)

Write the answers to the following questions in complete sentences, using **oui, non,** or **si** in agreement with the facts presented in the play.

1. Knock n'est pas un charlatan?
2. Knock a le titre de docteur en médecine?
3. Knock n'examine jamais Mme Rémy?
4. Knock ne déjeune pas toujours à la maison ou à l'hôtel?
5. Knock déjeune quelquefois d'un sandwich?
6. Knock n'est pas devenu très riche?
7. Knock mène une vie de forçat?
8. Knock ne mène pas une vie de forçat?

F. ***Entendre dire*** vs. ***entendre parler***

Entendre dire que means *to hear information from* or *of somebody.*

Mme Rémy **a entendu dire qu**'il y avait de la neige.
Mme Rémy heard that there was snow.

Entendre parler d'une personne ou **d'une chose** means *to hear about somebody* or *something.*

Tout le monde **entendait parler de** Knock.
Everybody heard about Knock.

Translate the following sentences.

1. Les gens entendaient dire que les soins de Knock étaient extraordinaires.
2. Les gens entendaient parler aussi de ses collaborateurs.
3. On entendait dire cela partout.
4. On entendait parler de l'Hôtel de la Clef.
5. Tout le monde en entendait parler.
6. Tout le monde en entendait dire beaucoup de bien.
7. Le Dr Parpalaid entendait dire cela et il commençait à comprendre.

Act III, Scenes V–VI

READING COMPREHENSION

Rewrite the following statements, where necessary, to make them agree with the facts as presented in the play.

1. Le Dr Parpalaid n'est pas venu en voiture parce que la route était coupée par la neige.
2. Knock préfère les consultations aux traitements parce qu'il peut attraper ainsi beaucoup de poissons.
3. On a dû faire venir les gendarmes parce qu'il y avait trop de monde à l'hôtel.
4. Les quatre traitements de Knock correspondent aux quatre types de revenus des malades.
5. Knock a passé tout le mois d'octobre à obtenir des informations sur les revenus.
6. Knock n'éprouve aucun scrupule à subordonner l'intérêt des malades à celui de la médecine.
7. Pour Knock, le seul intérêt est de voir quel type de maladie aura une personne. Il ne peut pas tolérer l'indétermination médicale d'une personne bien-portante.
8. Knock voudrait que tout le canton soit au lit, à l'exception des gendarmes, du maire et des commerçants.
9. Knock a mis Raffalens au lit parce qu'il se pavanait avec son corps de colosse.
10. Knock ne s'intéresse pas à l'argent; ce qu'il veut, c'est être le dieu continuel des deux cent cinquante malades du canton qui lui obéissent et à qui on prend la température en même temps.
11. Le Dr Parpalaid veut faire cadeau à Knock de la somme qui lui est due à condition qu'il devienne son collaborateur à Lyon.

VOCABULARY STUDY

Study the following words and expressions; then rewrite the sentences below, replacing the near-equivalents in italics with each of the words and expressions. Note that some of the near-equivalents may be in the negative.

ne pas manquer de faire	tenir à
regarder	on dirait
peser lourd	à la fois
se gêner l'un l'autre	dénombrer
apogée	agacer
manquer de quelque chose	songer

1. Un homme qui gagne beaucoup *n'est pas très attaché à* l'argent.
2. Knock était arrivé *au sommet* de sa carrière.
3. Il *pensait* déjà à une grande ville.
4. Il *serait certain* de supprimer tous les bien-portants.
5. Si *on n'a pas* de courage, on ne peut pas aller très loin.
6. Knock *a compté* tous les riches du canton.
7. Au début de sa carrière, Knock *n'était pas important.*
8. Si Knock et Parpalaid exerçaient tous les deux à Saint-Maurice, ils *ne seraient pas un obstacle l'un pour l'autre.*
9. *Ça ressemble à* une carte.
10. Cela m'*irrite* de voir des gens bien-portants.
11. Les autres activités, cela ne le *concerne* pas.
12. Les malades étaient soignés tous *en même temps.*

STRUCTURES

A. *The Position of* **y** *and* **en** *with Other Pronouns*

Y and **en** immediately follow direct and indirect pronouns.

On n'a pas amené **les personnes à la porte.**
On ne **les y** a pas amenées.

On **m'**a parlé **des résultats.**
On **m'en** a parlé.

Rewrite the following sentences, replacing the words in italics with the corresponding pronoun.

1. On lui a parlé *de ce traitement.*
2. Je ne veux pas me coucher *dans ce lit.*

3. Knock lui montre *des points rouges.*
4. Le Dr Parpalaid a pu les voir *sur la carte.*
5. Je vous prie *de me poser la question.*
6. Vous m'avez donné plusieurs milliers *de francs.*
7. Il lui a donné rendez-vous *à Saint-Maurice.*
8. Je les mets *au lit.*
9. Il vous faut *des malades.*
10. Nous les laissons *à l'hôtel.*

B. *The Use of Tenses in Indirect Speech*

The tense of the verb in the reported statement (*dependent clause introduced by* **que**) is governed by the tense of the verb in the main clause. The following combinations are possible.

1. With the main verb in the present:

Le Dr Parpalaid **dit** qu'il {
- **s'agit** de l'échéance. **(present)**
- **est venu** par le train. **(passé composé)**
- **profitera** de l'occasion. **(future)**

2. With the main verb in the past:

Le Dr Parpalaid **a dit** qu'il / **disait** qu'il {
- **a compris.** **(passé composé)**
- **comprenait.** **(imperfect)**
- **avait compris.** **(plus-que-parfait)**
- **s'agissait** de l'échéance. **(imperfect)**
- **profiterait** de l'occasion. **(conditional)**
- **était venu** par le train. **(plus-que-parfait)**

Rewrite the following sentences, joining the two clauses with **que** and using the appropriate tense in the reported statement.

EXAMPLE: Knock **pensait:** personne n'est bien-portant.

*Knock **pensait** que personne n'**était** bien-portant.*

1. Knock dit: tout le monde est malade.
2. Knock a dit: il faut mettre tout le monde au lit.
3. Knock annonce: il a soigné cent cinquante malades.
4. Knock a annoncé: il fera construire un hôpital.
5. Mme Rémy dit: on va construire.
6. Mme Rémy a dit: les paysans ne sont pas des sauvages.
7. Mousquet a avoué: il a quintuplé son chiffre d'affaires.
8. Mousquet disait: il est loin de le déplorer.
9. Mousquet a annoncé: il prendra un élève.
10. Le Dr Parpalaid a répondu: il y pensera.
11. Le Dr Parpalaid se disait: Knock a un succès énorme.
12. Certains économistes prétendaient: une guerre moderne ne durera pas longtemps.

Act III, Scenes VII–IX

READING COMPREHENSION

Rewrite the following statements, where necessary, to make them agree with the facts presented in the play.

1. En entendant la nouvelle du retour du Dr Parpalaid, Mme Rémy veut partir en avion avec Knock.
2. Le Dr Parpalaid veut revenir à Saint-Maurice à cause de sa femme. En réalité, il veut réussir comme Knock.
3. Pour Mme Rémy, le Dr Parpalaid n'est pas un véritable médecin parce qu'il ne met pas les gens au lit.
4. Mme Rémy trouvera une chambre pour le Dr Parpalaid parce que c'est un brave homme.
5. Knock évite de se regarder dans une glace parce qu'il a peur de son propre diagnostic.
6. Le Dr Parpalaid est un peu fatigué, mais il commence à se croire réellement malade. C'est le triomphe du charlatan sur le vrai médecin.

VOCABULARY STUDY

A. *Select the word in Column B that is opposite in meaning to each of the terms in Column A.*

A	**B**
quitter	rattraper
montée	repos
s'éloigner	retrouver
lâcher	descente
perdre	revenir
arriver	repartir
travail	déconseiller
conseiller	s'approcher

B. *The Meaning of **bien***

Bien has two meanings:

1. *well:*

   Je dors bien. — *I sleep well*

2. *all right:*

   Bien, docteur. — *All right, Doctor.*

It is also used for emphasis.

Vous **savez bien** que c'est vrai. — *You **do know** it's true.*

Translate the following sentences.

1. Voulez-vous bien venir avec moi?
2. Le Dr Parpalaid n'a pas bien compris.
3. Mme Rémy, vous avez bien une chambre?
4. Bien, bien, je ne savais pas.
5. Vous êtes bien de Saint-Maurice?
6. Bien. Vous pouvez partir.
7. Il connaît bien le charlatanisme.
8. Vous me permettez bien de vous poser une question?

STRUCTURES

A. *The Position of Adjectives*

Most adjectives composed of two or more syllables follow the nouns they modify.

une théorie **moderne** *a modern theory*

A few, very common, adjectives composed of one or two syllables usually precede the nouns the modify.

beau	**joli**	**vieux (vieille)**
bon	**jeune**	
dernier	**mauvais**	
grand	**petit**	
gros	**premier**	

une **grosse** erreur

Adjectives of color and nationality follow the noun.

une blouse **blanche** *a white blouse*
la grippe **espagnole** *The flu (influenza)*

Rewrite the following phrases, inserting each adjective in its proper position.

1. des beautés (naturelles)
2. un traitement (régulier)
3. un traitement (bon)
4. une voiture (belle)
5. une voiture (verte)
6. un paysage (joli)
7. un paysage (intéressant)
8. un paysage (étonnant)
9. un hôtel (grand)
10. un hôtel (petit)
11. un hôpital (moderne)
12. les paysans (vieux)
13. un point (délicat)
14. un point (mauvais)
15. des rayons (violets)
16. un ciel (bleu)

B. *The Meaning of Adjectives According to their Position*

Some common adjectives have a different meaning depending upon their position. *Before* the noun, they usually have a figurative or abstract meaning; *after* the noun, they have a specific, literal meaning.

Adjective	Before the Noun	After the Noun
ancien	*former*	*old, ancient*
bon	*good*	*generous*
brave	*good, nice*	*brave*
cher	*dear*	*expensive*
dernier	*last (in a series)*	*last, preceding*
grand	*great*	*tall*
gros	*big*	*fat*
même	*same*	*very*
pauvre	*poor (pitiful)*	*poor (without money)*
propre	*own*	*clean*
seul	*only*	*alone, solitary*
vrai	*real*	*true*

Translate the following sentences.

1. Je suis le Dr Parpalaid, l'ancien docteur de Saint-Maurice.
2. L'Hôtel de la Clef était une maison ancienne.
3. Knock est bon psychologue.
4. La dame en violet n'est pas une femme bonne.
5. Dr Parpalaid, vous êtes un brave homme.
6. Il faut des hommes braves dans une guerre.
7. Bonjour, mon cher confrère.
8. Knock a acheté une voiture chère.
9. Le mois dernier, j'avais quatre-vingts malades.
10. Le dernier mois de l'année, j'en avais cent cinquante.
11. Knock est un grand charlatan.
12. Le Dr Parpalaid était un homme grand.
13. Cet homme gros a probablement de gros revenus.
14. Mon pauvre ami, venez avec moi.
15. J'ai un ami pauvre qui a besoin de moi.
16. Je pars ce soir même.
17. Je pars le même soir que vous.
18. Ce sont mes propres observations.
19. Knock a toujours les mains propres.
20. Vous n'êtes pas un vrai médecin.
21. C'est une histoire vraie.
22. Je n'ai pas une seule chambre.
23. Les malades seuls sont tristes.

WRITING PRACTICE

Write a paragraph on one of the following topics, using the vocabulary that follows. Your paragraph will be evaluated for grammatical accuracy and vocabulary usage. It should be at least fifty words in length.

1. Le portrait d'un vrai médecin.
2. Le portrait d'un charlatan.

Croire / ne pas croire que la médecine peut facilement guérir les épidémies, les maladies psychosomatiques, les rhumatismes, les maladies du cœur, le cancer, la grippe

intervenir le plus / le moins possible dans l'évolution naturelle de la maladie

considérer la profession comme une industrie / un apostolat / un art

pratiquer sans / avec des titres, clandestinement / publiquement

subordonner / ne pas subordonner l'intérêt du malade à celui du médecin ou à celui de la science

choisir / ne pas choisir sa clientèle

ausculter / ne pas ausculter les malades de la tête aux pieds

rassurer le malade / faire peur au malade

expliquer / ne pas expliquer la maladie en termes scientifiques incompréhensibles

utiliser / ne pas utiliser beaucoup d'instruments très sophistiqués

prescrire des remèdes peu coûteux mais bons / des remèdes très nombreux, très chers et souvent inutiles

faire / ne pas faire garder automatiquement le lit pendant longtemps, sans manger et sans boire

visiter / ne pas visiter souvent une personne sans maladie grave

collaborer / ne pas collaborer avec le pharmacien pour augmenter la clientèle

utiliser / ne pas utiliser les médias (tambour de ville, journaux, etc.) pour gagner des clients

donner / ne pas donner des consultations gratuites; faire payer / ne pas faire payer les pauvres; faire payer / ne pas faire payer selon les revenus des malades.

Your paragraph will be evaluated on grammatical accuracy and vocabulary. It should be at least seventy words in length.

COMMUNICATIVE ACTIVITY

Prepare one of the topics listed below for a discussion in class with two of your classmates. Once the topic has been thoroughly analyzed, your group should present a composite version of the discussion to the other members of the class and be ready to quote sentences or parts of sentences in support of the views expressed. (Use the vocabulary on page 181).

1. La conception de la profession médicale selon le Dr Parpalaid.
2. La conception de la profession médicale selon Knock.
3. La conception de la profession médicale aujourd'hui.

REVIEW EXERCISE

Review the grammar points and the vocabulary covered in *Part II*. Then rewrite each sentence; use the correct form of the word in parentheses or supply the missing word.

La voiture du Dr Parpalaid était vaste. Le docteur, sa femme et Knock _____ (**y** / **en**) sont montés. Mme Parpalaid a dit que son mari _____ **(vouloir)** finir sa carrière à Lyon. Selon le docteur, Knock _____ **(faire)** une bonne affaire. La voiture _____ **(s'arrêter).** Le docteur a demandé à Jean d'_____ (**y** *or* **en**) profiter pour nettoyer le moteur. Puis il a dit à Knock qu'il n'y _____ **(avoir)** pas beaucoup de malades à Saint-Maurice, sauf pendant les épidémies. Il _____ (**y** *or* **en**) avait vu deux. Beaucoup de gens _____ **(se faire)** soigner pendant ces épidémies. Knock lui a dit qu'il lui _____ **(donner)** trente francs pour sa voiture. Il n'avait pas _____ (*article*) dettes; il détestait _____ (**y** / **en**) avoir. _____ (Il y a / Depuis) vingt ans, il était vendeur dans un magasin. Puis, il a demandé le poste de médecin sur un _____. Il a avoué qu'il _____ **(ne pas être)** docteur et qu'il _____ **(ne pas savoir)** quel était le sujet de sa thèse. Il voulait qu'on lui _____ **(dire)** docteur à bord. Il avait certaines connaissances médicales parce que depuis son _____ il lisait les prospectus. Dès l'âge de neuf _____, il _____ par cœur le vocabulaire médical. _____ (En / Dans) six mois, il a trouvé une méthode pour avoir une grande clientèle. Des malades, il _____ (**y** *or* **en**) a eu beaucoup, mais aucun _____. Il avait aussi vendu des _____ et il _____ **(être)** devenu millionnaire s'il _____ (l'a / l'avait voulu). Le Dr Parpalaid lui a dit qu'à Saint-Maurice il y _____ **(avoir)** un tambour de ville. La population n'était pas pauvre mais très _____, au contraire. Quant à la politique, on s'_____ (**y** *or* **en**) intéressait comme partout. En entendant cela, Knock a dit que l'âge médical _____ **(pouvoir)** commencer et que le Dr Parpalaid _____ (a / avait) gâché une situation magnifique. Parpalaid a annoncé qu'il _____ **(revenir)** trois mois plus tard. Il s'est installé au _____ de la voiture en disant: C'est moi qui _____ **(conduire).** En voiture!

PART III

Part III contains short stories by three masters of French literature. The first one, "Naissance d'un maître," by André Maurois (1895–1967), is a satire directed at certain snobbish and artistic circles and shows how an obscure painter achieves success in dubious fashion. "La Parure," by Guy de Maupassant (1850–1893), is a masterpiece of irony. A woman is thrown into a life of misery, not knowing a fact that is revealed in the last line of the story. "Mateo Falcone," by Prosper Mérimée (1803–1870), is the extremely cruel and coldly written account of how a Corsican boy, ironically named Fortunato, loses his life because his father thinks only of his code of honor. It is a tale that has devastated and revolted generations of French school children.

These short stories have been very slightly modified, so that the poignancy of the narratives remains intact. New words and expressions appear as footnotes at the bottom of each page where they first occur.

STUDY AIDS

The following suggestions will help you in your reading of the three selections and in preparing for class activities.

1. Glance at the vocabulary exercises before reading the stories.
2. Review the use of **depuis;** the imperfect with **venir de;** relative pronouns **qui, que, dont;** the use of the future with **quand.**
3. Try to guess the general meaning of each sentence before

looking at the footnotes and vocabulary. Reread the story aloud with the aid of the footnotes, where necessary.
4. Try to recall the main ideas of the story and list them in order of importance. Then try to recall the expressions you learned in this unit to ensure you know how they are used. Rewrite your ideas in a cohesive paragraph.
5. Prepare yourself for the Communicative Activity. Write your thoughts on the topics chosen for discussion and practice them aloud several times in order to improve your oral proficiency.

Naissance[1] d'un maître

ANDRÉ MAUROIS

[1]**naissance** birth

Le peintre Pierre Douche achevait une nature morte, fleurs dans un pot de pharmacie, aubergines dans une assiette, quand le romancier Paul-Émile Glaise entra dans l'atelier.[2] Glaise contempla pendant quelques minutes son ami qui travaillait, puis dit 5 fortement: «Non!»

L'autre, surpris, leva la tête, et s'arrêta de polir une aubergine.

—Non, reprit Glaise, crescendo, non, tu n'arriveras jamais.[3] Tu as du métier,[4] tu as du talent, tu es honnête. Mais ta peinture 10 est plate,[5] mon bonhomme.[6] Ça n'éclate pas, ça ne gueule[7] pas. Dans un salon de cinq mille toiles,[8] rien n'arrête devant les tiennes le promeneur[9] endormi... Non, Pierre Douche, tu n'arriveras jamais. Et c'est dommage.

—Pourquoi? soupira[10] l'honnête Douche... Je fais ce que je 15 vois: je n'en demande pas plus.

—Il s'agit bien de cela![11] Tu as une femme, mon bonhomme, une femme et trois enfants. Le lait vaut dix-huit sous le litre,[12] et les œufs coûtent un franc pièce. Il y a plus de tableaux que d'acheteurs, et plus d'imbéciles que de connaisseurs. Or quel est 20 le moyen, Pierre Douche, de sortir de la foule inconnue?

—Le travail?

—Sois sérieux. Le seul moyen, Pierre Douche, de réveiller les imbéciles, c'est de faire des choses énormes. Annonce que tu vas peindre au pôle Nord. Promène-toi vêtu en roi égyptien. 25 Fonde[13] une école. Mélange dans un chapeau des mots savants: extériorisation dynamique, et compose des manifestes.[14] Nie[15] le mouvement ou le repos; le blanc ou le noir; le cercle ou le

---

[2]**Le peintre... l'atelier.** Painter Pierre Douche was finishing a still life, flowers in a pharmacy jar, eggplants on a plate, when the novelist Emile Glaise came into the studio. [3]**tu n'arriveras jamais** you'll never succeed [4]**avoir du métier** to be a master craftsman [5]**ta peinture est plate** your painting is flat [6]**mon bonhomme** old chap [7]**ça ne gueule pas** it does not howl [8]**toile** canvas [9]**promeneur** passerby [10]**soupirer** to sigh [11]**Il s'agit bien de cela!** That's just the problem! [12]**vaut dix-huit sous le litre** is worth eighteen sous per liter [13]**fonder** to establish [14]**manifeste** manifesto [15]**nier** to deny

carré.[16] Invente la peinture néo-homérique, qui ne connaîtra que le rouge et le jaune, la peinture cylindrique, la peinture octaédrique,[17] la peinture à quatre dimensions...

A ce moment, un parfum étrange et doux annonça l'entrée de Mme Kosnevska. C'était une belle Polonaise dont Pierre Douche admirait la grâce. Abonnée[18] à des revues coûteuses[19] qui reproduisaient à grands frais[20] des chefs-d'œuvre[21] d'enfants de trois ans, elle n'y trouvait pas le nom de l'honnête Douche et méprisait[22] sa peinture. Se laissant tomber sur un divan,[23] elle regarda la toile commencée, secoua ses cheveux blonds, et sourit avec un peu de mépris.

—J'ai été hier, dit-elle de son accent roulant[24] et chantant, voir une exposition[25] d'art nègre de la bonne époque. Ah! la sensibilité,[26] le modelé,[27] la force de ça!

Le peintre retourna[28] pour elle un portrait dont il était content.

—Gentil,[29] dit-elle du bout des lèvres,[30] et roulante, chantante, parfumée, disparut.

Pierre Douche jeta sa palette dans un coin et se laissa tomber sur le divan. «Je vais, dit-il, me faire inspecteur d'assurances,[31] employé de banque, agent de police... La peinture est le dernier des métiers. Le succès, fait par des sots,[32] ne va qu'à des faiseurs.[33] Au lieu de respecter les maîtres, les critiques encouragent les barbares. J'en ai assez, je renonce.»[34]

Paul-Émile, ayant écouté, alluma une cigarette et réfléchit assez longtemps.

—Veux-tu, dit-il enfin, donner aux snobs et aux faux artistes la dure leçon qu'ils méritent? Te sens-tu capable d'annoncer en grand mystère et sérieux à la Kosnevska, et à quelques autres esthètes, que tu prépares depuis dix ans une nouvelle manière?

—Moi? dit l'honnête Douche, étonné.

—Écoute... Je vais annoncer au monde, en deux articles bien

---

[16]**carré** square [17]**octaédrique** octahedral [18]**abonné** subscribing [19]**coûteux** costly [20]**à grands frais** at great expense [21]**chef-d'œuvre** masterpiece [22]**mépriser** to despise [23]**divan** couch [24]**roulant** undulating [25]**exposition** exhibition [26]**sensibilité** sensitivity [27]**modelé** relief [28]**retourner** to turn over [29]**gentil** nice [30]**du bout des lèvres** in a forced way [31]**assurances** insurance [32]**sot** fool [33]**faiseur** charlatan [34]**renoncer** to give up

placés, que tu fondes l'École idéo-analytique. Jusqu'à toi, les portraitistes,[35] dans leur ignorance, ont étudié le visage humain. Sottise![36] Non, ce qui fait vraiment l'homme, ce sont les idées qu'il évoque[37] en nous. Ainsi le portrait d'un colonel, c'est un fond[38] bleu et or que barrent cinq énormes galons,[39] un cheval dans un coin, des croix dans l'autre. Le portrait d'un industriel,[40] c'est une cheminée d'usine,[41] un poing[42] fermé sur une table... Comprends-tu, Pierre Douche, ce que tu apportes au monde, et peux-tu me peindre en un mois vingt portraits idéo-analytiques?

Le peintre sourit tristement.

—En une heure, dit-il, et ce qui est triste, Glaise, c'est que cela pourrait réussir.

—Essayons.

—Je manque de bagout.[43]

—Alors, mon bonhomme, à toute demande d'explication, tu prendras un temps, tu lanceras une bouffée de pipe au nez[44] du questionneur, et tu diras ces simples mots: «Avez-vous jamais regardé un fleuve?»[45]

—Et qu'est-ce que cela veut dire?

—Rien, dit Glaise, aussi le trouveront-ils très beau, et quand ils t'auront bien découvert, expliqué, exalté, nous raconterons l'aventure et jouirons de leur confusion.

Deux mois plus tard, le vernissage[46] de l'Exposition Douche s'achevait en triomphe. Chantante, roulante, parfumée, la belle Mme Kosnevska ne quittait plus son nouveau grand homme.

—Ah! répétait-elle, la sensibilité! le modelé! la force de ça! Quelle intelligence! quelle révélation!... Et comment, mon cher, êtes-vous parvenu[47] à ces synthèses étonnantes?

---

[35]**portraitiste** portrait painter [36]**Sottise!** Nonsense! [37]**évoquer** to conjure up [38]**fond** background [39]**galon** stripe [40]**industriel** industrialist [41]**cheminée d'usine** factory chimney [43]**poing** fist [43]**Je manque de bagout** I haven't the gift of gab [44]**tu lanceras... nez** you'll blow a puff of pipe smoke in the face [45]**fleuve** river [46]**vernissage** private showing of an exhibit [47]**parvenir** to reach

Le peintre prit un temps, lança une forte bouffée de pipe, et dit: «Avez-vous jamais, chère madame, regardé un fleuve?»

Les lèvres de la belle Polonaise, émues,[48] promirent des bonheurs roulants et chantants.

En pardessus à col de lapin,[49] le jeune et brillant Lévy-Cœur discutait au milieu d'un groupe: «Très fort![50] disait-il, très fort! pour moi, je répète depuis longtemps qu'il n'y a pas de lâcheté[51] pire que de peindre d'après un modèle. Mais dites-moi, Douche, la révélation, d'où vient-elle? De mes articles?»

Pierre Douche prit un temps considérable, lui souffla au nez une bouffée triomphante, et dit: «Avez-vous jamais, monsieur, regardé un fleuve?»

—Admirable! approuva l'autre, admirable!

A ce moment, un célèbre marchand de tableaux,[52] ayant achevé le tour de l'atelier, prit le peintre par la manche[53] et l'emmena dans un coin.

—Douche, mon ami, dit-il, vous êtes un malin.[54] On peut faire un lancement[55] de ceci. Réservez-moi votre production. Ne changez pas de manière avant que je ne vous le dise, et je vous achète cinquante tableaux par an... Ça va?[56]

Douche, énigmatique, fuma sans répondre.

Lentement, l'atelier se vida. Paul-Émile Glaise alla fermer la porte derrière le dernier visiteur. On entendit dans l'escalier un murmure admiratif qui s'éloignait. Puis, resté seul avec le peintre, le romancier mit joyeusement ses mains dans ses poches et éclata de rire. Douche le regarda avec surprise.

—Eh bien! mon bonhomme, dit Glaise, crois-tu que nous les avons eus?[57] As-tu entendu le petit au col de lapin? Et la belle Polonaise? Et les trois jolies jeunes filles qui répétaient: «Si neuf! si neuf!» Ah! Pierre Douche, je croyais la sottise humaine sans limites, mais, ceci dépasse[58] mes espérances.

---

[48]**ému** moved [49]**en pardessus à col de lapin** wearing an overcoat with a rabbit skin collar [50]**fort** good [51]**lâcheté** cowardice [52]**marchand de tableaux** art dealer [53]**manche** sleeve [54]**malin** smart [55]**lancement** launching [56]**Ça va?** All right? [57]**que nous les avons eus** that we have put it over on them [58]**dépasser** to exceed

Il fut repris d'une crise[59] de rire invincible. Le peintre fronça le sourcil et dit brusquement:

—Imbécile!

—Imbécile! cria le romancier furieux. Quand je viens de réussir la plus belle charge que depuis Bixiou...[60]

5 Le peintre contempla avec orgueil les vingt portraits analytiques et dit avec la force que donne la certitude:

—Oui, Glaise, tu es un imbécile... Il y a quelque chose dans cette peinture...

Le romancier regarda son ami avec une stupeur infinie.

10 —C'est trop fort![61] hurla-t-il.[62] Douche, souviens-toi!... Qui t'a suggéré cette manière nouvelle?

Alors Pierre Douche prit un temps, et tirant de sa pipe une énorme bouffée:

—As-tu jamais, dit-il, regardé un fleuve?...

EXERCISES

READING COMPREHENSION

Rewrite the following statements, where necessary, to make them agree with the facts presented in the story.

1. La première manière de Douche n'attirait pas l'attention des connaisseurs.
2. Un autre peintre lui a conseillé de fonder une nouvelle école.
3. Ayant du talent, Douche était parfaitement capable de faire des portraits peints à la nouvelle manière.
4. Glaise a éclaté de rire après le départ des visiteurs parce qu'ils avaient réagi comme il le voulait.

---

[59]**crise** fit [60]**je viens... Bixiou...** I have just successfully carried out the most beautiful hoax since Bixiou... (*Bixiou is a character in Balzac's* Illusions perdues.) [61]**C'est trop fort** That's a bit too much [62]**hurler** to scream

5. Le peintre a demandé à son ami s'il avait jamais regardé un fleuve parce qu'il avait bien appris sa leçon.

VOCABULARY STUDY

Write sentences of your own using one or more of the following expressions in each sentence.

le peintre	le chef-d'œuvre
le portraitiste	la manière
le marchand de tableaux	le salon
un atelier	le vernissage
le tableau	une exposition
la toile	le lancement
la nature morte	le manifeste

Group the following expressions into two categories according to whether they describe, as far as you are concerned, the ingredients of artistic success or not; then use them in sentences of your own.

fonder une école
peindre des toiles qui gueulent
faire des tableaux plats
peindre au pôle Sud
changer de manière si c'est nécessaire
se faire inspecteur d'assurances
se promener vêtu en roi arabe
mélanger des mots savants dans ce qu'on dit
parler en mots simples
composer des manifestes
peindre une nature morte avec des aubergines blanches
nier le mouvement ou le repos
inventer la peinture à quatre dimensions
avoir un vernissage tous les dix ans
manquer de bagout
répondre honnêtement aux questions
répondre aux questions par une autre question, plus vague

STRUCTURES

A. *The Relative Pronoun* ***dont***

Rewrite the following sentences according to the example.

EXAMPLE: C'était une belle Polonaise. Pierre Douche admirait la grâce de cette Polonaise.

C'était une belle Polonaise ***dont*** *Pierre Douche admirait la grâce.*

(She was a beautiful Polish woman ***whose*** *charm Pierre Douche admired.)*

1. Pierre Douche était un peintre. La Polonaise n'aimait pas la manière de ce peintre.
2. La Polonaise avait vu une exposition d'art nègre. Elle admirait la sensibilité de cet art.
3. Le peintre a retourné un portrait. Il était content de ce portrait.
4. Il faut inventer une peinture. La couleur de cette peinture sera le noir.
5. J'a vu le portrait d'un industriel. Le poing de cet industriel était noir.
6. Le marchand de tableaux voulait acheter la production. Il pouvait faire un lancement de cette production.

B. *The Use of the Imperative*

Rewrite the following sentences in the second person singular of the imperative according to the example.

EXAMPLE: Il faut répondre simplement.

Réponds *simplement.*

1. Il faut être sérieux.
2. Il faut faire des choses énormes.
3. Il faut peindre une nouvelle peinture.
4. Il faut mettre ta pipe sur la toile.
5. Il faut sortir de la foule.
6. Il faut aller au pôle Nord.
7. Il faut venir au vernissage.
8. Il faut répondre de façon vague.
9. Il faut dire des choses énigmatiques.
10. Il faut reproduire des chefs-d'œuvre d'enfants.

C. *The Use of the Immediate Past*

Rewrite the following sentences in the immediate past according to the example.

EXAMPLE: J'ai réussi.

*Je **viens de** réussir.*

1. Il est entré.
2. Nous nous sommes arrêtés.
3. Il a peint le pôle Nord.
4. Elle a reproduit des toiles d'enfants.
5. J'ai vu l'exposition.
6. Ils sont sortis.
7. Vous avez fait un chef-d'œuvre.
8. Les visiteurs sont partis.
9. Tu as entendu les imbéciles.
10. On a écrit le manifeste.

La Parure[1]

GUY DE MAUPASSANT

[1] **parure** necklace

C'était une de ces jolies et charmantes filles, nées, comme par une erreur du destin,[2] dans une famille d'employés. Elle n'avait pas de dot,[3] pas d'espérances, aucun moyen d'être comprise, aimée, épousée par un homme riche et distingué; et elle se laissa 5 marier avec un petit commis[4] du ministère de l'Instruction publique.

Elle fut simple, mais malheureuse, se sentant née pour tous les luxes.[5] Elle souffrait de la pauvreté de son logement,[6] de la misère[7] des murs et des meubles. Toutes ces choses, dont une 10 autre femme de sa caste ne se serait même pas aperçue,[8] la torturaient et excitaient son indignation. La vue de la petite bonne[9] qui faisait son humble ménage[10] éveillait en elle des regrets et des rêves éperdus.[11] Elle songeait[12] aux antichambres silencieuses, tendues de tapisseries[13] orientales, éclairées par de 15 hauts candélabres de bronze, et aux deux grands valets en culotte courte[14] qui dorment dans les larges fauteuils, assoupis par la chaleur lourde du calorifère.[15] Elle songeait aux grands salons[16] tendus de soie[17] ancienne, aux meubles fins[18] portant des objets d'art inestimables, et aux petits salons parfumés, faits 20 pour la causerie[19] de cinq heures avec les amis les plus intimes,[20] les hommes connus et recherchés[21] dont toutes les femmes désirent l'attention.

Quand elle s'asseyait, pour dîner, devant la table ronde couverte d'une nappe de trois jours,[22] en face de son mari qui 25 découvrait la soupière[23] en déclarant d'un air enchanté: «Ah! la bonne soupe! je ne sais rien de meilleur que cela...» elle songeait

---

[2]**destin** fate [3]**dot** dowry [4]**petit commis** little clerk [5]**luxe** luxury [6]**logement** lodging [7]**misère** shabbiness [8]**s'apercevoir** to be aware [9]**bonne** maid [10]**faire le ménage** to do the housework [11]**éperdu** wild [12]**songer** to dream [13]**tendues de tapisseries** hung with tapestries [14]**valets en culotte courte** footmen in knee breeches [15]**assoupis... calorifère** overcome by the great heat of the furnace [16]**salon** drawing room [17]**soie** silk [18]**meubles fins** elegant furniture [19]**causerie** chat [20]**intime** intimate [21]**recherché** sought after [22]**couverte d'une nappe de trois jours** covered with a tablecloth that had not been changed for three days [23]**découvrir la soupière** to uncover the soup tureen

aux dîners fins, aux argenteries luisantes,[24] aux tapisseries peuplant[25] les murailles[26] de personnages anciens[27] et d'oiseaux étranges au milieu d'une forêt de rêve; elle songeait aux plats délicats[28] servis en des vaisselles[29] merveilleuses, aux galanteries[30] murmurées et écoutées avec un sourire de sphinx. 5

Elle n'avait pas de toilettes,[31] pas de bijoux,[32] rien. Et elle n'aimait que cela; elle se sentait faite pour cela. Ella aurait tant désiré plaire, être séduisante[33] et recherchée.

Elle avait une amie riche, une camarade d'école qu'elle ne voulait plus aller voir, tant elle souffrait en revenant. Et elle 10 pleurait pendant des jours entiers, de chagrin,[34] de regret, de désespoir et de détresse.

Or,[35] un soir, son mari rentra, l'air fier, et tenant à la main une large enveloppe.

—Tiens, dit-il, voici quelque chose pour toi. 15

Elle déchira vivement[36] le papier et en tira une carte imprimée[37] qui portait ces mots:

> Le ministre de l'Instruction publique et Mme Georges Ramponneau prient M. et Mme Loisel de leur faire l'honneur de venir passer la soirée[38] à hôtel[39] du ministère, le lundi 18 janvier. 20

Au lieu d'être enchantée, comme l'espérait son mari, elle jeta avec colère l'invitation sur la table, murmurant:

—Que veux-tu que je fasse de cela?

—Mais, Mathilde, je pensais que tu serais contente. Tu ne 25 sors jamais, et c'est une occasion, cela, une belle! J'ai eu une peine[40] infinie à l'obtenir. Tout le monde en veut; c'est très recherché et on n'en donne pas beaucoup aux employés. Tu verras là tout le monde officiel.

Elle le regardait d'un œil irrité, et elle déclara avec impa- 30 tience:

—Que veux-tu que je me mette sur le dos pour aller là?

Il n'y avait pas songé; il répondit, en hésitant:

---

[24]**argenteries luisantes** gleaming silver [25]**peupler** to people [26]**muraille** wall [27]**personnages anciens** persons of a past age [28]**plat délicat** delicacy [29]**vaisselle** dish [30]**galanterie** compliment [31]**toilettes** wardrobe [32]**bijou** jewel [33]**séduisant** fascinating [34]**chagrin** grief [35]**Or** Now [36]**déchira vivement** quickly tore open [37]**imprimé** printed [38]**soirée** evening [39]**hôtel** residence [40]**peine** trouble

—Mais la robe avec laquelle tu vas au théâtre. Elle me semble très bien, à moi...

Il s'arrêta, stupéfait, éperdu,[41] en voyant que sa femme pleurait. Deux grosses larmes descendaient lentement des coins des yeux vers les coins de la bouche. Il murmura:

—Qu'as-tu?... qu'as-tu?...

Mais, avec un effort violent, elle s'était reprise[42] et elle répondit d'une voix calme en essuyant ses joues humides:

—Rien. Seulement je n'ai pas de toilette... donc je ne peux aller à cette fête. Donne ta carte à quelque collègue dont la femme sera mieux habillée que moi.

Il était désolé.[43]

—Voyons,[44] Mathilde, dit-il. Combien cela coûterait-il, une toilette convenable,[45] qui pourrait te servir encore en d'autres occasions, quelque chose de très simple?

Elle réfléchit quelques secondes, songeant à la somme qu'elle pouvait demander sans provoquer un refus immédiat.

Enfin, elle répondit en hésitant:

—Je ne sais pas exactement, mais il me semble qu'avec quatre cents francs je pourrais arriver.[46]

Il avait un peu pâli, car il réservait juste cette somme pour acheter un fusil et s'offrir des parties de chasse[47] l'été suivant, dans la plaine de Nanterre,[48] avec quelques amis qui y allaient chasser le dimanche.

Il dit cependant:

—Eh bien, je te donne quatre cents francs. Mais essaie d'avoir une belle robe...

Le jour de la fête approchait, et Mme Loisel semblait triste, inquiète, anxieuse. Sa toilette était prête cependant. Son mari lui dit un soir:

---

[41]**éperdu** bewildered [42]**se reprendre** to regain one's self-control [43]**désolé** heartbroken [44]**Voyons** Look here [45]**convenable** suitable [46]**arriver** to manage [47]**partie de chasse** a day's hunting [48]**Nanterre** (*town near Paris*)

—Qu'as-tu?... tu es si étrange depuis trois jours...
Et elle répondit:
—Cela m'ennuie[49] de n'avoir pas un bijou, pas une pierre, rien à mettre sur moi. J'aurai l'air pauvre... J'aimerais presque mieux ne pas aller à cette soirée. 5
—Tu mettras des fleurs naturelles... C'est très à la mode[50] en cette saison-ci. Pour dix francs tu auras deux ou trois roses magnifiques.
Elle n'était pas convaincue.[51]
—Non... il n'y a rien de plus humiliant que d'avoir l'air 10 pauvre au milieu de femmes riches.
Mais son mari s'écria:
—Que tu es bête![52] Va trouver ton amie Mme Forestier et demande-lui de te prêter[53] des bijoux. Tu es bien assez intime avec elle pour faire cela. 15
Elle poussa un cri de joie:
—C'est vrai... Je n'y avais pas pensé.
Le lendemain, elle se rendit[54] chez son amie et lui raconta sa détresse.
Mme Forestier alla vers son armoire,[55] prit un large coffret,[56] 20 l'apporta, l'ouvrit, et dit à Mme Loisel:
—Choisis, ma chère.
Elle vit d'abord des bracelets, puis un collier[57] de perles, puis une croix en or d'un admirable travail.[58] Elle essayait les parures[59] devant la glace,[60] hésitait, ne pouvait se décider à les 25 quitter, à les rendre. Elle demandait toujours:
—Tu n'as plus rien d'autre?...
—Mais si![61]... Cherche. Je ne sais pas ce qui peut te plaire.
Tout à coup elle découvrit, dans une boîte de satin noir, une superbe rivière de diamants,[62] et son cœur se mit à battre d'un 30 désir fou. Ses mains tremblaient en la prenant. Elle l'attacha autour de son cou et demeura en extase devant elle-même.
Puis, elle demanda, hésitante, pleine d'angoisse:[63]

---

[49]**ennuyer** to bother [50]**à la mode** fashionable [51]**convaincu** convinced [52]**bête** silly [53]**prêter** to lend [54]**se rendre** to go [55]**armoire** wardrobe [56]**coffret** jewel box [57]**collier** necklace [58]**d'un admirable travail** of exquisite workmanship [59]**parure** jewel [60]**glace** mirror [61]**Mais si!** Yes, indeed! [62]**rivière de diamants** diamond necklace [63]**angoisse** anguish

—Peux-tu me prêter cela, rien que cela?...[64]

—Mais, oui, certainement.

Elle se jeta au cou de son amie, l'embrassa avec emportement,[65] puis s'enfuit[66] avec son trésor.

Le jour de la fête arriva. Mme Loisel eut un succès. Elle était plus jolie que toutes, élégante, gracieuse, souriante et folle de joie. Tous les hommes la regardaient, demandaient son nom, cherchaient à être présentés.[67] Tous les attachés du cabinet[68] voulaient valser[69] avec elle. Le ministre la remarqua.

Elle dansait avec ivresse,[70] avec emportement, ne pensant plus à rien, dans le triomphe de sa beauté, dans la gloire de son succès, dans une sorte de nuage de bonheur fait de tous ces compliments, de toutes ces admirations, de tous ces désirs éveillés,[71] de cette victoire si complète et si douce au cœur des femmes.

Elle partit vers quatre heures du matin. Son mari, depuis minuit, dormait dans un petit salon désert avec trois autres messieurs dont les femmes s'amusaient[72] beaucoup.

Il lui jeta sur les épaules le manteau qu'il avait apporté pour la sortie,[73] modeste vêtement de la vie ordinaire, dont la pauvreté faisait contraste avec l'élégance de la toilette de bal.[74] Elle le sentit et voulut s'enfuir, pour ne pas être remarquée par les autres femmes qui s'enveloppaient de riches fourrures.[75]

Loisel la retenait:

—Attends donc... Tu vas attraper froid dehors. Je vais appeler un fiacre.[76]

---

[64]**rien que cela** nothing but that [65]**Elle se jeta... emportement** She threw her arms around her friend's neck, kissed her with passion [66]**s'enfuir** to flee [67]**présenter** to introduce [68]**attaché de cabinet** minister's staff member [69]**valser** to waltz [70]**avec ivresse** ecstatically [71]**désirs éveillés** aroused desires [72]**s'amuser** to have a good time [73]**sortie** departure [74]**toilette de bal** ball gown [75]**s'enveloppaient de riches fourrures** wrapped rich furs around themselves [76]**fiacre** cab

Mais elle ne l'écoutait pas et descendait rapidement l'escalier. Lorsqu'ils furent dans la rue, ils ne trouvèrent pas de voiture; et ils se mirent à chercher, criant après les cochers[77] qu'ils voyaient passer de loin.

Ils descendaient vers la Seine, désespérés, tremblants de froid. Enfin ils trouvèrent sur le quai[78] une de ces vieilles voitures qu'on ne voit dans Paris que la nuit venue, comme si elles avaient honte de leur misère[79] pendant le jour.

Elle les ramena[80] jusqu'à leur porte, rue des Martyrs, et ils remontèrent tristement chez eux. C'était fini, pour elle. Et il songeait, lui, qu'il lui faudrait être au Ministère à dix heures.

Elle ôta le manteau dont elle s'était enveloppé les épaules, devant la glace, afin de se voir encore une fois dans sa gloire. Mais soudain elle poussa un cri. Elle n'avait plus sa rivière autour du cou!

Son mari, à moitié déshabillé déjà, demanda:

—Qu'est-ce que tu as?...

Elle se tourna vers lui, folle de terreur:

—J'ai... j'ai... je n'ai plus la rivière de madame Forestier.

Il se dressa, éperdu:[81]

—Quoi!... comment!... Ce n'est pas possible!

Et ils cherchèrent dans les plis[82] de la robe, dans les plis du manteau, dans les poches, partout. Ils ne la trouvèrent point.

Il demandait:

—Tu es sûre que tu l'avais encore en quittant le bal?

—Oui, je l'ai touchée dans le vestibule du Ministère.

—Mais, si tu l'avais perdue dans la rue, nous l'aurions entendue tomber. Elle doit être dans le fiacre.

—Oui. C'est probable. As-tu pris le numéro?

—Non. Et toi, tu ne l'as pas regardé?

—Non.

Ils se contemplèrent désespérés. Enfin Loisel dit:

—Je vais refaire tout le chemin que nous avons fait à pied,[83] pour voir si je ne la retrouverai pas.

---

[77]**cocher** driver [78]**quai** bank [79]**comme si elles avaient honte de leur misère** as though they were ashamed of their shabbiness [80]**ramener** to bring back [81]**Il se dressa, éperdu** He stood up, startled [82]**pli** fold [83]**à pied** on foot

Et il sortit. Elle demeura en toilette de bal, sans force pour se coucher, renversée[84] sur une chaise, sans feu, sans pensée.

Son mari rentra vers sept heures. Il n'avait rien trouvé.

Il se rendit à la préfecture de Police,[85] aux journaux, pour faire promettre une récompense,[86] aux compagnies de voitures, partout enfin où un peu d'espoir le poussait.

Elle attendit tout le jour, dans le même état de stupeur devant cet affreux[87] désastre.

Loisel revint le soir, avec la figure creusée,[88] pâlie; il n'avait rien découvert.

—Il faut, dit-il, écrire à ton amie que tu as brisé la rivière et que tu la fais réparer. Cela nous donnera le temps de nous retourner.[89]

Elle écrivit sous sa dictée.

Au bout d'une semaine, ils avaient perdu toute espérance. Et Loisel, vieilli de cinq ans, déclara:

—Il faut penser à remplacer ce bijou.

Ils prirent, le lendemain, la boîte qui l'avait renfermé, et se rendirent chez le bijoutier,[90] dont le nom se trouvait dedans.[91] Il consulta ses livres:

—Ce n'est pas moi, madame, qui ai vendu cette rivière; j'ai dû seulement fournir[92] la boîte.

Alors ils allèrent de bijoutier en bijoutier, cherchant une parure pareille à l'autre, consultant leurs souvenirs,[93] malades tous deux de chagrin et d'angoisse.

Ils trouvèrent, dans une boutique[94] du Palais-Royal, une rivière de diamants qui leur parut entièrement semblable à celle qu'ils cherchaient. Elle valait quarante mille francs. On la leur laisserait[95] à trente-six mille.

---

[84]**renversé** slumped back [85]**préfecture de Police** police headquarters [86]**récompense** reward [87]**affreux** frightful [88]**la figure creusée** hollow-cheeked [89]**Cela nous donnera... retourner** That will give us time to look about us [90]**bijoutier** jeweler [91]**dedans** inside [92]**fournir** to furnish [93]**souvenir** memory [94]**boutique** shop [95]**On la leur laisserait** They could have it

Ils prièrent donc le bijoutier de ne pas la vendre avant trois jours. Et ils firent condition[96] qu'on la reprendrait, pour trente-quatre mille francs, si la première était retrouvée avant la fin de février.

Loisel possédait dix-huit mille francs que lui avait laissés son père. Il emprunterait[97] le reste. 5

Il emprunta, demandant mille francs à l'un, cinq cents à l'autre, cinq louis[98] par-ci, trois louis par-là. Il fit des billets, prit des engagements ruineux, eut affaire aux usuriers.[99] Il compromit toute la fin de son existence, risqua sa signature sans 10 savoir même s'il pourrait y faire honneur. Effrayé[1] par les angoisses de l'avenir, par la noire misère qui allait peser[2] sur lui, par la perspective[3] de toutes les privations physiques et de toutes les tortures morales, il alla chercher la rivière nouvelle, en comptant au marchand[4] trente-six mille francs. 15

Quand Mme Loisel rapporta la parure à Mme Forestier, celle-ci lui dit, d'un air blessé:[5]

—Tu aurais dû me la rendre plus tôt, car je pouvais en avoir besoin.

Elle n'ouvrit pas la boîte, ce que craignait son amie. Si elle 20 s'était aperçue[6] de la substitution, qu'aurait-elle pensé? qu'aurait-elle dit? Ne l'aurait-elle pas prise pour une voleuse?

Mme Loisel connut la vie horrible des pauvres. Elle prit son parti,[7] cependant, tout à coup, avec courage. Il fallait payer cette dette. Elle payerait. On renvoya[8] la bonne; on changea de loge- 25 ment; on loua une chambre sous les toits.

Elle connut les gros[9] travaux du ménage. Elle lava la vais-

---

[96]**ils firent condition** they stipulated [97]**emprunter** to borrow [98]**louis** gold coin (*worth twenty francs*) [99]**Il fit des billets,... usuriers** He gave promissory notes, entered into ruinous agreements, and had to deal with usurers.
[1]**Effrayé** Frightened [2]**peser** to weigh [3]**perspective** prospect [4]**marchand** dealer [5]**d'un air blessé** in a wounded tone [6]**s'apercevoir** to notice [7]**Elle prit son parti** She resigned herself [8]**renvoyer** to dismiss [9]**gros** rough

selle, grattant[10] avec ses ongles[11] roses le fond des casseroles.[12] Elle lava le linge sale, qu'elle faisait sécher sur une corde; elle descendit à la rue, chaque matin, les ordures,[13] et monta l'eau, s'arrêtant à chaque étage pour souffler.[14] Et, vêtue comme une femme du peuple, elle alla au marché, le panier au bras,[15] défendant sou à sou[16] son misérable argent.

Il fallait chaque mois payer des billets, en renouveler d'autres, obtenir du temps.

Le mari travaillait le soir à tenir les livres d'un marchand, et la nuit, souvent, il faisait de la copie[17] à cinq sous la page.

Et cette vie dura dix ans.

Au bout de dix ans, ils avaient tout payé, avec les frais[18] et l'accumulation des intérêts composés.[19]

Mme Loisel semblait vieille, maintenant. Elle était devenue la femme forte, et dure, et rude,[20] des ménages pauvres. Mal peignée,[21] avec les jupes de travers[22] et les mains rouges, elle parlait haut,[23] lavait à grande eau les planchers.[24] Mais quelquefois, quand son mari était au bureau, elle s'asseyait auprès de la fenêtre, et elle songeait à cette soirée d'autrefois,[25] à ce bal, où elle avait été si belle et si admirée.

Que serait-il arrivé si elle n'avait point perdu cette parure? Qui sait? qui sait? Comme la vie est singulière, changeante! Comme il faut peu de chose pour vous perdre ou vous sauver!

Or, un dimanche, comme elle était allée faire une promenade aux Champs-Élysées[26] pour se reposer des travaux de la semaine,

---

[10]**gratter** to scrape [11]**ongle** nail [12]**casserole** pan [13]**ordures** garbage [14]**souffler** to breathe [15]**le panier au bras** with a basket on her arm [16]**sou** = five centimes [17]**faire de la copie** to do copying [18]**frais** expenses [19]**intérêts composés** compound interest [20]**rude** rough [21]**mal peigné** unkempt [22]**avec les jupes de travers** with her skirts askew [23]**parler haut** to speak in a loud voice [24]**laver à grande eau les planchers** to wash the floors, using great quantities of water [25]**d'autrefois** of long ago [26]**Champs-Élysées** (*name of a famous Parisian avenue*)

elle aperçut tout à coup une femme qui promenait un enfant. C'était Mme Forestier, toujours jeune, toujours belle, toujours séduisante.

Mme Loisel se sentit émue.[27] Allait-elle lui parler? Oui, certes.[28] Et maintenant qu'elle avait payé, elle lui dirait tout. 5 Pourquoi pas?

Elle s'approcha.

—Bonjour, Jeanne.

L'autre ne la reconnaissait point, s'étonnant[29] d'être appelée ainsi familièrement par cette bourgeoise.[30] Elle murmura: 10

—Mais... madame!... Je ne sais... vous devez vous tromper.

—Non. Je suis Mathilde Loisel.

Son amie poussa un cri:

—Oh!... ma pauvre Mathilde, comme tu es changée!...

—Oui, j'ai eu des jours bien durs, depuis que je ne t'ai vue; et 15 bien des misères... et cela à cause de toi!...

—De moi... Comment ça?

—Tu te rappelles bien cette rivière de diamants que tu m'as prêtée pour aller à la fête du Ministère?

—Oui. Eh bien? 20

—Eh bien, je l'ai perdue.

—Comment! puisque tu me l'as rapportée.

—Je t'en ai rapporté une autre toute pareille. Et voilà dix ans que nous la payons. Tu comprends que ça n'était pas aisé[31] pour nous, qui n'avions rien... Enfin c'est fini, et je suis bien contente. 25

Mme Forestier s'était arrêtée.

—Tu dis que tu as acheté une rivière de diamants pour remplacer la mienne?

—Oui, tu ne t'en étais pas aperçue, hein?... Elles étaient bien pareilles... 30

Et elle souriait d'une joie fière et naïve.

Mme Forestier, fort émue, lui prit les deux mains.

—Oh! ma pauvre Mathilde! Mais la mienne était fausse. Elle valait au plus cinq cents francs!...

---

[27]**ému** moved [28]**certes** certainly [29]**s'étonner** to be astonished, surprised
[30]**bourgeoise** ordinary woman (*Madame Forestier belonged to the élite class.*)
[31]**aisé** easy

EXERCISES

READING COMPREHENSION

Rewrite the following statements, where necessary, to make them agree with the facts presented in the story.

1. Le destin de Mathilde était d'épouser un petit employé.
2. Elle se sentait née pour mener une vie de luxe.
3. Son mari n'aimait que la soupe.
4. Elle n'allait plus voir sa camarade d'école parce qu'elle n'avait pas de toilettes.
5. En recevant l'invitation, elle a tout de suite été enchantée.
6. M. Loisel lui a donné l'argent avec lequel il voulait aller chasser.
7. Mathilde trouvait humiliant de mettre des fleurs naturelles au milieu de femmes qui portaient des bijoux.
8. M. et Mme Loisel ont valsé jusqu'à quatre heures du matin.
9. Ils sont rentrés à pied parce qu'ils ne pouvaient pas trouver de voiture.
10. Mathilde a écrit à son amie pour lui dire qu'elle avait perdu la rivière.
11. Mathilde avait peur que son amie s'aperçoive de la substitution.
12. Pour rembourser la dette, Mathilde et son mari ont dû travailler pendant vingt ans.
13. Madame Forestier n'a pas reconnu d'abord Mathilde sur les Champs-Élysées parce qu'elle ne l'avait pas vue depuis longtemps.
14. Mathilde avait rendu une rivière qui valait quarante mille francs.

VOCABULARY STUDY

Study the following expressions; then select the appropriate one to replace the near-equivalent in italics in each of the sentences below.

faire honneur à
au bout de dix ans
se retourner
devoir
se laisser marier avec
avoir une peine infinie
fou de joie
se mettre sur le dos
avoir l'air
songer à
de sphinx
jeter sur les épaules

1. Elle *accepta d'épouser* un petit commis.
2. Mathilde *rêvait* d'une vie mondaine.
3. Une femme distinguée écoute les galanteries avec un sourire *énigmatique*.
4. Loisel *avait eu beaucoup de mal* à obtenir l'invitation.
5. Qu'est-ce que je *porterai* pour aller au bal?
6. Mathilde *semblait* triste.
7. Elle était *extrêmement joyeuse* au bal.
8. M. Loisel *l'enveloppa* d'un manteau en partant.
9. En écrivant à Mme Forestier, les Loisel avaient le temps de *voir ce qu'ils pouvaient faire*.
10. Loisel a donné sa signature sans savoir s'il pourrait *la respecter*.
11. Tout était payé *dix ans après*.
12. *Je suis sûre que vous* vous trompez.

STRUCTURES

A. *The Use of **c'est ... que** to Express Emphasis*

Rewrite the following sentences, according to the example.

EXAMPLE: Je n'ai pas vendu cette rivière.
Ce n'est pas moi qui ai vendu cette rivière.

1. Je n'ai pas perdu la parure.
2. Il n'a pas fait la rivière.
3. Nous n'avons pas choisi ce bijou.
4. Ils n'ont pas vendu les diamants.
5. Tu n'as pas laissé tomber la parure.
6. Vous n'avez pas perdu le bijou.

B. *The Variation in Tense with **il y a ... que** and **voilà ... que***

Il y a ... que, and **voilà ... que** are followed by the present tense in affirmative sentences and by the **passé composé** in negative sentences.

Voilà dix ans que nous (payer) _____ la rivière.
Voilà dix ans que nous **payons** la rivière.

Il y a longtemps que je (ne pas te voir) _____.
Il y a longtemps que je **ne t'ai pas vue.**

Rewrite the following sentences using **il y a ... que** and **voilà ... que.**

1. Il y a longtemps que nous (avoir) _____ une bonne.
2. Il y a longtemps que tu (ne pas avoir) _____ besoin de faire le ménage.
3. Nous (ne pas sortir) _____ depuis de longues années.
4. Je (ne pas aller) _____ au bal depuis de longues années.
5. Voilà trois jours que je (réfléchir) _____ à ma toilette.
6. Tu (être) _____ si étrange depuis trois jours.
7. Je (ne pas acheter) _____ de bijou depuis longtemps.
8. Voilà des années que tu (ne pas voir) _____ ton amie.

C. *The Use of* ***depuis*** *with Past Tenses*

When a sentence is written in the past, **depuis** is used with the imperfect in affirmative sentences, and with the pluperfect in negative sentences.

Le mari (dormir) _____ depuis minuit.
Le mari **dormait** depuis minuit.

Le mari (ne pas valser) _____ depuis minuit.
Le mari **n'avait pas valsé** depuis minuit.

Rewrite the following sentences using **depuis** with past tenses.

1. Mathilde (ne pas être) invitée depuis longtemps.
2. Mathilde (sortir) seule avec son mari depuis longtemps.
3. Mathilde (mettre) la même robe depuis longtemps.
4. Mathilde (ne pas se sentir) admirée depuis longtemps.
5. Mathilde (ne pas faire) de soupe depuis plusieurs semaines.
6. Le bijoutier (ne pas vendre) ce type de rivière depuis des années.
7. Mathilde (descendre) les ordures depuis dix ans.
8. Mathilde (ne pas revoir) Madame Forestier depuis la fête.
9. Mathilde (souffrir) de la misère depuis dix ans.
10. Mathilde (connaître) la misère depuis dix ans.

D. *The Relative Pronouns* ***ce qui*** *and* ***ce que***

Rewrite the following sentences according to the examples.

EXAMPLES: **Qu'est-ce qui** peut te plaire? (je ne sais pas)
Je ne sais pas ***ce qui*** *peut te plaire.*

Qu'est-ce que tu veux? (je me demande)
Je me demande ***ce que*** *tu veux.*

1. Qu'*est ce qui* ne va pas? (je me demande)
2. Qu'*est-ce que* tu vas faire? (je me demande)
3. Qu'*est-ce qui* arrive? (je ne sais pas)
4. Qu'*est-ce qui* nous arrive? (je ne sais pas)
5. Qu'*est-ce que* tu attends? (je me demande)
6. Qu'*est-ce qui* t'attend? (je me demande)
7. Qu'*est-ce que* tu dis? (je ne sais pas)
8. Qu'*est-ce que* nous avons perdu? (je me demande)
9. *Qu'est-ce qui* nous donne le bonheur? (on ne sait pas)

COMMUNICATIVE ACTIVITY

Prepare one of the topics listed below to be discussed in class with two of your classmates. Once the topic has been thoroughly analyzed, your group should present a composite version of the discussion to the other members of the class and should be ready to quote sentences or parts of sentences in support of the views expressed.

1. Mathilde menait une vie médiocre avant le bal.
2. Mathilde rêvait d'une vie de luxe et de plaisirs.
3. Mathilde a mené une vie dure après le bal.
4. La vie, selon Maupassant, est pleine d'ironie.

Mateo Falcone

PROSPER MÉRIMÉE

Mateo Falcone, quand j'étais en Corse en 18... , avait sa maison près du maquis.[1] C'était un homme assez riche pour le pays; vivant noblement, c'est-à-dire sans rien faire, du produit[2] de ses troupeaux,[3] que des bergers, espèces de nomades, menaient paître[4] çà et là[5] sur les montagnes. Lorsque je le vis, deux années après l'événement[6] que je vais raconter, il me parut âgé de cinquante ans tout au plus. Figurez-vous un homme petit, mais robuste, avec des cheveux crépus,[7] noirs comme le jais,[8] un nez aquilin, les lèvres minces, les yeux grands et vifs,[9] et un teint[10] couleur de cuir. Son habileté au tir du fusil[11] passait pour extraordinaire, même dans son pays, où il y a tant de bons tireurs. La nuit, il se servait de ses armes aussi facilement que le jour, et l'on m'a cité de lui ce trait d'adresse[12] qui paraîtra peut-être incroyable[13] à qui n'a pas voyagé en Corse. A quatre-vingts pas,[14] on plaçait une chandelle[15] allumée derrière un transparent de papier,[16] large comme une assiette. Il mettait en joue,[17] puis on éteignait le chandelle, et, au bout d'une minute dans l'obscurité la plus complète, il tirait et perçait le transparent trois fois sur quatre.[18]

Avec un tel mérite Mateo Falcone s'était attiré[19] une grande réputation. On le disait aussi bon ami que dangereux ennemi: d'ailleurs généreux, il vivait en paix avec tout le monde dans le district de Porto-Vecchio. Mais on contait de lui[20] qu'à Corte, où il avait pris femme, il s'était débarrassé fort vigoureusement d'un

---

[1]**maquis** *maquis (The* **maquis** *in Corsica is made up of many small, impenetrable trees and shrubs, so that it has been traditionally used as a shelter by criminals or outlaws. The word was used to designate the French resistance movement against the Germans occupying France during World War II.)* [2]**produit** produce [3]**troupeau** flock [4]**mener paître** to pasture [5]**çà et là** here and there [6]**événement** incident [7]**crépu** frizzy [8]**noirs comme le jais** jet black [9]**vif** quick [10]**teint** complexion [11]**Son habileté au tir du fusil** His skill with the gun [12]**l'on m'a cité... d'adresse** I heard this proof of his skill [13]**incroyable** incredible [14]**pas** pace [15]**chandelle** candle [16]**un transparent de papier** a transparent piece of paper [17]**mettre en joue** to aim [18]**trois fois sur quatre** three times out of four [19]**s'attirer** to win [20]**on contait de lui** it was said of him

rival qui passait pour aussi redoutable[21] en guerre qu'en amour: du moins on attribuait à Mateo certain coup de fusil[22] qui surprit ce rival comme il était à se raser[23] devant un petit miroir pendu à sa fenêtre. L'affaire assoupie,[24] Mateo se maria. Sa femme Giuseppa lui avait donné d'abord trois filles (dont il enrageait), 5 et enfin un fils, qu'il nomma Fortunato: c'était l'espoir de sa famille, l'héritier du nom. Les filles étaient bien mariées: leur père pouvait compter au besoin sur les poignards[25] et les escopettes[26] de ses gendres.[27] Le fils n'avait que dix ans, mais il annonçait déjà d'heureuses dispositions. 10

Un certain jour d'automne, Mateo sortit de bonne heure avec sa femme pour aller visiter un de ses troupeaux. Le petit Fortunato voulait l'accompagner, mais la clairière[28] était trop loin; d'ailleurs, il fallait bien que quelqu'un restât pour garder la maison; le père refusa donc: on verra s'il n'eut pas lieu de s'en 15 repentir.[29]

Il était absent depuis quelques heures et le petit Fortunato était tranquillement étendu[30] au soleil, regardant les montagnes bleues, et pensant que, le dimanche prochain, il irait dîner à la ville, chez son oncle le *caporal,*[31] quand il fut soudainement 20 interrompu dans ses méditations par l'explosion d'une arme à feu. Il se leva et se tourna du côté de la plaine d'où partait ce bruit. D'autres coups de fusil se succédèrent, tirés à intervalles inégaux, et toujours de plus en plus rapprochés; enfin, dans le sentier[32] qui menait de la plaine à la maison de Mateo parut un 25 homme, coiffé d'un bonnet pointu[33] comme en portent les montagnards,[34] barbu,[35] couvert de haillons, et se traînant avec peine en s'appuyant sur son fusil.[36] Il venait de recevoir un coup de feu dans la cuisse.[37]

Cet homme était un *bandit,*[38] qui, étant parti de nuit pour 30

---

[21]**redoutable** formidable [22]**coup de fusil** shot [23]**comme il était à se raser** as he was shaving [24]**L'affaire assoupie** When everything quieted down [25]**poignard** dagger [26]**escopette** blunderbuss [27]**gendre** son-in-law [28]**clairière** clearing [29]**on verra... repentir** we shall see if he had not good reason to regret it [30]**étendu** stretched [31]**le caporal** the corporal (*prominent citizen in the town administration at the time*) [32]**sentier** path [33]**bonnet pointu** pointed cap [34]**montagnard** mountaineer [35]**barbu** bearded [36]**couvert de haillons,... fusil** in tatters, dragging himself with difficulty, leaning on his gun [37]**cuisse** thigh [38]**bandit** outlaw

aller chercher de la poudre[39] à la ville, était tombé en route dans une embuscade[40] de voltigeurs corses.[41] Après une vigoureuse défense, il avait réussi à faire sa retraite, vivement poursuivi et tiraillant de rocher en rocher.[42] Mais il avait peu d'advance sur 5 les soldats et sa blessure le mettait hors d'état de gagner le maquis avant d'être rejoint.[43]

Il s'approcha de Fortunato et lui dit:

—Tu es le fils de Mateo Falcone?

—Oui.

10 —Moi, je suis Gianetto Sanpiero. Je suis poursuivi par les collets jaunes.[44] Cache-moi, car je ne puis aller plus loin.

—Et que dira mon père si je te cache sans sa permission?

—Il dira que tu as bien fait.

—Qui sait?

15 —Cache-moi vite; ils viennent.

—Attends que mon père soit revenu.

—Que j'attende? malédiction![45] Ils seront ici dans cinq minutes. Allons, cache-moi, ou je te tue.

Fortunato lui répondit avec le plus grand sang-froid:[46]

20 —Ton fusil est déchargé,[47] et il n'y a plus de cartouches[48] dans ta carchera.[49]

—J'ai mon poignard.

—Mais courras-tu aussi vite que moi?

Il fit un saut, et se mit hors d'atteinte.[50]

25 —Tu n'es pas le fils de Mateo Falcone! Me laisseras-tu donc arrêter devant ta maison?

L'enfant parut touché.

—Que me donneras-tu si je te cache? dit-il en se rapprochant.

Le bandit fouilla[51] dans une poche de cuir qui pendait[52] à sa

---

[39]**poudre** gunpowder [40]**embuscade** ambush [41]**voltigeurs corses** Corsican light infantry [42]**vivement poursuivi... rocher** hotly pursued, and firing from rock to rock [43]**le mettait... rejoint** made it impossible for him to reach the maquis before being captured [44]**les collets jaunes** the yellow collars (*The uniform of the* **voltigeurs** *was at that time a brown tunic with a yellow collar.*) [45]**Que j'attende? malédiction!** Wait? Curses! [46]**sang-froid** calm [47]**déchargé** not loaded [48]**cartouche** cartridge [49]**carchera** *carchera (leather belt used to carry cartridges and also used as a purse)* [50]**se mettre hors d'atteinte** to put oneself out of reach [51]**fouiller** to rummage [52]**pendre** to hang

ceinture,[53] et il en tira une pièce de cinq francs qu'il avait réservée sans doute pour acheter de la poudre. Fortunato sourit à la vue de la pièce d'argent; il s'en saisit, et dit à Gianetto:

—Ne crains rien.

Aussitôt il fit un grand trou dans un tas de foin[54] placé auprès de la maison. Gianetto s'y cacha, et l'enfant le recouvrit de manière à lui laisser un peu d'air pour respirer, sans qu'il fût possible cependant de soupçonner[55] que ce foin cachât un homme. Il eut de plus une idée assez ingénieuse. Il alla prendre une chatte et ses petits, et les établit sur le tas de foin pour faire croire qu'il n'avait pas été remué depuis peu. Ensuite, remarquant des traces de sang sur le sentier près de la maison, il les couvrit de poussière[56] avec soin, et, cela fait, il se recoucha au soleil avec la plus grande tranquillité.

Quelques minutes après, six hommes en uniforme brun à collet jaune, et commandés par un adjudant, étaient devant la porte de Mateo. Cet adjudant était quelque peu parent[57] de Falcone. Il se nommait Tiodoro Gamba: c'était un homme actif, fort redouté[58] des bandits dont il avait déjà traqué[59] plusieurs.

—Bonjour, petit cousin, dit-il à Fortunato en l'accostant; comme te voilà grandi! As-tu vu passer un homme tout à l'heure?[60]

—Oh! je ne suis pas encore si grand que vous, mon cousin, répondit l'enfant d'un air niais.[61]

—Cela viendra. Mais n'as-tu pas vu passer un homme, dis-moi?

—Si j'ai vu passer un homme?

—Oui, un homme avec un bonnet pointu en velours[62] noir, et une veste brodée de rouge et de jaune?[63]

—Un homme avec un bonnet pointu, et une veste brodée de rouge et de jaune?

—Oui, réponds vite, et ne répète pas mes questions.

—Ce matin, M. le curé est passé devant notre porte, sur son

---

[53]**ceinture** belt [54]**tas de foin** haystack [55]**soupçonner** to suspect [56]**poussière** dust [57]**quelque peu parent** distantly connected [58]**fort redouté** much feared [59]**traquer** to run down [60]**tout à l'heure** just now [61]**d'un air niais** with a simple air [62]**velours** velvet [63]**une veste brodée de rouge et de jaune** a waistcoat embroidered in red and yellow

cheval Piero. Il m'a demandé comment papa se portait, et je lui ai répondu...

—Ah! petit drôle,[64] tu fais le malin![65] Dis-moi vite par où est passé Gianetto, car c'est lui que nous cherchons; et, j'en suis certain, il a pris par ce sentier.

—Qui sait?

—Qui sait? C'est moi qui sais que tu l'as vu.

—Est-ce qu'on voit les passants[66] quand on dort?

—Tu ne dormais pas, vaurien;[67] les coups de fusil t'ont réveillé.

—Vous croyez donc, mon cousin, que vos fusils font tant de bruit? L'escopette de mon père en fait bien davantage.

—Que le diable te confonde, maudit garnement![68] Je suis bien sûr que tu as vu le Gianetto. Peut-être même l'as-tu caché. Allons, camarades, entrez dans cette maison et voyez si notre homme n'y est pas.

—Et que dira papa? demanda Fortunato en ricanant;[69] que dira-t-il s'il sait qu'on est entré dans sa maison pendant qu'il était sorti?

—Vaurien! dit l'adjudant Gamba en le prenant par l'oreille, sais-tu qu'il ne tient qu'à moi de te faire changer de note?[70] Peut-être qu'en te donnant une vingtaine de coups de plat de sabre[71] tu parleras enfin.

Et Fortunato ricanait toujours.

—Mon père est Mateo Falcone! dit-il avec emphase.

—Sais-tu bien, petit drôle, que je puis t'emmener à Corte ou à Bastia? Je te ferai coucher dans un cachot,[72] sur la paille,[73] les fers aux pieds, et je te ferai guillotiner si tu ne dis où est Gianetto Sanpiero.

L'enfant éclata de rire[74] à cette ridicule menace. Il répéta:

—Mon père est Mateo Falcone!

---

[64]**petit drôle** young scamp [65]**faire le malin** to play the fool [66]**passant** passerby [67]**vaurien** rogue [68]**Que le diable... garnement!** May the devil take you, cursed scamp that you are! [69]**ricaner** to chuckle [70]**il ne tient... note?** do you know that, if I like, I can make you change your tune? [71]**en te donnant... sabre** by giving you twenty blows or so with the flat of my sword [72]**cachot** cell [73]**paille** straw [74]**éclater de rire** to burst out laughing

—Adjudant, dit tout bas un des voltigeurs, ne nous brouillons pas[75] avec Mateo.

Gamba paraissait évidemment embarrassé.[76] Il causait à voix basse avec ses soldats, qui avaient déjà visité toute la maison. Ce n'était pas une opération fort longue, car la cabane[77] d'un Corse ne consiste qu'en une seule pièce carrée.[78] L'ameublement[79] se compose d'une table, de bancs,[80] de coffres[81] et d'ustensiles de chasse ou de ménage.[82] Cependant le petit Fortunato caressait sa chatte, et semblait jouir[83] de la confusion des voltigeurs et de son cousin.

Un soldat s'approcha du tas de foin. Il vit la chatte, et donna un coup de baïonnette dans le foin avec négligence,[84] et haussant les épaules,[85] comme s'il sentait que sa précaution était ridicule. Rien ne remua; et le visage de l'enfant ne trahit[86] pas la plus légère émotion.

L'adjudant et sa troupe ne savaient que faire; déjà ils regardaient sérieusement du côté de la plaine, comme disposés à s'en retourner par où ils étaient venus, quand leur chef, convaincu que les menaces ne produiraient aucune impression sur le fils de Falcone, voulut faire un dernier effort et essayer le pouvoir des caresses et des présents.

—Petit cousin, dit-il, tu me parais un gaillard bien éveillé![87] Tu iras loin. Mais tu joues un vilain[88] jeu avec moi; et, si je ne craignais de faire de la peine à mon cousin Mateo, le diable m'emporte![89] je t'emmènerais avec moi.

—Bah!

—Mais, quand mon cousin sera revenu, je lui conterai l'affaire, et, pour ta peine d'avoir menti, il te donnera le fouet jusqu'au sang.[90]

—Savoir?[91]

---

[75]**ne nous brouillons pas** let us not get into trouble [76]**Gamba paraissait évidemment embarrassé** It was clear that Gamba did not know what to do [77]**cabane** hut [78]**pièce carrée** square room [79]**ameublement** furniture [80]**banc** bench [81]**coffre** chest [82]**ustensile de chasse ou de ménage** household or hunting utensil [83]**jouir** to enjoy [84]**donna... négligence** carelessly stuck a bayonet in the hay [85]**hausser les épaules** to shrug one's shoulders [86]**trahir** to betray [87]**un gaillard bien éveillé** a bright chap [88]**vilain** nasty [89]**le diable m'emporte!** I'll be hanged! [90]**je lui conterai... sang** I'll tell him the whole story, and he will give you the whip till the blood comes, for telling lies [91]**Savoir?** How do you know?

—Tu verras... Mais, tiens...[92] sois brave garçon,[93] et je te donnerai quelque chose.

—Moi, mon cousin, je vous donnerai un avis:[94] c'est que, si vous tardez davantage,[95] le Gianetto sera dans le maquis.

5 L'adjudant tira de sa poche une montre d'argent qui valait bien dix écus;[96] et, remarquant que les yeux du petit Fortunato étincelaient[97] en la regardant, il lui dit en tenant la montre suspendue au bout de sa chaîne d'acier.[98]

—Fripon![99] tu voudrais bien avoir une montre comme celle-10 ci suspendue à ton col,[1] et tu te promènerais dans les rues de Porto-Vecchio, fier comme un paon;[2] et les gens te demanderaient: «Quelle heure est-il?» et tu leur dirais: «Regardez à ma montre.»

—Quand je serai grand, mon oncle le caporal me donnera 15 une montre.

—Oui; mais le fils de ton oncle en a déjà une... pas aussi belle que celle-ci, à la vérité... Cependant il est plus jeune que toi.

L'enfant soupira.[3]

20 —Eh bien, la veux-tu cette montre, petit cousin?» Fortunato, lorgnant la montre du coin de l'œil,[4] ressemblait à un chat à qui l'on présente un poulet[5] tout entier. Et comme il sent qu'on se moque de lui, il n'ose y porter la griffe,[6] et de temps en temps il détourne[7] les yeux pour ne pas s'exposer à succomber à la tenta-25 tion;[8] mais il se lèche les babines[9] à tout moment, il a l'air de dire à son maître: «Que votre plaisanterie[10] est cruelle!»

Cependant l'adjudant Gamba semblait de bonne foi[11] en présentant sa montre. Fortunato n'avança pas la main; mais il lui dit avec un sourire amer:[12]

30 —Pourquoi vous moquez-vous de moi?

---

[92]**tiens** look here [93]**sois brave garçon** be a good boy [94]**avis** piece of advice [95]**si vous tardez davantage** if you wait any longer [96]**qui valait bien dix écus** worth a good ten crowns [97]**étinceler** to sparkle [98]**chaîne d'acier** steel chain [99]**Fripon!** You naughty boy! [1]**col** neck [2]**paon** peacock [3]**soupirer** to sigh [4]**lorgnant... l'œil** ogling the watch from the corner of his eye [5]**poulet** chicken [6]**porter sa griffe** to put a claw [7]**détourner** to turn away [8]**pour ne pas s'exposer... tentation** so as not to be in danger of succumbing to temptation [9]**se lécher les babines** to lick one's lips [10]**plaisanterie** joke [11]**semblait de bonne foi** seemed to be sincere [12]**amer** bitter

—Par Dieu! je ne me moque pas. Dis-moi seulement où est Gianetto, et cette montre est à toi.

Fortunato laissa échapper un sourire d'incrédulité;[13] et, fixant ses yeux noirs sur ceux de l'adjudant, il essayait d'y lire la foi qu'il devait avoir en ses paroles. 5

—Que je perde[14] mon épaulette, sécria l'adjudant, si je ne te donne pas la montre à cette condition! Les camarades sont témoins;[15] et je ne puis m'en dédire.

En parlant ainsi, il approchait toujours la montre, tant, qu'elle touchait presque la joue[16] pâle de l'enfant. Celui-ci montrait bien sur sa figure le combat que se livraient en son âme la convoitise et le respect dû à l'hospitalité.[17] Sa poitrine nue se soulevait avec force,[18] et il semblait près d'étouffer.[19] Cependant la montre oscillait, tournait, et quelquefois lui heurtait[20] le bout du nez. Enfin, peu à peu, sa main droite s'éleva vers la montre; le bout de ses doigts la toucha; et elle pesait tout entière dans sa main[21] sans que l'adjudant lâchât[22] le bout de la chaîne... Le cadran était azuré... la boîte nouvellement fourbie...[23] au soleil, elle paraissait toute de feu... La tentation était trop forte. 10 15

Fortunato éleva aussi sa main gauche, et indiqua du pouce,[24] par-dessus son épaule, le tas de foin auquel il était adossé.[25] L'adjudant le comprit aussitôt. Il abandonna l'extrémité de la chaîne; Fortunato se sentit seul possesseur de la montre. Il se leva avec l'agilité d'un daim,[26] et s'éloigna de dix pas[27] du tas de foin, que les voltigeurs se mirent aussitôt à culbuter.[28] 20 25

On ne tarda pas à voir le foin s'agiter;[29] et un homme sanglant,[30] le poignard à la main, en sortit; mais, comme il essayait de se lever, sa blessure ne lui permit plus de se tenir debout.[31] Il

---

[13]**laissa échapper un sourire d'incrédulité** let an incredulous smile escape him [14]**Que je perde** May I lose [15]**témoin** witness [16]**joue** cheek [17]**le combat... l'hospitalité** the fight that greed and the respect for hospitality were waging in his soul [18]**se soulevait avec force** heaved convulsively [19]**étouffer** to choke [20]**heurter** to bump [21]**elle pesait... main** its whole weight was in his hand [22]**lâcher** to let go [23]**Le cadran... fourbie** The face was sky blue, the case, newly burnished [24]**pouce** thumb [25]**être adossé** lean [26]**daim** deer [27]**s'éloigna de dix pas** moved ten paces away [28]**culbuter** to knock over [29]**On ne tarde pas... s'agiter** It was not long before they saw the hay stir [30]**sanglant** bleeding [31]**se tenir debout** to keep upright

tomba. L'adjudant se jeta sur lui et lui arracha[32] son poignard. Aussitôt on le lia fortement malgré sa résistance.

Gianetto, couché par terre et lié comme un fagot, tourna la tête vers Fortunato qui s'était rapproché.

—Fils de...! lui dit-il avec plus de mépris que de colère.

L'enfant lui jeta la pièce d'argent qu'il en avait reçue, sentant qu'il avait cessé de la mériter; mais le proscrit[33] n'eut pas l'air de faire attention à ce mouvement. Il dit avec beaucoup de sang-froid à l'adjudant:

—Mon cher Gamba, je ne puis marcher; vous allez être obligé de me porter à la ville.

—Tu courais tout à l'heure plus vite qu'un chevreuil,[34] répondit le cruel vainqueur;[35] mais sois tranquille: je suis si content de te tenir, que je te porterais une lieue sur mon dos sans être fatigué. D'ailleurs, mon camarade, nous allons te faire une litière[36] avec des branches et ta capote;[37] et à la ferme de Crespoli nous trouverons des chevaux.

—Bien, dit le prisonnier; vous mettrez aussi un peu de paille sur votre litière, pour que je sois plus à mon aise.[38]

Pendant que les voltigeurs s'occupaient, les uns à faire une espèce de brancard[39] avec des branches de châtaignier,[40] les autres à panser la blessure[41] de Gianetto, Mateo Falcone et sa femme parurent tout d'un coup[42] dans un sentier qui conduisait au maquis. La femme s'avançait courbée péniblement sous le poids d'un énorme sac de châtaignes,[43] tandis que son mari ne portait qu'un fusil à la main et un autre en bandoulière;[44] car il est indigne[45] d'un homme de porter d'autre fardeau[46] que ses armes.

A la vue des soldats, la première pensée de Mateo fut qu'ils venaient pour l'arrêter. Mais pourquoi cette idée? Mateo craignait-il donc la justice? Non. Il jouissait d'une bonne réputation.

---

[32]**arracher** to wrest away [33]**proscrit** outlaw [34]**chevreuil** roebuck [35]**vainqueur** victor [36]**litière** litter [37]**capote** cloak [38]**à l'aise** comfortable [39]**brancard** stretcher [40]**châtaignier** chestnut tree [41]**panser la blessure** to dress the wound [42]**tout d'un coup** all at once [43]**courbée... châtaignes** bending heavily under the weight of an enormous bag of chestnuts [44]**porter un fusil en bandoulière** to carry a gun slung on one's back [45]**indigne** unworthy, unfit [46]**fardeau** burden

Mais il était corse et montagnard, et il y a peu de Corses montagnards qui, en examinant bien leur mémoire, n'y trouvent quelque peccadille,[47] telle que coups de fusil, coups de poignard et autres bagatelles.[48] Mateo, plus qu'un autre, avait la conscience nette;[49] car depuis plus de dix ans il n'avait dirigé son fusil contre un homme; mais toutefois il était prudent, et il se mit en posture de faire une belle défense,[50] s'il en était besoin.

—Femme, dit-il à Giuseppa, pose ton sac et tiens-toi prête.[51]

Elle obéit sur-le-champ.[52] Il lui donna le fusil qu'il avait en bandoulière et qui aurait pu le gêner.[53] Il arma celui qu'il avait à la main, et il s'avança lentement vers sa maison, longeant[54] les arbres qui bordaient[55] le chemin, et prêt, à la moindre démonstration hostile, à se jeter derrière le plus gros tronc,[56] d'où il aurait pu faire feu à couvert.[57] Sa femme marchait sur ses talons,[58] tenant son second fusil. L'emploi d'une bonne femme, en cas de combat, est de charger les armes de son mari.

D'un autre côté, l'adjudant était fort embarrassé voyant Mateo s'avancer ainsi, le fusil en avant et le doigt sur la détente.[59]

«Si par hasard,[60] pensa-t-il, Mateo se trouvait parent de Gianetto, ou s'il était son ami, et qu'il voulût le défendre, les balles de ses deux fusils deux fusils arriveraient à deux d'entre nous, aussi sûr qu'une lettre à la poste,[61] et s'il me visait,[62] malgré la parenté!...»[63]

Dans cette perplexité,[64] il prit un parti[65] fort courageux, ce fut de s'avancer seul vers Mateo pour lui conter l'affaire, en l'accostant comme une vieille connaissance;[66] mais le court intervalle qui le séparait de Mateo lui parut terriblement long.

—Holà! eh! mon vieux camarade, criait-il, comment cela va-t-il, mon brave?[67] C'est moi, je suis Gamba, ton cousin.

Mateo, sans répondre un mot, s'était arrêté, et, à mesure que

---

[47]**peccadille** peccadillo [48]**bagatelle** bagatelle, trifle [49]**net** clear [50]**se mit... défense** got ready to make a good defense [51]**se tenir prêt** to be ready [52]**sur-le-champ** on the spot [53]**gêner** to inconvenience [54]**longer** to walk along [55]**border** to line [56]**tronc** trunk [57]**à couvert** under cover [58]**sur ses talons** at his heels [59]**détente** trigger [60]**par hasard** by chance [61]**aussi sûr... poste** as sure as a letter by mail [62]**viser** to aim [63]**parenté** relationship [64]**perplexité** difficulty [65]**prendre un parti** to make a resolve [66]**connaissance** acquaintance [67]**mon brave** old man

l'autre parlait,[68] il relevait[69] doucement[70] le canon[71] de son fusil, de sorte qu'il était dirigé vers le ciel au moment où l'adjudant le joignit.[72]

—Bonjour, frère,[73] dit l'adjudant en lui donnant la main. Il y 5 a bien longtemps que je ne t'ai vu.

—Bonjour, frère.

—J'étais venu pour te dire bonjour en passant, et à ma cousine Pepa. Nous avons fait une longue marche aujourd'hui; mais il ne faut pas plaindre notre fatigue, car nous avons fait une 10 fameuse prise.[74] Nous venons d'empoigner[75] Gianetto Sanpiero.

—Dieu soit loué![76] s'écria Giuseppa. Il nous a volé une chèvre laitière[77] la semaine passée.

Ces mots réjouirent[78] Gamba.

—Pauvre diable! dit Mateo, il avait faim.

15 —Le drôle s'est défendu comme un lion, poursuivit l'adjudant un peu mortifié; il m'a tué un de mes voltigeurs, et, non content de cela, il a cassé le bras au caporal Chardon; mais il n'y a pas grand mal, ce n'était qu'un Français...[79] Ensuite, il s'était si bien caché, que le diable ne l'aurait pu découvrir. Sans mon petit 20 cousin Fortunato, je ne l'aurais jamais pu trouver.

—Fortunato! s'écria Mateo.

—Fortunato! répéta Giuseppa.

—Oui, le Gianetto s'était caché sous ce tas de foin là-bas; mais mon petit cousin m'a montré où. Aussi je le dirai à son 25 oncle le caporal, afin qu'il lui envoie un beau cadeau[80] pour sa peine.[81] Et son nom et le tien seront dans le rapport[82] que j'enverrai à M. l'avocat général.[83]

—Malédiction![84] dit tout bas Mateo.

Ils avaient rejoint[85] les voltigeurs. Gianetto était couché sur 30 la litière et prêt à partir. Quand il vit Mateo en la compagnie de

---

[68]**à mesure... parlait** as the other spoke [69]**relever** to raise [70]**doucement** slowly [71]**canon** barrel [72]**joindre** to join [73]**Bonjour, frère** (*Corsican way of greeting*) [74]**une fameuse prise** a terrific catch [75]**empoigner** to seize [76]**Dieu soit loué!** God be praised! [77]**une chèvre laitière** a milch goat [78]**réjouir** to cheer [79]**ce n'était qu'un Français** (*Corsica had been French for only a short while when the story was written.*) [80]**cadeau** gift [81]**pour sa peine** for his pains [82]**rapport** report [83]**avocat général** Public Procecutor [84]**Malédiction!** Curses! [85]**rejoindre** to rejoin

Gamba, il sourit d'un sourire étrange; puis, se tournant vers la porte de la maison, il cracha[86] en disant:

—Maison d'un traître![87]

Il n'y avait qu'un homme décidé à mourir qui eût osé prononcer le mot de traître en l'appliquant à Falcone. Un bon coup de poignard, qui n'aurait pas eu besoin d'être répété, aurait immédiatement payé l'insulte. Cependant Mateo ne fit pas d'autre geste que celui de porter sa main à son front comme un homme accablé.[88]

Fortunato était entré dans la maison en voyant arriver son père. Il reparut bientôt avec une jatte[89] de lait qu'il présenta les yeux baissés[90] à Gianetto.

—Loin de moi! lui cria le proscrit d'une voix foudroyante.[91]

Puis, se tournant vers un des voltigeurs:

—Camarade, donne-moi à boire, dit-il.

Le soldat remit[92] sa gourde[93] entre ses mains, et le bandit but l'eau que lui donnait un homme avec lequel il venait d'échanger des coups de fusil. Ensuite il demanda qu'on lui attachât les mains de manière qu'il les eût croisées[94] sur sa poitrine, au lieu de les avoir liées[95] derrière le dos.

—J'aime, disait-il, à être couché à mon aise.

On se hâta de le satisfaire; puis l'adjudant donna le signal du départ, dit adieu[96] à Mateo, qui ne lui répondit pas, et descendit vers la plaine.

Il se passa près de dix minutes avant que Mateo ouvrît la bouche. L'enfant regardait d'un œil inquiet[97] tantôt sa mère et tantôt[98] son père, qui, s'appuyant sur son fusil, le considérait avec une expression de colère concentrée.

—Tu commences bien! dit enfin Mateo d'une voix calme, mais effrayante[99] pour qui connaissait l'homme.

—Mon père! s'écria l'enfant en s'avançant, les larmes aux yeux, comme pour se jeter à ses genoux.

---

[86]**cracher** to spit [87]**traître** traitor [88]**accablé** overcome [89]**jatte** bowl [90]**les yeux baissés** with downcast eyes [91]**foudroyant** thundering [92]**remettre** to put [93]**gourde** flask [94]**croisé** crossed [95]**lié** tied [96]**dire adieu** to say good-bye [97]**inquiet** uneasy [98]**tantôt... tantôt** now . . . now [99]**effrayant** terrifying

Mais Mateo lui cria:

—Arrière de moi![1]

Et l'enfant s'arrêta et sanglota,[2] immobile, à quelques pas de son père.

Giuseppa s'approcha. Elle venait d'apercevoir la chaîne de la montre, dont un bout sortait de la chemise de Fortunato.

—Qui t'a donné cette montre? demanda-t-elle d'un ton sévère.

—Mon cousin l'adjudant.

Falcone saisit la montre, et, la jetant avec force contre une pierre, il la mit en mille pièces.

—Femme, dit-il, cet enfant est-il de moi?

Les joues brunes de Giuseppa devinrent d'un rouge de brique.

—Que dis-tu, Mateo? et sais-tu bien à qui tu parles?

—Eh bien, cet enfant est le premier de sa race qui ait fait une trahison.[3]

Les sanglots et les hoquets[4] de Fortunato redoublèrent, et Falcone tenait ses yeux de lynx toujours attachés sur lui. Enfin il frappa la terre de la crosse[5] de son fusil, puis le jeta sur son épaule et reprit le chemin du maquis en criant à Fortunato de le suivre. L'enfant obéit.

Giuseppa courut après Mateo et lui saisit le bras.

—C'est ton fils, lui dit-elle d'une voix tremblante en attachant ses yeux noirs sur ceux de son mari, comme pour lire ce qui se passait dans son âme.

—Laisse-moi, répondit Mateo: je suis son père.

Giuseppa embrassa son fils et entra en pleurant dans sa cabane. Elle se jeta à genoux devant une image de la Vierge[6] et pria avec ferveur. Cependant Falcone marcha quelque deux cents pas dans le sentier et ne s'arrêta que dans un petit ravin[7] où il descendit. Il sonda[8] la terre avec la crosse de son fusil et la trouva molle et facile à creuser.

---

[1] **Arrière de moi!** Stay away! [2] **sangloter** to sob [3] **trahison** treachery, treason [4] **hoquet** choking [5] **crosse** but [6] **Vierge** Virgin [7] **ravin** ravine [8] **sonder** to feel

—Fortunato, va auprès de cette grosse pierre.

L'enfant fit ce qu'il lui commandait, puis il s'agenouilla.

—Dis tes prières.

—Mon père, mon père, ne me tuez pas.

—Dis tes prières! répéta Mateo d'une voix terrible. 5

L'enfant, tout en balbutiant[9] et en sanglotant, récita le *Pater* et le *Credo*. Le père, d'une voix forte, répondait *Amen!* à la fin de chaque prière.

—Sont-ce là toutes les prières que tu sais?

—Mon père, je sais encore l'*Ave Maria* et la litanie que ma 10 tante m'a apprise.

—Elle est bien longue, n'importe.

L'enfant acheva la litanie d'une voix éteinte.[10]

—As-tu fini?

—Oh! mon père, grâce! pardonnez-moi! Je ne le ferai plus! Je 15 prierai tant mon cousin le caporal qu'on fera grâce[11] au Gianetto!

Il parlait encore; Mateo avait armé[12] son fusil et le couchait en joue[13] en lui disant:

—Que Dieu te pardonne! 20

L'enfant fit un effort désespéré pour se relever[14] et embrasser les genoux de son père; mais il n'en eut pas le temps. Mateo fit feu, et Fortunato tomba raide mort.[15]

Sans jeter un coup d'œil sur le cadavre, Mateo reprit le chemin de sa maison pour aller chercher une bêche[16] afin d'enter- 25 rer[17] son fils. Il avait fait à peine quelques pas qu'il rencontra Giuseppa, qui accourait alarmée de coup de feu.

—Qu'as-tu fait? s'écria-t-elle.

—Justice.

—Où est-il? 30

—Dans le ravin. Je vais l'enterrer. Il est mort en chrétien; je lui ferai chanter une messe. Qu'on dise à mon gendre Tiodoro Bianchi de venir demeurer avec nous.

---

[9]**balbutier** to stammer [10]**acheva... éteinte** finished the litany in a stifled voice [11]**faire grâce** to pardon [12]**armer** to cock [13]**coucher en jour** to aim [14]**se relever** to get up [15]**tomber raide mort** to fall stone dead [16]**bêche** spade [17]**enterrer** to bury

EXERCISES

READING COMPREHENSION

Rewrite the following statements, where necessary, to make them agree with the facts presented in the story.

1. Mateo avait dû attendre quelque temps avant de se marier parce qu'il avait tué un rival.
2. Ses trois filles étaient héritières de son nom.
3. Le bandit poursuivi par les voltigeurs serait vite rejoint si Fortunato ne le cachait pas.
4. Ayant reçu une montre, Fortunato a caché Gianetto dans le foin.
5. Les soldats portaient un uniforme jaune à collet brun.
6. Les voltigeurs ne sont pas entrés dans la maison pour ne pas se brouiller avec Mateo.
7. Fortunato n'a pas tardé à succomber à la tentation à cause de sa convoitise.
8. On a fait une litière pour transporter le bandit jusqu'à une ferme où il y avait des chevaux.
9. En voyant les soldats, Mateo a d'abord cru qu'on voulait l'arrêter, car il avait tué beaucoup d'hommes en dix ans.
10. Mateo a relevé son fusil parce que l'adjudant s'est avancé seul.
11. Mateo n'a pas répondu à l'insulte du bandit parce qu'il la méritait.
12. Giuseppa a rougi parce que son mari lui a demandé s'il était bien le père de Fortunato.
13. Elle a essayé d'empêcher son mari de tuer l'enfant.
14. Mateo a choisi un endroit où la terre lui permettait de faire facilement un trou pour le cadavre.

VOCABULARY STUDY

Select the phrase in Column B closest or most logically related in meaning to each term in Column A; then write a sentence of your own with each phrase.

A	B
1. lier	a. comme un lion
2. accoster	b. comme le jais
3. noir	c. comme une brique
4. fier	d. comme une vieille connaissance
5. étinceler	e. comme un chevreuil

6. large	f. comme un fagot
7. se défendre	g. comme un paon
8. rouge	h. comme une assiette
9. agile	i. comme le soleil

Write sentences of your own using one or more of the following expressions in each sentence.

porter un fusil en bandoulière ou à la main
une arme à feu
la crosse
le canon
la balle
armer son fusil
mettre en joue ou coucher en joue
viser
avoir le doigt sur la détente
faire feu ou tirer sur
être bon tireur
donner un coup de poignard
poursuivre l'ennemi
traquer quelqu'un
empoigner
faire une prise
faire une trahison
trahir
le traître
le cachot
mettre les pieds aux fers à
panser la blessure

Study the following expressions; then select the one appropriate to replace the near-equivalent in italics in each of the sentences below.

à mesure que
gêner
jouir de
ne pas tarder à
valoir
passer pour
faire croire
mettre hors d'état de
se jeter
être embarrassé

1. On vit *bientôt* le foin s'agiter.
2. Mateo *avait* une bonne réputation.
3. Le rival de Mateo *avait la réputation d'être* redoutable.
4. La blessure *rendait* le bandit *incapable* de gagner le maquis.
5. La chatte devait *donner l'impression* que personne n'était caché.
6. L'adjudant *ne savait pas quoi faire.*
7. La montre *coûtait* beaucoup d'argent.
8. Le fusil que Mateo portait en bandoulière pouvait *l'embarrasser.*
9. Mateo relevait son fusil *pendant* que l'adjudant parlait.
10. Fortunato *est tombé* à genoux.

STRUCTURES

A. *The Imperfect of* **venir de** + *Infinitive*

Venir de in the imperfect tense is used to describe an action that immediately precedes a prior past action.

Il avait reçu un coup de feu.

Il **venait de recevoir** un coup de feu.
*He **had just been shot at.***

Rewrite the following sentences, using **venir de** in the imperfect + *infinitive*.

1. Les parents de Fortunato étaient sortis.
2. L'explosion avait interrompu les méditations de Fortunato.
3. Un coup de feu avait mis Gianetto hors d'état de marcher.
4. Fortunato avait recouvert le bandit de foin.
5. Fortunato avait reçu une montre.
6. L'adjudant avait compris.
7. Au retour des parents, on avait pris le bandit.
8. Ils avaient rejoint les voltigeurs.
9. La mère avait aperçu la montre.
10. Fortunato avait fait une trahison.

B. *The Use of* **quand** + *Future*

The future is used after **quand** where the present would be used in English.

Si j'étais grand, mon oncle me donnerait une montre.

Quand je **serai grand,** mon oncle me donnera une montre.
*When I **am older** my uncle will give me a watch.*

Rewrite the following sentences using **quand** + the future.

1. Si j'avais quinze ans, mon oncle me donnerait une montre.
2. Si Fortunato entendait des coups de feu, il se réveillerait.
3. Si le bandit recevait des coups de feu, il se cacherait.
4. Si on tenait le bandit, on le mettrait en prison.

5. Que dirait mon père s'il savait qu'on est entré?
6. Si tu me disais où est Gianetto, cette montre serait à toi.
7. Si Fortunato pouvait recevoir la montre, il ferait une trahison.
8. Si les parents voyaient Fortunato, ils seraient en colère.

C. *The Imperative, Second Person Singular, in the Affirmative*

Rewrite the following sentences according to the example.

EXAMPLE: Fortunato demande à Gianetto d'**attendre** son père.
Attends *mon père.*

1. Gianetto demande à Fortunato de faire un trou.
2. L'adjudant demande à Fortunato d'être bon garçon.
3. L'adjudant demande à Fortunato de répondre vite.
4. Mateo demande à sa femme de poser son sac.
5. Mateo demande à Fortunato d'aller auprès de la pierre.
6. Mateo demande à Fortunato de dire ses prières.

D. *The Imperative, Second Person Singular, in the Negative*

Rewrite the following sentences according to the example.

EXAMPLE: L'adjudant demande à Fortunato de **ne pas répéter** les questions
Ne répète pas *les questions.*

1. Gianetto demande à Fortunato de ne pas attendre trop longtemps.
2. Fortunato dit à Gianetto de ne rien craindre.
3. L'adjudant demande à Fortunato de ne pas faire le malin.
4. Il lui demande de ne pas rire.
5. Il lui demande de ne pas mentir.
6. Fortunato demande à l'adjudant de ne pas aller dans la maison.

E. *The Use of Pronouns with the Imperative*

Rewrite the following sentences according to the example.

EXAMPLE: Gianetto demande à Fortunato de **le cacher.**
Cache-moi.

1. Gianetto demande à Fortunato de le recouvrir de foin.
2. L'adjudant demande à Fortunato de lui répondre.
3. L'adjudant demande à Fortunato de lui dire où est Gianetto.

4. Gianetto demande au voltigeur de lui donner à boire.
5. Mateo demande à Fortunato de le suivre.
6. Fortunato demande à son père de lui pardonner.

COMMUNICATIVE ACTIVITY

Prepare one of the topics listed below to be discussed in class with two of your classmates. Once the topic has been thoroughly analyzed, your group should present a composite version of the discussion to the other members of the class and be ready to quote sentences or parts of sentences in support of the views expressed.

1. Mateo était un homme redoutable.
2. Fortunato était un garçon éveillé: il savait ce qu'il fallait dire et faire en présence du bandit et de l'adjudant.
3. Il y a beaucoup de détails sur la Corse du 19ᵉ siècle.

REVIEW EXERCISE

Review the vocabulary and the grammar points covered in *Part III*. Then rewrite each sentence; use the correct form of the words in parentheses or supply the missing word.

Douche était un peintre _____ (*relative pronoun*) personne ne connaissait le nom. Il travaillait beaucoup, mais il _____ **(ne pas vendre)** de tableaux depuis très longtemps. C'est son ami le romancier _____ **(qui / que)** lui a donné des conseils. « _____ (*imperative of* **être**, *second-person singular*) sérieux, lui a-t-il dit, tu _____ **(connaître)** seulement le succès quand tu _____ **(faire)** des choses énormes. Annonce que tu _____ (*immediate future of* **faire**) des toiles idéologiques.» Alors Douche a peint **(ce que / ce qui)** son ami lui a dit de peindre et le succès est vite arrivé. «C'est formidable, a dit le romancier, je _____ (*immediate past of* **réussir**) la plus belle charge du siècle et maintenant nous _____ (*immediate future of* **jouir**) de la confusion de tous ces imbéciles.» Réponse de Douche: «Ne me _____ (*second-person singular imperative of* **prendre**) pas pour un imbécile!»

PART IV

Part IV is varied in content and style. "Penda" is an African folk tale written by contemporary author Ousmane Socé Diop (born in 1911). Refreshing and exotic, it portrays a whimsical princess who has to have her wild fling before returning to the fold of her community. "Le Diable Chiffonnier" presents the lighter side of the great Victor Hugo (1802–1885). Extracted from *Le Rhin*, this mischievous, ironic tale features the devil in the guise of a ragman, bent on ruining a generous knight. This time, at least, Good triumphs over Evil. "Eugénie Grandet," by Honoré de Balzac (1799–1850) is an episode taken from the novel bearing the same title. It reveals what the passion of money can produce in people: energy and extreme concentration in the conduct of business affairs, but also a deep incapacity to love. Eugénie is her father's opposite: a pure, selfless woman, who loves Grandet despite his monstrous avarice. "Un Cœur simple," by Gustave Flaubert (1821–1880), tells the story of a simple servant, Félicité, who also gives more than she receives. Having lost those she loves, she devotes herself to a parrot—a situation that is typical of Flaubert's irony.

Except for "Penda," the stories have been somewhat simplified and abridged, becoming gradually more complex in grammar and vocabulary.

STUDY AIDS

The following suggestions will help you in your reading of the selections:

1. Glance at the vocabulary exercises before reading the stories.
2. Review the use of the imperfect with progressive actions; the use of the subjunctive with certain expressions; and the use of prepositions with the gerund, with parts of the body and with infinitives.
3. Try to guess the general meaning of each sentence before looking at the footnotes and vocabulary. Reread the story aloud with the aid of the footnotes, when necessary.
4. Try to recall the main ideas of the story and list them in order of importance. Then try to recall the expressions you learned in this unit to ensure you know how they are used. Rewrite your ideas in a cohesive paragraph.
5. Prepare yourself for the Communicative Activity. Write your thoughts on the topics chosen for discussion and practice them aloud several times in order to improve your oral proficiency.

Penda

OUSMANE SOCÉ DIOP

Penda était une jeune fille belle comme les étoiles du ciel, belle à vous donner envie de l'avaler.[1]

(Son enfance fut celle d'une princesse. Au lieu de faire les gros travaux que font habituellement les femmes, elle dut seulement apprendre à composer des poèmes et des chants, à danser, à se parer[2] et à se bien tenir.)[3]

A l'âge du mariage, Penda se montra difficile; elle ne voulut épouser qu'un homme qui n'eût pas de cicatrices.[4] Elle refusa Massamba, connu pour ses faits d'armes[5] mais qui portait une cicatrice, vestige glorieux d'un coup de lance reçu à la bataille.

Elle évinça[6] Mademba, le plus célèbre tueur[7] de lions du pays, parce que son épaule avait été marquée par le coup de griffe[8] d'une lionne blessée.

Il en vint de riches, de beaux, de nobles. Penda les repoussa.

Le bruit fit le tour du pays.

Un jour, il se présenta un homme qui se disait prince d'un pays situé à sept semaines de marche.

On ne pouvait le nier, à considérer les cavaliers nombreux qui l'accompagnaient.

Deux serviteurs, attachés à la personne de la princesse, affirmèrent que le prince ne portait aucune cicatrice.

Penda consentit à l'épouser.

Le jour où Penda devait rejoindre la maison de son époux,[9] la reine-mère lui donna les conseils d'usage[10] et aussi «Nélavane», un cheval à l'aspect somnolent.[11] Penda se plaignit.

---

[1]**belle à vous donner envie de l'avaler** beautiful enough to make you want to gobble her up [2]**se parer** to adorn oneself [3]**se bien tenir** to be well-behaved [4]**qui n'eût pas de cicatrices** who did not have any scars [5]**fait d'armes** feat of arms [6]**évincer** to turn down [7]**tueur** slayer [8]**par le coup de griffe** by the claws [9]**époux** spouse, husband [10]**conseils d'usage** customary advice [11]**somnolent** sleepy

—Mère, je devrais monter notre plus beau cheval pour me présenter devant les sujets de mon mari.

—Ma fille, Nélavane a de la sagesse,[12] il sera ton conseiller aux moments difficiles.

Penda fit endosser[13] à son cheval le plus riche caparacon[14] 5 de l'écurie royale pour masquer sa laideur.[15]

Elle chevaucha de longues journées à côté de son mari qui conduisait un pur-sang[16] d'une finesse et d'une nervosité extraordinaires.[17]

Suivaient cavaliers et griots.[18] Penda, dressée sur ses étriers 10 de fer, admirait la perspective houleuse des têtes altières, nimbées du voile de poussière que soulevait le pas cadencé des coursiers.[19] Il lui sembla que leur nombre diminuait, que les files[20] devenaient creuses à chaque tournant de sentier.[21] Était-ce le voile de poussière qui lui cachait les derniers rangs de 15 cavaliers? Il semblait que les arbres qui bordaient[22] le chemin augmentaient de nombre quand on les avait dépassés.[23] Ces interrogations fourmillaient[24] dans l'esprit de Penda. Elle crispa les doigts sur les rênes.[25]

Le cheval s'arrêta sous la morsure du fer meurtrissant sa 20 bouche.[26] Penda fut tirée de sa méditation. Elle demanda explication, d'autant que[27] le dernier rang venait de s'éclipser.

—Où sont passés, mon époux, les hommes qui formaient notre escorte?

—Ils sont redevenus, sous mon charme, ce qu'ils étaient, des 25 arbres.

—D'où vous vient ce pouvoir?

—Je suis Lion-fée. J'ai su qu'il existait une jeune fille

---

[12]**sagesse** wisdom [13]**endosser** to put on [14]**caparaçon** ornamental harness [15]**laideur** ugliness [16]**pur-sang** thoroughbred [17]**d'une finesse et d'une nervosité extraordinaire** of extraordinary grace and dash [18]**griot** griot *(a folk poet and singer in Africa)* [19]**dressée sur... coursiers** standing on her stirrups, admired the sight of bobbing proud heads, amidst the veil of dust stirred up rhythmically by the coursers [20]**file** line [21]**tournant de sentier** turn in the path [22]**border** to line [23]**dépasser** to pass [24]**fourmiller** to teem [25]**crispa les doigts sur les rênes** clutched the reins with her fingers [26]**sous la morsure du fer meurtrissant sa bouche** because of the sharp pain of the iron bit in its mouth [27]**d'autant que** particularly as

capricieuse qui ne voulait pas épouser d'homme qui eût une cicatrice.

Les bras s'étaient transformés en pattes velues[28] de lion.

Le cheval disparut. Elle vit, devant elle, un lion à queue nerveuse et agitée.

—Suis-moi, dit-il.

Penda, terrifiée, avait la gorge sèche; sa respiration était sur le point de s'arrêter, tout son corps était pris de frémissements.[29]

Penda ne put jamais s'accommoder[30] de la viande crue[31] qui était de rigueur[32] aux repas du lion. Quand son époux partait à la chasse, elle allait dans la brousse alentour déterrer quelques tubercules d'igname.[33]

L'hivernage[34] survint; jour et nuit de lourds nuages, monstres pleins d'eau, crachèrent le liquide de leur ventre.[35] Lion fouilla[36] les sous-bois,[37] surveilla[38] les carrefours[39] de la brousse; il ne rencontra ni sanglier[40] ni antilope.

Un jour, «Nélavane» dit à Penda:

—Si votre mari ne trouve rien à la chasse, il vous mangera en rentrant, fuyons,[41], vite...

L'inquiétude de Penda se laissa bercer,[42] du matin au soir, par la chute précipitée[43] des gouttes de pluie sur les feuilles des arbres et sur le sol détrempé.[44] Nélavane hennissait[45] d'impatience, sans arrêt; à Penda qui s'en étonna, il dit:

—Maîtresse, fuyons, votre mari est sur le chemin du retour. «Avant de partir, déposez trois crachats,[46] un dans l'antre,[47] un autre derrière le fromager[48] de la cour et le troisième dans le grenier.»[49]

---

[28]**velu** hairy [29]**frémissement** shiver [30]**s'accommoder** to get used [31]**cru** raw [32]**être de rigueur** to be the rule [33]**elle allait... d'igname** she would go in the surrounding brush to dig up some yam roots [34]**hivernage** winter season [35]**ventre** belly [36]**fouiller** to search [37]**sous-bois** undergrowth [38]**surveiller** to watch [39]**carrefour** crossroad [40]**sanglier** boar [41]**fuir** to flee [42]**L'inquiétude de Penda se laissa bercer** Penda let her worry be lulled [43]**chute précipitée** fast patter [44]**détrempé** soaked [45]**hennir** to neigh [46]**crachat** spit [47]**antre** den, lair [48]**fromager** silk-cotton tree [49]**grenier** attic, granary

Cela fait, Penda sella[50] Nélavane et, brides abattues,[51] elle courut vers le pays natal.

Lion rentra fatigué et aigri[52] par les courses inutiles.

En chemin, il s'était décidé à manger sa femme.

Il fut étonné de trouver l'antre vide et appela d'une voix perplexe: 5

—Penda! Penda!...

—Ici, répondit-on du grenier.

—Viens...

Penda ne se montra pas. 10

Lion s'impatienta.

—Penda, voyons... que'est-ce que tu attends?

—J'arrive, répondit le crachat du fromager.

Lion sortit et, sur un ton coléreux:[53]

—Penda, où es-tu? Penda, Penda? 15

Des voix répondirent:

«Me voici, je suis ici. Je viens dans un moment...»

Il comprit qu'il était dupe d'une farce magique; il se mit sur la route de la poursuite.

Il courut du lever de soleil à son coucher et du soir jusqu'à 20 l'heure où le soleil est au milieu du ciel.

Il atteignit un premier village:

—Avez-vous vu passer, dit-il, une jeune fille belle comme les étoiles du ciel, belle à vous donner envie de l'avaler?

—Elle a traversé notre pays à l'aube,[54] répondit-on. 25

Il passa des fleuves à la nage,[55] se faufila à travers les fourrés[56] et atteignit un deuxième village.

—Avez-vous vu une jeune fille belle comme les étoiles du ciel, belle à vous donner envie de la croquer?

—Ce voile de poussière, là-bas, lui répondit-on, est soulevé 30 par son coursier.»

Penda aperçut son mari; de peur, elle fouetta[57] le flanc de son cheval.

---

[50]**seller** to saddle [51]**brides abattues** at full speed, letting the reins loose [52]**aigri** soured [53]**coléreux** angry [54]**aube** dawn [55]**passer à la nage** to swim across [56]**se faufila à travers les fourrés** made his way through the thickets [57]**fouetter** to whip

—Ne me frappez pas, conseilla Nélavane, en se cabrant de douleur,[58] ayez confiance, je vous sauverai.

Lion était à trois bonds[59] d'eux, il franchit[60] les trois en un seul. Nélavane frappa d'un sabot le sol,[61] il en jaillit[62] un lac 5 immense. Lion mit une journée à le traverser.

Le matin du troisième jour de sa fuite, on apercevait les toits de chaume[63] et les arbres du village natal.

Lion les rejoignit de nouveau: et, poussant un grand rugissement,[64] il empoigna[65] la queue de Nélavane. Penda éperonna 10 vigoureusement sa monture.[66]

Nélavane fit un saut terrible qui le transporta au-delà du septième ciel, dans un monde insoupçonné[67] de ceux qui vivent sur la terre noire.

—Penda, reprocha Nélavane, par votre faute, nous voici sur 15 une planète où il n'existe pas de femmes. Si l'on découvre votre sexe vous serez mise à mort.»

Nélavane habilla Penda en homme; il lui apprit à simuler une démarche d'homme,[68] à donner à sa voix des inflexions mâles.

Un jour qu'il faisait très chaud, elle se mit à son aise[69] pour 20 dormir.

Un Maure de la cour royale découvrit que l'«étranger» portait deux seins à la peau satinée.[70] Or les Maures ne gardent pas les secrets.

Il s'en fut trouver le roi et dit:

25 —En vérité, Majesté, l'étranger du pays est femme!...

—Si c'est un mensonge, répondit le monarque, je te ferai décapiter!

—J'en suis aussi sûr que je m'appelle Ahmed, assura le Maure.

30 Le lendemain, le crieur public[71] de la capitale promulgua au

---

[58]**se cabrer de douleur** to rear up in pain [59]**bond** leap [60]**franchir** to cover [61]**frappa d'un sabot le sol** hit the ground with his hoof [62]**jaillir** to spring up [63]**chaume** thatch [64]**rugissement** roar [65]**empoigner** to grab [66]**éperonna sa monture** spurred her mount [67]**insoupçonné** unsuspected [68]**démarche d'homme** man's gait [69]**se mettre à son aise** to make oneself comfortable [70]**seins à la peau satinée** satin-skinned breasts [71]**crieur public** news crier

son du tam-tam que le roi invitait ses sujets à venir, nus, se baigner sur les rives[72] du fleuve.

—La baignade[73] est organisée pour vous confondre,[74] expliqua Nélavane à Panda; pendant votre sommeil, je vous transformerai en homme. 5

Penda se réveilla transformée en homme, le plus beau, lorsqu'on se rendit[75] sur la berge du fleuve.

L'espion maure fut décapité.

—C'est au prix de ma vie, Penda, que les mages[76] m'ont donné le pouvoir de transformer votre sexe, lui dit «Nélavane», 10 au retour de la baignade; demain à l'aube je mourrai; vous rassemblerez mes os et les calcinerez.[77] A minuit, tournée vers le levant,[78] enveloppez-vous d'un voile blanc, et les yeux fermés soufflez sur ma cendre.[79]

Penda pleura des larmes[80] de sang en hommage funéraire à 15 son dévoué[81] serviteur.

A minuit elle s'enveloppa d'un voile blanc et, les yeux fermés, souffla sur les cendres; elle se sentit transportée, à une vitesse inouïe,[82] à travers l'espace. Elle perdit connaissance.[83]

A son réveil,[84] elle était dans sa famille, entourée de la reine- 20 mère et des courtisans.[85] Elle raconta son histoire qui se répandit[86] dans le pays, franchit toutes les frontières.

Depuis ce jour, les jeunes filles se montrent moins capricieuses à l'âge du mariage.

EXERCISES

READING COMPREHENSION

Select the phrase that best completes each statement according to the story.

1. Penda voulait épouser un homme
   a. riche et beau.
   b. marqué d'un coup de lance.

---

[72]**rive** bank [73]**baignade** bathing [74]**confondre** to expose [75]**se rendre** to go [76]**mage** magician [77]**calciner** to incinerate [78]**levant** East [79]**cendre** ash (ashes) [80]**larme** tear [81]**dévoué** devoted [82]**inouï** incredible [83]**connaissance** consciousness [84]**A son réveil** When she woke [85]**courtisan** courtier [86]**se répandre** to spread

c. sans cicatrice.
d. avec une cicatrice.

2. Penda a mis un caparaçon sur son cheval parce qu'il
   a. était laid.
   b. était beau.
   c. était somnolent.
   d. était sage.

3. Il y avait de moins en moins d'hommes dans l'escorte
   a. parce qu'ils se transformaient en arbres.
   b. parce qu'ils se transformaient en lions.
   c. parce qu'il y avait trop de poussière pour les voir.
   d. parce qu'il y avait trop d'arbres pour les voir.

4. Il n'y avait plus rien à manger dans l'antre parce que
   a. Penda ne faisait rien pour trouver quelque chose à manger.
   b. Penda mangeait trop de viande crue.
   c. les antilopes et les sangliers étaient devenus rares pendant la saison des pluies.
   d. le lion était trop fatigué pour chasser.

5. Nélavane a fait jaillir un lac
   a. parce que le lion ne savait pas nager.
   b. pour duper le lion.
   c. pour permettre à Penda de se baigner.
   d. pour mettre de la distance entre eux et le lion.

6. La planète où sont arrivés Penda et Nélavane était habitée par
   a. des hommes.
   b. des hommes et des femmes.
   c. de très belles femmes.
   d. des espions maures.

7. Penda a été sauvée à condition que Nélavane
   a. fasse le sacrifice de sa vie.
   b. s'enveloppe d'un voile blanc.
   c. la transporte sur son dos.
   d. se transforme en homme.

VOCABULARY STUDY

A. *Vocabulary Usage*

Write sentences of your own with each of the following words and expressions.

Le cheval:

une monture
un pur-sang
un coursier
l'épaule
le ventre
le flanc
la queue
le sabot
se cabrer
hennir
le hennissement
le cavalier
monter un cheval
chevaucher
seller un cheval
la bride
galoper (courir) à brides abattues
les rênes
le fer
les étriers
les éperons
éperonner
fouetter

La chasse:

le lion (la lionne)
l'antilope
le sanglier
la patte velue
la griffe
donner un coup de griffe
la cicatrice
le rugissement (du lion)
rugir
faire un bond (saut)
l'antre du lion
le bois, le sous-bois
le fourré
la brousse
se faufiler à travers

B. *Word Formation*

The following words appear in the story. Write another French word that is based on each one.

EXAMPLE: arrêt
arrêter

se baigner
cheval
conseil
courir
cracher
épouser
impatient
nerveux
retourner
traverser
vite

STRUCTURES

A. *The Use of the Imperfect with Progressive Actions*

The imperfect is used to describe actions that were in progress when a specific action or event took place.

> Un jour qu'il **faisait** très chaud, Penda **s'est mise** à son aise.
> *One day when it **was** very hot, Penda **made** herself comfortable.*

Rewrite the following sentences in the past, using the imperfect for the progressive action and the **passé composé** for the specific, completed action.

1. Il fait très chaud quand Penda se déshabille.
2. Le jour où Penda doit rejoindre la maison, la reine-mère lui donne des conseils.
3. Pendant que sa mère lui donne des conseils, Penda se prépare à partir.
4. Penda chevauche quand les hommes de l'escorte redeviennent des arbres.
5. Pendant que son mari lui explique la chose, ses bras se transforment en pattes de lion.
6. Penda dort quand Nélavane la change en homme.
7. Pendant que Penda est couchée, un Maure découvre son sexe.

B. *The Use of the Imperfect with Progressive Actions*

The imperfect is used to describe progressive actions in the past that were going on at the same time.

> Pendant que Penda **chevauchait,** le nombre des hommes **diminuait.**
> *While Penda **was riding** her horse, the number of men **was decreasing.***

Rewrite the following sentences, using the imperfect.

1. Le jour où Penda va quitter sa famille, il y a beaucoup d'hommes à cheval.
2. Pendant que sa mère la conseille, Penda se prépare à partir.

3. Pendant qu'elle avance à cheval, elle admire le beau spectacle des coursiers.
4. Quand son mari part à la chasse, elle va chercher des tubercules.
5. Pendant que Nélavane hennit d'impatience, Penda écoute la pluie.
6. Pendant qu'ils fuient, il pleut.

Rewrite the following sentences, using the imperfect for progressive actions and the **passé composé** for actions that occurred at a specific point in time.

1. Tous les jours, pendant que le lion chasse les antilopes, Penda cherche des légumes.
2. Un jour qu'il pleut, Penda est inquiète.
3. Pendant que le lion rentre, fatigué, il se décide à manger sa femme.
4. Le lion est sur le chemin du retour quand Penda et Nélavane s'enfuient.
5. Le lion veut manger Penda quand il revient dans l'antre.
6. Pendant que le lion court, Penda fuit, brides abattues.
7. Le lion est tout près d'eux quand un lac jaillit devant lui.
8. On aperçoit le village natal quand le lion prend la queue du cheval.

C. *The Use of* ***en*** *+ Gerund*

When **en** is followed by a gerund (form of the present participle), the construction describes:

1. an action that takes place at the same time as another.

   En chevauchant, Penda **admirait** la perspective houleuse des têtes.
   While riding *her horse, Penda* ***was admiring*** *the long line of bobbing heads.*

2. an action that immediately precedes another.

   Votre mari vous **mangera en rentrant.**
   Your husband ***will eat*** *you* ***upon returning*** *(when he returns).*

3. an action which is necessary to complete another.

   Le lion **chassait** les sangliers **en fouillant** les sous-bois.
   The lion ***hunted*** *boars* ***by searching*** *the* ***undergrowth.***

Rewrite the following sentences according to the example.

EXAMPLE: Le lion mangera Penda. Il revient de la chasse.

Le lion mangera Penda en revenant de la chasse.

The lion will eat Penda when coming back from the hunt.

1. Le lion a appelé Penda. Il est entré.
2. Penda se préparait pour son mariage. Elle se parait.
3. Penda a refusé Massamba. Elle a vu sa cicatrice.
4. Penda écoutait sa mère. Elle sellait son cheval.
5. Penda se posait des questions. Elle chevauchait.
6. Penda était terrifiée. Elle suivait le lion.
7. Penda se croyait sauvée. Elle apercevait son village.
8. Nélavane pouvait sauver Penda. Il la transformait en homme.
9. Penda a été transformée en homme. Elle dormait.
10. Nélavane a éloigné le lion. Il a fait jaillir un lac.

COMMUNICATIVE ACTIVITY

Prepare one of the topics listed below to be discussed in class with two of your classmates. Once the topic has been thoroughly analyzed, your group should present a composite version of the discussion to the other members of the class and should be ready to quote sentences or parts of sentences in support of the views expressed. In your presentation you may wish to compare this African tale to the European fairy tales with which you are familiar, pointing out main differences and similarities.

1. Description du personnage de Penda.
2. Le cadre (*background*) africain de l'histoire.
3. Les actions magiques.
4. La répétition de certains détails.
5. La morale: transformation d'une jeune fille capricieuse en une jeune fille moins difficile au moment du mariage.

Le Diable Chiffonnier[1]

VICTOR HUGO

[1] rag man, tramp

C'est ordinairement dans la Haute-Égypte, sur les bords de la mer Rouge, que le diable, après avoir fait sa tournée[2] dans le pays des païens,[3] remplit cette outre:[4] le lieu est fort désert; c'est une grève[5] de sable près d'un petit bois de palmiers[6] qui est situé
5 entre Coma, où est né saint Antoine, et Clisma, où est mort saint Sisoës.

Un jour donc que le diable avait fait encore meilleure chasse qu'à l'ordinaire,[7] il remplissait gaiement son outre lorsque, se retournant par hasard,[8] il vit à quelques pas de lui un ange qui le
10 regardait en souriant. Le diable haussa les épaules[9] et continua d'empiler dans ce sac les âmes qu'il avait. Quand il eut fini, il empoigna[10] l'outre d'une main pour la charger sur ses épaules; mais il lui fut impossible de la lever du sol, tant il y avait mis d'âmes et tant les péchés dont elles étaient chargées les ren-
15 daient lourdes. Il saisit alors le sac à deux bras; mais le second effort fut aussi inutile que le premier, l'outre ne bougea pas plus que si elle eût été la tête d'un cochon sortant de terre.[11]

—Oh! âmes de plomb,[12] dit le diable, et il se mit à jurer.[13] En se retournant, il vit le bel ange qui le regardait en riant.
20 —Que fais-tu là? s'écria le démon.

—Tu le vois, dit l'ange, je souriais tout à l'heure et à présent je ris.

—Oh! céleste volaille! grand innocent, va![14] répliqua Asmodée.[15]
25 Mais l'ange devint sévère et lui parla ainsi:

—Dragon, voici les paroles que je te dis de la part[16] de celui qui est le Seigneur:[17] tu ne pourras emporter cette charge d'âmes

---

[2]**faire sa tournée** to make one's round [3]**païens** pagans [4]**outre** leather bottle [5]**grève** beach [6]**palmier** palm tree [7]**avait fait... l'ordinaire** had done even better than usual at the hunt [8]**par hasard** by chance [9]**hausser les épaules** to shrug one's shoulders [10]**empoigner** to seize [11]**l'outre... terre** the bag did not budge any more than if it had been the head of a pig sticking out of the ground [12]**plomb** lead [13]**il se mit à jurer** he started to curse [14]**céleste volaille!... va!** heavenly bird! you big simpleton! [15]**Asmodée** Asmodeus (*name of a devil*) [16]**de la part** on behalf [17]**Seigneur** Lord

tant qu'un saint du paradis ou un chrétien tombé du ciel ne t'aura pas aidé à la soulever de terre et à la poser sur tes épaules. Cela dit, l'ange ouvrit ses ailes d'aigle et s'envola.

Le diable était fort empêché.[18]

—Que veut dire cet imbécile? grommelait-il[19] entre ses dents. Un saint du paradis? ou un chrétien tombé du ciel? J'attendrai longtemps si je dois rester là jusqu'à ce qu'une pareille assistance m'arrive! Pourquoi diantre aussi ai-je outrageusement bourré cette sacoche?[20] Et ce niais,[21] qui n'est ni homme ni oiseau, se moquait de moi! Allons![22] il faut maintenant que j'attende le saint qui viendra du paradis ou le chrétien qui tombera du ciel. Voilà une stupide histoire!

Pendant qu'il se parlait ainsi à lui-même, les habitants de Coma et de Clisma croyaient entendre le tonnerre gronder sourdement[23] à l'horizon. C'était le diable qui bougonnait.

Voyant arriver quatre saints, le diable prend vite la forme d'un vieillard et leur raconte toute une histoire pour qu'ils l'aident à charger l'outre sur ses épaules.

En écoutant cette pathétique[24] harangue, saint Nil, saint Autremoine et saint Jean le Nain se sentirent émus, et saint Médard se mit à pleurer, ce qui causa sur la terre une pluie de quarante jours.

Mais saint Nil dit au démon:

—Je ne puis t'aider, mon ami, et j'en ai regret; mais il faudrait mettre la main[25] à cette outre qui est une chose morte, et un verset[26] de la très sainte Écriture[27] défend de toucher aux choses mortes sous peine[28] de rester impur.

Saint Autremoine dit au démon:

—Je ne puis t'aider, mon ami, et j'en ai regret; mais je considère que ce serait une bonne action, et les bonnes actions ayant

---

[18]**fort empêché** very much at a loss [19]**grommeler** to grumble [20]**Pourquoi... sacoche?** And too, why the deuce did I stuff this leather bottle so outrageously? [21]**niais** fool [22]**Allons!** All right! [23]**croyaient... sourdement** thought they heard the low rumble of a thunderstorm [24]**pathétique** touching [25]**mettre la main** to touch, lay hands [26]**verset** verse [27]**Écriture** Scripture [28]**sous peine** under penalty

l'inconvénient de pousser à la vanité celui qui les fait,[29] je m'abstiens d'en faire pour conserver l'humilité.

Saint Jean dit au démon:

—Je ne puis t'aider, mon ami, et j'en ai regret; mais, comme 5 tu le vois, je suis si petit que je ne pourrais arriver à ta ceinture. Comment ferais-je pour te mettre cette charge sur les épaules?

Saint Médard, tout en larmes,[30] dit au démon:

—Je ne puis t'aider, mon ami, et j'en ai regret; mais je suis si ému vraiment, que j'ai les bras cassés.

10 Et ils continuèrent leur chemin.

Le diable enrageait.[31]

—Voilà des animaux! s'écria-t-il en regardant les saints s'éloigner. Quels vieux pédants! sont-ils absurdes avec leurs grandes barbes! ma parole d'honneur,[32] ils sont encore plus bêtes 15 que l'ange!

Lorsqu'un de nous enrage, il a du moins la ressource d'envoyer au diable celui qui l'irrite. Le diable n'a pas cette douceur.[33] Aussi y a-t-il dans toutes ses colères une pointe[34] qui rentre en lui-même et qui l'exaspère.

20 Comme il fixait son œil plein de flamme et de fureur sur le ciel, son ennemi, voilà qu'il aperçoit dans les nuages un point noir. Ce noir grossit, ce point approche; le diable regarde; c'était un homme—c'était un chevalier[35] armé et casqué[36]—c'était un chrétien ayant la croix rouge sur la poitrine—qui tombait du 25 ciel.

—Que n'importe qui soit loué![37] cria le démon en sautant de joie. Je suis sauvé. Voilà mon chrétien qui m'arrive! Je n'ai pas pu venir à bout[38] de quatre saints, mais ce serait bien le diable si[39] je ne venais pas à bout d'un homme.

30 En ce moment-là, Pécopin, doucement déposé[40] sur le rivage, mettait pied à terre.[41]

---

[29]**et les bonnes actions... fait** and as good deeds very inconveniently lead to the conceit of those who do them [30]**tout en larmes** in tears [31]**enrager** to fume [32]**ma parole d'honneur** upon my word [33]**douceur** comfort [34]**pointe** sting [35]**chevalier** knight [36]**casqué** helmeted [37]**Que n'importe... loué!** May anybody be praised! (*The usual phrase is* **Que Dieu soit loué!**) [38]**venir à bout** to get the better [39]**ce serait bien le diable si** I would not be the devil if [40]**doucement déposé** alighting gently [41]**mettre pied à terre** to set food on the ground

Apercevant ce vieillard, il marcha vers lui et lui dit:
—Qui êtes-vous, l'ami, et où suis-je?
Le diable se mit à geindre:[42]
—Vous êtes au bord de la mer Rouge, monseigneur,[43] et moi je suis le plus malheureux des misérables. 5
Sur ce, il raconta au chevalier la même histoire qu'aux saints, le suppliant pour conclusion[44] de l'aider à charger cette outre sur son dos.
Pécopin hocha la tête:[45]
—Bonhomme,[46] voilà une histoire peu vraisemblable.[47] 10
—Mon bon seigneur, qui tombez du ciel, répondit le diable, la vôtre l'est encore moins, et pourtant elle est vraie.
—C'est juste, dit Pécopin.
—Et puis, reprit le démon, que voulez-vous que j'y fasse? Si mes malheurs n'ont pas bonne apparence, est-ce ma faute? Je ne 15 suis qu'un pauvre de besace et d'esprit;[48] je ne sais pas inventer; il faut bien que je compose mes gémissements[49] avec mes aventures et je ne puis mettre dans mon histoire que la vérité. Telle viande, telle soupe.[50]
—C'est vrai, dit Pécopin. 20
—Et puis enfin, poursuivit le diable, quel mal cela peut-il vous faire,[51] à vous, mon jeune brave, d'aider un pauvre vieillard infirme à attacher cette outre sur mes épaules?
Ceci parut logique à Pécopin. Il se baissa, souleva de terre[52] l'outre, sans difficulté, et la soutenant entre ses bras, il allait la 25 poser sur le dos du vieillard qui se tenait courbé devant lui.
Un moment de plus, et c'était fait.
Le diable a des vices; c'est là ce qui le perd.[53] Il est gourmand.[54] Il eut dans cette minute-là l'idée de joindre[55] l'âme de Pécopin aux autres âmes qu'il allait emporter; mais pour cela il 30 fallait d'abord tuer Pécopin.

---

[42]**geindre** to wail [43]**monseigneur** my lord [44]**le suppliant pour conclusion** concluding by begging him [45]**hocher la tête** to shake one's head [46]**bonhomme** my man [47]**vraisemblable** credible [48]**un pauvre... d'esprit** a man poor in bag and wits (**un pauvre d'esprit** = a dull-witted person) [49]**gémissement** moan [50]**Telle viande, telle soupe** The soup is only as good as what's in it [51]**quel mal... faire** what harm can there be for you [52]**souleva de terre** lifted from the ground [53]**perdre** to be the ruin [54]**gourmand** greedy [55]**joindre** to add

Il se mit donc à appeler à voix basse[56] un esprit invisible auquel il commanda quelque chose en paroles obscures.

Tout le monde sait que, lorsque le diable dialogue et converse avec d'autres démons, il parle un jargon moitié italien, moitié espagnol. Il dit aussi çà et là[57] quelques mot latins.

Pécopin savait beaucoup de choses. Il avait beaucoup lu. Il connaissait la langue du diable.

Or, à l'instant où il lui attachait l'outre sur l'épaule, il entendit le petit vieillard courbé dire tout bas: *Bamos, non cierra occhi, verbera, frappa, y echa la piedra.*[58] Ceci fut pour Pécopin comme un éclair.[59]

Un soupçon lui vint.[60] Il leva les yeux, et il vit à une grande hauteur au-dessus de lui une pierre énorme que quelque géant invisible tenait suspendue sur sa tête.

Se rejeter en arrière,[61] toucher de sa main gauche le talisman, saisir de la main droite son poignard[62] et en percer[63] l'outre avec une violence et une rapidité formidable, c'est ce que fit Pécopin.

Le diable poussa un grand cri. Les âmes délivrées s'enfuirent[64] par l'issue que le poignard de Pécopin venait de leur ouvrir, laissant dans l'outre leurs crimes et leurs méchancetés,[65] verrue[66] abominable qui, par l'attraction propre au démon,[67] s'incrusta[68] en lui, et, recouverte par la peau de l'outre, resta à jamais[69] fixée entre ses deux épaules. C'est depuis ce jour-là qu'Asmodée est bossu.[70]

Cependant, au moment où Pécopin se rejetait en arrière, le géant invisible avait laissé sa pierre, qui tomba sur le pied du diable et le lui écrasa. C'est depuis ce jour-là qu'Asmodée est boiteux.[71]

---

[56] **à voix basse** in a low voice [57] **ça et là** here and there [58] **Bamos,... piedra** Let's go, don't close your eyes, hit and strike, and drop the stone [59] **éclair** flash [60] **Un soupçon lui vint** He became suspicious [61] **se rejeter en arrière** to jump back [62] **poignard** dagger [63] **percer** to pierce [64] **s'enfuir** to flee [65] **méchanceté** wickedness [66] **verrue** wart [67] **par l'attraction propre au démon** because of the devil's own peculiar force of attraction [68] **s'incruster** to become embeded [69] **à jamais** forever [70] **bossu** hunchbacked [71] **boiteux** crippled, lame

EXERCISES

READING COMPREHENSION

Rewrite the following statements, where necessary, to make them agree with the facts presented in the story.

1. Le diable remplissait l'outre sur la grève parce que personne ne pouvait le voir.
2. Il n'a pas pu soulever l'outre parce que les âmes étaient trop nombreuses et trop lourdes.
3. L'ange a dit à Asmodée que seul un saint ou un chrétien pouvait l'aider.
4. Les habitants de la région entendaient le tonnerre causé par l'ange.
5. Le diable enrageait parce qu'il ne pouvait pas envoyer les gens au diable.
6. Le chrétien tombé du ciel avait un poignard et un talisman.
7. Il a accepté d'aider le diable parce que son histoire n'était pas moins vraisemblable que la sienne.
8. Pécopin savait un peu l'italien et l'espagnol. Aussi a-t-il pu comprendre le jargon du diable.
9. Pécopin a délivré les âmes en perçant l'outre.
10. Asmodée est boiteux depuis ce temps à cause de la verrue.

VOCABULARY STUDY

A. *Vocabulary Usage*

Study the following expressions; then select the appropriate one to replace the near-equivalent in italics of each of the sentences below.

aussi
se mettre à faire quelque chose
tant
venir à bout de quelqu'un
faire bonne chasse

1. Le diable *avait trouvé beaucoup d'âmes.*
2. Il *commença à* geindre.
3. Il ne pouvait pas soulever l'outre *aussi longtemps* qu'on ne l'aiderait pas.
4. Le diable ne peut pas envoyer quelqu'un au diable. *Par conséquent,* il est irrité.
5. Le diable espérait *être plus fort que* le chevalier.

B. *The Adjective* ***bel / beau***

Bel is used instead of **beau** before masculine nouns that begin with a vowel or mute **h.**

C'est un ange.
C'est un **bel ange.**

C'est un palmier.
C'est un **beau palmier**

Supply the correct form of **beau** in the following sentences.

1. C'est un _____ homme.
2. C'est un _____ bonhomme.
3. C'est un _____ vieillard.
4. C'est un _____ esclave.
5. C'est un _____ géant.
6. C'est un _____ aigle.
7. C'est un _____ oiseau.
8. C'est un _____ animal.

STRUCTURES

A. *The Use of Verbs + Infinitives*

There are three main constructions of *verbs + infinitives.*

1. With verbs like **aller, croire, devoir, laisser,** the infinitive immediately follows the verb. (There is no preceding preposition.)
2. With verbs like **aider, s'amuser, se mettre,** the infinitive is preceded by **à.**
3. With **venir,** the infinitive is preceded by **de** and means *to have just.*

Complete these sentences with **à** or **de.** Leave a blank if no preposition is required.

1. L'ange s'amusait _____ voir le diable.
2. Le diable se mit _____ jurer.
3. Un saint devait l'aider _____ soulever l'outre.
4. Les habitants croyaient _____ entendre le tonnerre.
5. L'outre se laissa _____ faire sans difficulté.
6. Le diable allait _____ emporter toutes les âmes.
7. Le poignard venait _____ ouvrir une issue pour les âmes.
8. Le géant a laissé _____ tomber la pierre sur le pied du diable.

B. *The Use of the Subjunctive with* ***il faut que***

Rewrite the following sentences, using the subjunctive in the first person singular.

EXAMPLE: Il faut attendre.
Il faut que ***j'attende.***

1. Il faut mettre les âmes dans l'outre.
2. Il faut prendre l'outre.
3. Il faut soulever l'outre.
4. Il faut croire l'ange.
5. Il faut venir à bout de cet homme.
6. Il faut joindre cette âme aux autres.
7. Il faut dire quelques mots en latin.
8. Il faut appeler le géant.

Eugénie Grandet

HONORÉ DE BALZAC

Malgré les souhaits fervents que Grandet faisait pour la santé de sa femme, dont la succession ouverte[1] était une première mort pour lui; malgré les soins les plus tendres prodigués[2] par Eugénie, madame Grandet marcha rapidement vers la mort. Chaque jour elle s'affaiblissait[3] et dépérissait[4] comme dépérissent la plupart des femmes atteintes, à cet âge, par la maladie.[5] Elle était frêle[6] autant que[7] les feuilles des arbres en automne. Les rayons[8] du ciel la faisaient resplendir[9] comme ces feuilles que le soleil traverse et dore.[10] Ce fut une mort digne[11] de sa vie, une mort toute chrétienne;[12] n'est-ce pas dire sublime? Au mois d'octobre 1822 se manifestèrent particulièrement ses vertus, sa patience d'ange et son amour pour sa fille; elle s'éteignit[13] sans avoir laissé échapper[14] la moindre plainte.[15] Elle allait au ciel, et ne regrettait ici-bas que la douce compagne de sa froide vie, à laquelle ses derniers regards semblaient prédire mille maux.[16] Elle tremblait de laisser cette brebis,[17] blanche comme elle, seule au milieu d'un monde égoïste[18] qui voulait lui arracher ses trésors.

—Mon enfant, lui dit-elle avant d'expirer, il n'y a de bonheur que dans le ciel, tu le sauras un jour.

Le lendemain de cette mort, Eugénie trouva de nouveaux motifs de s'attacher à cette maison où elle était née, où elle avait tant souffert, où sa mère venait de mourir. Elle ne pouvait contempler la fenêtre et la chaise dans la salle sans verser des pleurs.[19] Elle crut avoir méconnu[20] l'âme de son vieux père en se voyant l'objet de ses soins les plus tendres: il venait lui donner le bras pour descendre au déjeuner; il la regardait d'un œil presque

[1]**succession ouverte** open estate (*In case his wife dies, Grandet would have to share her estate with his daughter.*) [2]**prodiguer des soins tendres** to lavish tender care [3]**s'affaiblir** to weaken [4]**dépérir** to waste [5]**atteint par la maladie** attacked by sickness [6]**frêle** frail [7]**autant que** as much as [8]**rayon** sun's rays [9]**resplendir** to glow [10]**dorer** to gild [11]**digne** worthy [12]**chrétien** Christian [13]**s'éteindre** to pass away [14]**laisser échapper** to express [15]**plainte** complaint [16]**prédire mille maux** to prophesy a thousand sorrows [17]**brebis** ewe lamb [18]**égoïste** selfish [19]**verser des pleurs** to shed tears [20]**méconnaître** to mistake

bon pendant des heures entières; enfin il la couvait[21] comme si elle eût été d'or. Le vieux bonhomme se ressemblait si peu à lui-même, il tremblait tellement devant sa fille, que Nanon[22] et les Cruchotins,[23] témoins de sa faiblesse,[24] l'attribuèrent à son grand âge et craignirent ainsi quelque affaiblissement dans ses 5 facultés;[25] mais le jour où la famille prit le deuil,[26] après le dîner auquel fut invité maître[27] Cruchot, qui seul connaissait le secret de son client, la conduite du bonhomme s'expliqua.

—Ma chère enfant, dit-il à Eugénie lorsque la table fut ôtée[28] et les portes soigneusement closes, te voilà héritière de ta mère, 10 et nous avons de petites affaires à régler[29] entre nous deux. Pas vrai, Cruchot?

—Oui.

—Est-il donc si nécessaire de s'en occuper aujourd'hui, mon père? 15

—Oui, oui, fifille.[30] Je ne pourrais pas durer[31] dans l'incertitude[32] où je suis. Je ne crois pas que tu veuilles me faire de la peine.[33]

—Oh! mon père.

—Hé, bien, il faut arranger tout cela ce soir. 20

—Que voulez-vous donc que je fasse?

—Mais, fifille, ça ne me regarde pas.[34] Dites-lui donc, Cruchot.

—Mademoiselle, monsieur votre père ne voudrait ni partager,[35] ni vendre ses biens,[36] ni payer des droits[37] énormes pour 25 l'argent qu'il peut posséder. Donc, pour cela, il faudrait se dispenser de faire l'inventaire de toute la fortune qui aujourd'hui se trouve indivise entre vous et monsieur votre père...[38]

---

[21]**couver** to brood over [22]**Nanon** (*name of the maid*) [23]**Cruchotins** *members of the Cruchot family who had designs on the rich heiress* [24]**témoins de sa faiblesse** witnesses to his weakness [25]**affaiblissement de ses facultés** weakening of his faculties [26]**prendre le deuil** to put on mourning [27]**maître** *title given to a* **notaire.** (*A notary takes care of deeds, sales of real estate, wills, and marriage contracts.*) [28]**ôter** to clear [29]**régler des affaires** to settle matters [30]**fifille** my little girl [31]**durer** to go on [32]**incertitude** uncertainty [33]**faire de la peine** to hurt [34]**ça ne me regarde pas** it is not for me to say [35]**partager** to divide [36]**les biens** the estate [37]**droits** taxes [38]**il faudrait... père** he would have to be released from making the inventory of the whole fortune that you and your father hold jointly

—Cruchot, êtes-vous bien sûr de cela, pour en parler devant un enfant?

—Laissez-moi dire, Grandet.

—Oui, oui, mon ami. Ni vous ni ma fille ne voulez me dé-
5 pouiller.[39] N'est-ce pas, fifille?

—Mais, monsieur Cruchot, que faut-il que je fasse? demanda Eugénie impatientée.

—Eh! bien, dit le notaire, il faudrait signer cet acte par lequel vous renonceriez à la succession de madame votre mère.[40]

10 —Je ne comprends rien à tout ce que vous me dites, répondit Eugénie, donnez-moi l'acte, et montrez-moi la place où je dois signer.

La père Grandet regardait alternativement l'acte et sa fille, sa fille et l'acte, en éprouvant[41] de si violentes émotions qu'il s'es-
15 suya quelques gouttes de sueur venues sur son front.

—Fifille, dit-il, au lieu de signer cet acte qui coûtera gros à faire enregistrer,[42] si tu voulais renoncer purement et simplement à la succession de ta pauvre chère mère, j'aimerais mieux[43] ça. Je te ferais alors tous les mois une bonne grosse rente[44] de
20 cent francs. Tu pourrais payer autant de messes que tu voudrais à ceux pour lesquels tu en fais dire... Hein! cent francs par mois?

—Je ferai tout ce qu'il vous plaira, mon père.

—Mademoiselle, dit le notaire, il est de mon devoir de vous faire observer que vous vous dépouillez...

25 —Eh! mon Dieu, dit-elle, qu'est-ce que cela me fait?[45]

—Tais-toi,[46] Cruchot. C'est dit, c'est dit, s'écria Grandet en prenant la main de sa fille. Eugénie, tu ne dédiras[47] point, tu es une honnête fille, hein?

—Oh! mon père?...

30 Il l'embrassa avec effusion, la serra dans ses bras à l'étouffer.[48]

—Va, mon enfant, tu donnes la vie à ton père; mais tu lui

---

[39]**dépouiller** to rob [40]**il faudrait... votre mère** you would have to sign this deed by which you renounce your rights to your mother's estate [41]**éprouver** to undergo [42]**qui coûtera... enregistrer** which will cost plenty to record [43]**aimer mieux** to like better [44]**faire une grosse rente** to pay a large pension [45]**qu'est-ce que cela me fait?** what is all that to me? [46]**se taire** to hold one's tongue [47]**se dédire** to go back on one's word [48]**la serra... l'étouffer** he smothered her in his arms

rends[49] ce qu'il t'a donné: nous sommes quittes.[50] Voilà comment doivent se faire les affaires. La vie est une affaire. Je te bénis![51] Tu es une vertueuse fille, qui aime bien son papa. Fais ce que tu voudras maintenant. A demain donc, Cruchot, dit-il en regardant le notaire épouvanté.[52] Vous verrez à bien préparer l'acte de renonciation.[53]

Le lendemain, vers midi, fut signée la déclaration par laquelle Eugénie accomplissait elle-même sa spoliation. Cependant, malgré sa parole, à la fin de la première année, le vieux bonhomme n'avait pas encore donné un sou[54] des cent francs par mois si solennellement promis à sa fille. Aussi,[55] quand Eugénie lui en parla, ne put-il s'empêcher de rougir;[56] il monta vivement[57] à son cabinet,[58] revint, et lui présenta environ le tiers des bijoux[59] qu'il avait pris à son neveu.

—Tiens, petite, dit-il d'un accent plein d'ironie, veux-tu ça pour tes douze cents francs?

—O mon père! vrai, me les donnez-vous?

—Je t'en rendrai autant l'année prochaine, dit-il en les lui jetant dans son tablier.[60] Ainsi en peu de temps tu auras toutes ses breloques,[61] ajouta-t-il en se frottant les mains, heureux de pouvoir spéculer sur le sentiment de sa fille.

Néanmoins[62] le vieillard,[63] quoique robuste encore, sentit la nécessité d'initier sa fille aux secrets du ménage.[64] Pendant deux années consécutives il lui fit ordonner en sa présence le menu de la maison, et recevoir les redevances.[65] Il lui apprit lentement et successivement les noms, la contenance de ses clos,[66] de ses fermes. Vers la troisième année il lui laissa sans crainte les clefs du ménage.

---

[49]**rendre** to return [50]**quittes** even (*Eugénie had given her cousin Charles the allowance she had been receiving from her father.*) [51]**bénir** to bless [52]**épouvanté** horrified [53]**Vous verrez... renonciation.** You'll see about preparing the deed of relinquishment. [54]**sou** *sou* (*A* **sou** *was worth five* **centimes.**) [55]**Aussi** And so [56]**ne put-il s'empêcher de rougir** he could not help blushing [57]**vivement** hastily [58]**cabinet** room, closet [59]**environ le tiers des bijoux** about one third of the jewels (*At the death of his ruined brother, Grandet had been in charge of liquidating his complicated estate and had asked his nephew to give up all his jewels in payment of debts.*) [60]**tablier** apron [61]**breloque** trinket [62]**Néanmoins** Nevertheless [63]**vieillard** old man [64]**ménage** housekeeping [65]**redevance** rent [66]**la contenance de ses clos** the content of his vineyards

Cinq ans se passèrent sans qu'aucun événement[67] marquât dans l'existence monotone d'Eugénie et de son père. Ce fut les mêmes actes constamment accomplis avec la régularité chronométrique des mouvements de la vieille pendule.[68] La profonde mélancolie de mademoiselle Grandet n'était un secret pour personne; mais, si chacun put en deviner la cause, jamais un mot prononcé par elle ne justifia les soupçons que toutes les sociétés de Saumur[69] formaient sur l'état[70] du cœur de la riche héritière. Sa seule compagnie se composait des trois Cruchot et de quelques-uns de leurs amis qu'ils avaient insensiblement[71] introduits au logis. Ils lui avaient appris à jouer au whist, et venaient tous les soirs faire la partie.[72]

Dans l'année 1827, son père, sentant le poids[73] des infirmités, fut forcé de l'initier aux secrets de sa fortune territoriale.[74] Puis, vers la fin de cette année, le bonhomme fut enfin, à l'âge de quatre-vingt-deux ans, pris par une paralysie qui fit de rapides progrès. Grandet fut condamné[75] par monsieur Bergerin.[76] En pensant qu'elle allait bientôt se trouver seule dans le monde, Eugénie se tint, pour ainsi dire, plus près de son père. Dans sa pensée, comme dans celle de toutes les femmes aimantes, l'amour était le monde entier, et Charles n'était pas là. Elle fut sublime de soins et d'attentions pour son vieux père, dont les facultés commençaient à baisser,[77] mais dont l'avarice se soutenait instinctivement.[78] Aussi la mort de cet homme ne contrasta-t-elle point avec sa vie.

Le matin il se faisait rouler[79] entre la cheminée de sa chambre et la porte de son cabinet, sans doute[80] plein d'or. Il restait là sans mouvement, mais il regardait tour à tour,[81] avec anxiété, ceux qui venaient le voir et la porte de fer. Il se faisait expliquer les moindres bruits qu'il entendait; et, au grand

---

[67] **événement** event [68] **pendule** clock [69] **toutes les sociétés de Saumur** all the social circles of Saumur (*The action takes place in Saumur, a town lying on the Loire river.*) [70] **état** state [71] **insensiblement** little by little [72] **faire la partie** to play a game [73] **poids** weight [74] **fortune territoriale** landed property [75] **être condamné** to be given up [76] **Bergerin** (*name of the family doctor*) [77] **baisser** to weaken [78] **dont l'avarice se soutenait instinctivement** whose avarice remained instinctively alive [79] **il se faisait rouler** he made them roll him [80] **sans doute** probably [81] **tour à tour** in turn

étonnement[82] du notaire, il entendait le bâillement[83] de son chien dans la cour.[84] Il se réveillait de sa stupeur apparente au jour et à l'heure où il fallait recevoir des redevances ou donner des quittances.[85] Il agitait[86] alors son fauteuil jusqu'à ce qu'il se trouvât en face[87] de la porte de son cabinet. Il le faisait ouvrir par sa fille, et veillait à ce qu'elle[88] plaçât en secret elle-même les sacs d'argent les uns sur les autres, à ce qu'elle fermât la porte. Puis il revenait à sa place silencieusement aussitôt qu'elle lui avait rendu la précieuse clef, toujours placée dans sa poche, et qu'il tâtait[89] de temps en temps. D'ailleurs[90] son vieil ami le notaire, sentant que la riche héritière épouserait nécessairement son neveu si Charles Grandet ne revenait pas, redoubla de soins et d'attentions: il venait tous les jours se mettre aux ordres de Grandet, allait à son commandement aux terres,[91] aux prés,[92] aux vignes,[93] vendait les récoltes,[94] et transmutait tout en or et en argent qui venait se réunir secrètement aux sacs empilés dans le cabinet. Enfin arrivèrent les jours d'agonie,[95] pendant lesquels le bonhomme fut aux prises[96] avec la destruction. Il voulut rester assis au coin de son feu,[97] devant la porte de son cabinet. Il attirait à lui[98] et roulait toutes les couvertures[99] que l'on mettait sur lui, et disait à Nanon: —Serre,[1] serre ça, pour qu'on ne me vole pas. Quand il pouvait ouvrir les yeux, où toute sa vie s'était réfugiée, il se tournait aussitôt vers la porte du cabinet où étaient ses trésors en disant à sa fille: —Y sont-ils? y sont-ils? d'un son de voix qui dénotait une sorte de peur panique.

—Oui, mon père.

—Veille[2] à l'or, mets de l'or devant moi.

Eugénie lui étendait[3] des louis[4] sur la table, et il demeurait des heures entières les yeux attachés sur les louis, comme un enfant qui, au moment où il commence à voir, contemple

---

[82]**au grand étonnement** to the great astonishment [83]**bâillement** yawning [84]**cour** yard [85]**quittance** receipt [86]**agiter** to move [87]**en face** opposite [88]**veiller à ce qu'elle** to see to it that she [89]**tâter** to feel [90]**D'ailleurs** Besides [91]**terres** fields [92]**pré** meadow [93]**vigne** vineyard [94]**récolte** crop [95]**agonie** last struggle (*with death*) [96]**être aux prises** to be at grips [97]**au coin du feu** by the fireside [98]**attirer à soi** to pull toward oneself [99]**couverture** covering [1]**serrer** to put away [2]**veiller** to watch [3]**étendre** to spread out [4]**louis** (*gold*) coin (*A* **louis** *is worth twenty francs.*)

stupidement le même objet; et, comme à un enfant, il lui échappait un sourire pénible.[5]

—Ça me réchauffe![6] disait-il quelquefois en laissant paraître sur sa figure une expression de béatitude.[7]

Lorsque le curé de la paroisse[8] vint l'administrer,[9] ses yeux, morts en apparence depuis quelques heures, se ranimèrent[10] à la vue de la croix,[11] des chandeliers,[12] du bénitier d'argent[13] qu'il regarda fixement. Lorsque le prêtre lui approcha des lèvres le crucifix pour lui faire baiser le Christ, il fit un épouvantable geste pour le saisir,[14] et ce dernier effort lui coûta le vie, il appela Eugénie, qu'il ne voyait pas quoiqu'elle fût agenouillée devant lui et qu'elle baignât de ses larmes une main déjà froide.

—Mon père, bénissez-moi?... demanda-t-elle.

—Aie bien soin de tout. Tu me rendras compte de ça là-bas,[15] dit-il en prouvant par cette dernière parole que le christianisme[16] doit être la religion des avares.[17]

Eugénie Grandet se trouva donc seule au monde dans cette maison, n'ayant que Nanon à qui elle pût jeter un regard avec la certitude d'être entendue et comprise, Nanon, le seul être qui l'aimât pour elle et avec qui elle pût causer de ses chagrins.[18] La grande Nanon était une providence pour Eugénie. Aussi ne fut-elle plus une servante, mais une humble amie.

Après la mort de son père, Eugénie apprit par maître Cruchot qu'elle possédait trois cent mille livres de rente dans l'arrondissement[19] de Saumur, six millions placés en trois pour cent à soixante francs, plus deux millions en or et cent mille francs en écus.[20] L'estimation totale de ses biens allait à[21] dix-sept millions.

—Où donc est mon cousin? se dit-elle.

---

[5]**il lui échappait un sourire pénible** a distressful smile stole across his face [6]**réchauffer** to warm [7]**en laissant... béatitude** showing a blissful expression on his face [8]**le curé de la paroisse** the parish priest [9]**administrer** to administer the last sacrament [10]**se ranimer** to kindle [11]**croix** cross [12]**chandelier** candlestick [13]**bénitier d'argent** holy water vessel of silver [14]**il fit... saisir** he made a frightful gesture as if to seize it [15]**Aie bien soin... lá-bas** Take care of it all. You will render me an account yonder [16]**christianisme** Christianity [17]**avare** miser [18]**chagrin** sorrow [19]**arrondissement** district [20]**écu** crown (*An* **écu** *was worth three francs*) [21]**allait à** reached

Le jour où maître Cruchot remit[22] à sa cliente l'état de la succession,[23] Eugénie resta seule avec Nanon, assises l'une et l'autre de chaque côté de la cheminée de cette salle[24] si vide, où tout était souvenir, depuis la chaise sur laquelle s'asseyait sa mère jusqu'au verre dans lequel avait bu son cousin. 5

—Nanon, nous sommes seules...

—Oui, mademoiselle; et, si je savais où il est, ce mignon,[25] j'irais de mon pied[26] le chercher.

—Il y a la mer entre nous, dit-elle.

Pendant que la pauvre héritière pleurait ainsi en compagnie 10 de sa vieille servante, dans cette froide et obscure maison, qui pour elle composait tout l'univers, il n'était question de Nantes à Orléans[27] que des dix-sept millions de mademoiselle Grandet.

Rentré des Indes où il a fait fortune, l'ambitieux Charles ne 15 *pense qu'à se marier avec la fille d'un marquis. Il apprend trop tard que sa cousine est devenue millionnaire. Eugénie fait un mariage de raison avec le neveu de son notaire, mais elle ne connaîtra jamais le bonheur, s'en consolant en faisant le bonheur d'autrui.* 20

EXERCISES

READING COMPREHENSION

Rewrite the following statements, where necessary, to make them agree with the facts presented in the story.

1. Madame Grandet ne s'est jamais plainte de ne pas avoir connu le bonheur dans sa vie.
2. Grandet tremblait devant sa fille parce que la mort de sa femme avait affaibli ses facultés.

---

[22]**remettre** to hand in [23]**l'état de la succession** a schedule of the whole inheritance [24]**salle** living room [25]**ce mignon** the darling (*Charles*) [26]**j'irais de mon pied** I'd go on foot [27]**il n'était question de Nantes à Orléans** the only thing they talked about from Nantes to Orléans (*Nantes and Orléans also lie on the Loire River.*)

3. Le notaire était épouvanté parce que Grandet n'avait rien donné à sa fille pour qu'elle renonce à la succession de sa mère.
4. Grandet a proposé une partie des bijoux de Charles parce qu'il ne voulait pas lui donner les douze cents francs.
5. Grandet l'a initiée aux secrets du ménage parce qu'il se faisait vieux.
6. Selon le médecin, Grandet allait mourir bientôt à cause de sa paralysie.
7. Le notaire a prodigué beaucoup de soins au malade parce qu'il espérait qu'Eugénie épouserait son neveu.
8. Grandet est mort en voulant saisir le crucifix.
9. Si les avares sont chrétiens, c'est parce qu'ils espèrent retrouver leur argent dans une autre vie.
10. Eugénie, héritière d'une très grande fortune, souffrait d'être seule.

VOCABULARY STUDY

Write sentences of your own with each of the following words and phrases.

les affaires:

serrer l'argent dans un sac, dans un cabinet
la dépense
valoir
partager ses biens
régler une affaire
donner une quittance
être quitte
être héritier (héritière) d'une grosse fortune

sentiments et émotions:

serrer dans ses bras
prodiguer des soins tendres
faire de la peine à
la crainte
sentir, éprouver du chagrin, de la mélancolie
verser des pleurs, des larmes
prendre le deuil

Study the following expressions; then select the appropriate one to replace the near-equivalent in italics in each of the sentences below.

sans doute	gros
expirer	méconnaître
le motif	s'empêcher de
être question de	l'agonie

1. Avant de *s'éteindre,* Madame Grandet bénit sa fille.
2. Après sa mort, Eugénie a trouvé de nouvelles *raisons* d'aimer la maison.
3. Eugénie croyait qu'elle *n'avait pas bien compris* son père.
4. Quand Eugénie lui a rappelé sa promesse, Grandet n'a pas pu *éviter de* rougir.
5. Les bijoux de Charles ne coûtaient pas *beaucoup.*
6. Le cabinet était *probablement* plein d'or.
7. Pendant *les derniers moments de sa vie,* Grandet regardait son or.
8. A Saumur, on ne *parlait* que *des* millions d'Eugénie.

STRUCTURES

A. *The Comparison of Adjectives with* ***autant que***

Rewrite the following sentences, replacing **autant que** with **aussi... que.**

EXAMPLE: Elle était frêle autant que les feuilles d'automne.
Elle était ***aussi*** *frêle* ***que*** *les feuilles d'automne.*

1. Eugénie était blanche autant qu'une brebis.
2. Elle était vertueuse autant que sa mère.
3. Grandet trouvait sa fille précieuse autant que l'or.
4. Eugénie était seule autant que sa servante.
5. L'existence de Grandet était monotone autant que celle d'Eugénie.

B. *The Subjunctive*

The subjunctive is used with **ne pas croire.**

Je crois que tu veux me faire du mal.
Je ***ne crois pas*** *que tu* ***veuilles*** *me faire du mal.*

Rewrite the following sentences, replacing **je crois que** with **je ne crois pas que.** Make any other necessary changes.

1. Je crois que Grandet veut partager sa fortune avec Eugénie.
2. Je crois que Grandet fait le bonheur de sa femme.
3. Je crois que Grandet est capable de tuer sa femme.
4. Je crois que Grandet sent l'amour de sa famille.
5. Je crois que Grandet sait vivre.
6. Je crois que Grandet peut comprendre la générosité.
7. Je crois que Grandet craint la mort plus que les voleurs.
8. Je crois que Grandet connaît la béatitude.

C. *The Word Order of Object Pronouns*

The word order of object pronouns within a sentence is as follows:

me	**le**	**lui**
te	**la**	**leur**
nous	**les**	
vous		

Rewrite each of the following sentences, replacing the italic word with a pronoun.

EXAMPLE: Me donnez-vous **les bijoux?**

Me ***les*** *donnez-vous?*

1. Me rendrez-vous *les breloques?*
2. Grandet lui rendra-t-il *les breloques?*
3. Vous nous donnerez *l'argent.*
4. Leur donnera-t-il *l'argent?*
5. Grandet lui jeta *les bijoux* dans son tablier.
6. Lui explique-t-on *la succession?*
7. Me fera-t-il *la rente* tous les mois?
8. Il ne leur vendra pas *la maison.*
9. Elle me laissera *la fortune.*
10. On lui a montré *l'acte à signer.*
11. Grandet lui fit ordonner *le menu.*
12. Il lui apprit *les noms des fermes.*

COMMUNICATIVE ACTIVITY

Prepare one of the topics listed below to be discussed in class with two of your classmates. Once the topic has been thoroughly analyzed, your group should present a composite version of the discussion to the other members of the class and should be ready to quote sentences or parts of sentences in support of the views expressed.

1. Grandet s'occupe de sa femme et de sa fille aussi longtemps que sa fortune est menacée.
2. Grandet n'hésite pas à dépouiller sa fille.
3. Le notaire, plus honnête, essaie d'empêcher la spoliation.
4. Eugénie se laisse facilement dépouiller parce que l'argent ne l'intéresse pas. Elle est une femme essentiellement aimante.
5. Grandet se ranime chaque fois qu'il est en contact avec l'argent.
6. On s'intéresse beaucoup à Eugénie dans la ville de Saumur.
7. Les paroles que prononcent Eugénie sont en contraste avec les phrases relatives à l'argent ou à l'avarice de Grandet.

Un Cœur simple

GUSTAVE FLAUBERT

Il s'appelait Loulou. Son corps était vert, le bout de ses ailes rose, son front bleu, et sa gorge[1] dorée. Mais il avait la fatigante manie de mordre son baton,[2] s'arrachait les plumes, répandait[3] l'eau de sa baignoire; Mme Aubain, qu'il ennuyait,[4] le donna pour tou-
5 jours à Félicité.

Elle entreprit[5] de l'instruire; bientôt il répéta: «Charmant garçon! Serviteur, Monsieur![6] Je vous salue, Marie!»[7] Il était placé auprès de la porte, et plusieurs s'étonnaient qu'il ne répondît pas au nom de Jacquot, puisque tous les perroquets s'appel-
10 lent Jacquot. On le comparait à une dinde,[8] à une bûche:[9] autant de coups de poignard[10] pour Félicité! Étrange obstination de Loulou, ne parlant plus du moment qu'on le regardait!

Néanmoins[11] il recherchait la compagnie; car le dimanche, pendant que *ces*[12] demoiselles Rochefeuille, M. de Houppeville
15 et de nouveaux habitués:[13] Onfroy l'apothicaire,[14] M. Varin et le capitaine Mathieu, faisaient leurs partie de cartes, il cognait[15] les vitres avec ses ailes, et s'agitait si furieusement qu'il était impossible de s'entendre.

La figure de Bourais, sans doute, lui paraissait très drôle. Dès
20 qu'il l'apercevait, il commençait à rire, à rire de toutes ses forces.[16] Les voisins se mettaient à leurs fenêtres, riaient aussi; et, pour n'être pas vu du perroquet, M. Bourais se coulait le long du mur,[17] en dissimulant[18] son profil avec son chapeau,

---

[1]**gorge** breast [2]**il avait la fatigante... bâton** he had the tiresome trick of biting his perch [3]**répandre** to spill [4]**ennuyer** to bother [5]**entreprendre** to undertake [6]**Serviteur, Monsieur!** Your servant, sir! [7]**Je vous salue, Marie!** Hail, Mary! (*Beginning of prayer to the Virgin.*) [8]**dinde** goose (*A* **dinde**, *actually a turkey-hen, indicates a stupid person.*) [9]**bûche** blockhead (*Normally, a* **bûche** *means a log.*) [10]**autant de coups de poignard** they were as many taunts [11]**Néanmoins** Nevertheless [12]**ces** these (*italicized to indicate that they were much made of*) [13]**habitué** *habitué* (*person who is accustomed to come for a visit*) [14]**apothicaire** apothecary [15]**cogner** to strike [16]**rire de toutes ses forces** to roar with laughter [17]**se couler le long du mur** to edge along the wall [18]**dissimuler** to hide

atteignait la rivière, puis entrait par la porte du jardin; et les regards qu'il envoyait à l'oiseau manquaient de tendresse.[19]

Loulou avait reçu du garçon boucher[20] une chiquenaude,[21] s'étant permis d'enfoncer[22] la tête dans sa corbeille;[23] et depuis lors[24] il essayait toujours de le pincer à travers sa chemise. Fabu menaçait de lui tordre le cou,[25] bien qu'il ne fût pas cruel, malgré le tatouage[26] de ses bras et ses gros favoris. Au contraire! il avait plutôt de l'affection pour le perroquet, jusqu'à vouloir,[27] par humeur joviale,[28] lui apprendre des jurons.[29] Félicité, que ces manières effrayaient,[30] le plaça dans la cuisine. Sa chaînette fut retirée,[31] et il circulait par la maison.

Quand il descendait l'escalier, il appuyait sur les marches la courbe de son bec,[32] levait la patte droite, puis la gauche; et elle avait peur qu'une telle gymnastique ne lui causât des étourdissements.[33] Il devint malade, ne pouvait plus parler ni manger. C'était sous sa langue une épaisseur,[34] comme en ont les poules quelquefois. Elle le guérit[35] en arrachant cette pellicule avec ses ongles.[36] M. Paul, un jour, eut l'imprudence de lui souffler aux narines la fumée[37] d'un cigare; enfin, il se perdit.

Elle l'avait posé sur l'herbe pour le refraîchir,[38] s'absenta une minute; et, quand elle revint, plus de perroquet! D'abord elle le chercha dans les buissons,[39] au bord de l'eau et sur les toits sans écouter sa maîtresse qui lui criait: «Prenez donc garde![40] vous êtes folle!» Ensuite elle inspecta tous les jardins de Pont-l'Évêque; et elle arrêtait les passants:[41] «Vous n'auriez pas vu, quelquefois, par hasard, mon perroquet?»[42] A ceux qui ne connaissaient pas le perroquet, elle en faisait la description. Tout à

---

[19]**manquaient de tendresse** lacked affection [20]**garçon boucher** butcher boy [21]**chiquenaude** slap [22]**enfoncer** to stick in [23]**corbeille** basket [24]**depuis lors** from that time [25]**de lui tordre le cou** to wring his neck [26]**tatouage** tattooing [27]**jusqu'à vouloir** to the point of wanting [28]**par humeur joviale** in a pleasant mood [29]**juron** swearword [30]**effrayer** to alarm [31]**retirer** to take off [32]**il appuyait... bec** he rested his curved beak on the steps [33]**étourdissement** vertigo [34]**épaisseur** thick layer [35]**guérir** to cure [36]**en arrachant... ongles** by pulling off this skin with her nails [37]**lui souffler aux narines la fumée** to blow in his nostrils the smoke [38]**rafraîchir** to cool [39]**buisson** bush [40]**prendre garde** to take care, be careful [41]**passant** passerby [42]**Vous n'auriez pas vu,... perroquet?** You wouldn't happen to have seen my parrot by any chance?

coup, elle crut distinguer derrière les moulins,[43] au bas de la côte,[44] une chose verte qui voltigeait.[45] Mais au haut de la côte, rien! Enfin elle rentra, épuisée,[46] la mort dans l'âme;[47] et, assise au milieu du banc, près de Madame, elle lui disait où elle avait
5 cherché, quand un poids léger lui tomba sur l'épaule: Loulou! Que diable[48] avait-il fait? Peut-être qu'il s'était promené aux environs![49]

Elle eut du mal à s'en remettre,[50] ou plutôt ne s'en remit jamais.

10 Par suite d'un refroidissement,[51] il lui vint une angine;[52] peu de temps après, un mal d'oreilles.[53] Trois ans plus tard, elle était sourde;[54] et elle parlait très haut, même à l'église. Bien que ses péchés[55] auraient pu sans déshonneur pour elle, ni inconvénient pour le monde, se répandre à tous les coins du diocèse, M. le
15 curé jugea convenable[56] de ne plus recevoir sa confession que dans la sacristie.

Souvent sa maitresse lui disait: «Mon Dieu! comme vous êtes bête!»[57] elle répondait: «Oui, Madame», en cherchant quelque chose autour d'elle.

20 Le petit cercle de ses idées se rétrécit[58] encore, et le carillon des cloches, le mugissement des bœufs,[59] n'existaient plus. Tous les êtres fonctionnaient avec le silence des fantômes. Un seul bruit arrivait maintenant à ses oreilles, la voix du perroquet.

Comme pour la distraire,[60] il reproduisait le tic tac du tour-
25 nebroche,[61] l'appel aigu d'un vendeur de poisson,[62] la scie du menuisier qui logeait en face;[63] et, aux coups de la sonnette,[64] imitait Mme Aubain: «Félicité! la porte! la porte!»

---

[43]**moulin** mill [44]**côte** hill [45]**voltiger** to flutter [46]**épuisé** exhausted [47]**la mort dans l'âme** with despair in her heart [48]**Que diable** What the devil [49]**aux environs** in the neighborhood [50]**se remettre** to get over [51]**Par suite d'un refroidissement** As a result of a chill [52]**angine** sore throat [53]**mal d'oreilles** earache [54]**sourd** deaf [55]**péché** sin [56]**sans déshonneur... convenable** might have been proclaimed throughout the diocese without any shame to herself or ill effects to people, the curé found it advisable [57]**bête** stupid [58]**se rétrécir** to shrink [59]**le carillon... bœufs** the chime of the bells, the lowing of the oxen [60]**Comme pour la distraire** As if to amuse her [61]**tournebroche** spit [62]**l'appel... poisson** the shrill cry of the fish vendor [63]**la scie... en face** the saw of a carpenter who lived across the street [64]**aux coups de la sonnette** when the bell rang

Ils avaient des dialogues, lui, répétant sans cesse les trois phrases de son répertoire, et elle, y répondant par des mots sans suite,[65] mais où son cœur s'épanchait.[66] Loulou, dans son isolement,[67] était presque un fils, un amoureux,[68] Il grimpait sur ses doigts, mordillait ses lèvres, se cramponnait à son fichu; et, comme elle penchait son front en branlant la tête, les grandes ailes du bonnet et les ailes de l'oiseau frémissaient ensemble.[69] 5

Quand le tonnerre[70] grondait,[71] il poussait des cris, se rappelant peut-être les pluies de ses forêts natales. Le ruissellement[72] de l'eau excitait son délire;[73] il montait au plafond,[74] renversait tout, et par la fenêtre allait barboter[75] dans le jardin; mais revenait vite auprès de la cheminée, et, sautillant pour sécher ses plumes[76] montrait tantôt sa queue tantôt son bec. 10

Un matin du terrible hiver de 1837, qu'elle l'avait mis devant la cheminée, à cause du froid, elle le trouva mort, au milieu de sa cage, la tête en bas, et les ongles dans les fils de fer.[77] Une congestion l'avait tué, sans doute? Elle crut à un empoisonnement; et, malgré l'absence de toutes preuves, elle soupçonna Fabu. 15

Elle pleura tellement que sa maîtresse lui dit: «Eh bien! faites-le empailler!»[78]

Elle demanda conseil au pharmacien,[79] qui avait toujours été bon pour le perroquet. 20

Il écrivit au Havre. Un certain Fellacher se chargea[80] de ce travail. Mais, comme la diligence[81] égarait parfois les colis,[82] elle résolut de le porter elle-même jusqu'à Honfleur.

Les pommiers[83] sans feuilles se succédaient aux bords de la route. De la glace couvrait les fossés.[84] Des chiens aboyaient[85] autour des fermes et les mains sous son manteau, avec ses petits 25

---

[65]**sans suite** that made no sense [66]**s'épancher** to pour out [67]**isolement** isolation [68]**amoureux** lover [69]**Il grimpait... ensemble.** He climbed upon her fingers, nibbled at her lips, clung to her shawl, and, when she bent forward rocking her head, the large wings of her cap and the wings of the bird fluttered together. [70]**tonnerre** thunder [71]**gronder** to rumble [72]**ruissellement** streaming [73]**délire** frenzy [74]**plafond** ceiling [75]**barboter** to splash [76]**sautillant pour sécher ses plumes** hopping around to dry his feathers [77]**fils de fer** wire bars [78]**empailler** to stuff [79]**pharmacien** pharmacist [80]**se charger** to take on [81]**diligence** stagecoach [82]**égarait parfois les colis** sometimes lost the packages [83]**pommier** apple tree [84]**fossé** ditch [85]**aboyer** to bark

sabots[86] noirs et son panier, elle marchait sur le milieu de la route.

Elle traversa la forêt, atteignit Saint-Gatien.

Derrière elle, dans un nuage de poussière, une malle-poste
5 au grand galop se précipitait comme une trombe.[87] En voyant cette femme qui ne se dérangeait[88] pas, le conducteur se dressa,[89] releva le bras, et furieux, avec son grand fouet, il lui cingla du ventre au chignon un tel coup qu'elle tomba sur le dos.[90]

Son premier geste, quand elle reprit connaissance,[91] fut
10 d'ouvrir son panier. Loulou n'avait rien, heureusement. Elle sentit une brûlure[92] à la joue droite; ses mains qu'elle y porta étaient rouges. Le sang coulait.

Elle s'assit sur des cailloux,[93] se tamponna le visage[94] avec son mouchoir,[95] puis elle mangea une croûte de pain,[96] et se
15 consolait de sa blessure[97] en regardant l'oiseau.

Arrivée au sommet[98] d'Ecquemauville, elle aperçut les lumières d'Honfleur qui brillaient dans la nuit comme une quantité d'étoiles. Alors une faiblesse l'arrêta; et la misère de son enfance,[99] la déception[1] du premier amour, le départ de son
20 neveu,[2] la mort de Virginie,[3] comme les flots d'une marée,[4] revinrent à la fois, et, lui montant à la gorge, l'étouffaient.

Puis elle voulut parler au capitaine du bateau; et, sans dire ce qu'elle envoyait, lui fit des recommandations.[5]

Fellacher garda longtemps le perroquet. Il le promettait tou-
25 jours pour la semaine prochaine; au bout de six mois, il annonça le départ d'une caisse;[6] et il n'en fut plus question.[7] C'était à

---

[86]**sabot** wooden shoe [87]**une malle-poste... trombe** a mail coach at full gallop was rushing like a whirlwind [88]**se déranger** to get out of the way [89]**le conducteur se dressa** the driver stood up [90]**releva le bras,... dos** raised his arm and with his great whip furiously he lashed her from her belly to her hair, with such violence that she fell on her back [91]**reprendre connaissance** to regain consciousness [92]**brûlure** sting [93]**caillou** pebble [94]**se tamponner le visage** to mop one's face [95]**mouchoir** handkerchief [96]**croûte de pain** crust of bread [97]**blessure** wound [98]**sommet** top [99]**enfance** childhood
[1]**déception** disappointment (*Her first love had jilted her.*) [2]**neveu** nephew (*She had loved her nephew, but he died abroad.*) [3]**Virginie** (*Madame Aubain's daughter, who died young*) [4]**les flots d'une marée** the swelling tide [5]**recommandation** instruction [6]**caisse** box [7]**et il n'en fut plus question** and that was the end of it

croire que jamais Loulou ne reviendrait. «Ils me l'auront volé!» pensait-elle.

Enfin il arriva, —et splendide, droit sur une branche d'arbre, une patte[8] en l'air, la tête oblique, et mordant une noix,[9] que l'empailleur,[10] par amour du grandiose, avait dorée.[11] 5

Elle l'enferma dans sa chambre.

Cet endroit, où elle admettait peu de monde, avait l'air tout à la fois d'une chapelle et d'un bazar tant il contenait d'objets religieux et de choses hétéroclites.[12]

Au moyen d'une planchette,[13] Loulou fut établi sur un mur 10 de cheminée qui avançait dans l'appartement. Chaque matin, en s'éveillant, elle l'apercevait à la clarté de l'aube,[14] et se rappelait alors les jours disparus, et d'insignifiantes actions jusqu'en leurs moindres détails, sans douleur,[15] pleine de tranquillité.

Ne communiquant avec personne, elle vivait dans une tor- 15 peur de somnambule.[16] Les processions de la Fête-Dieu[17] la ranimaient.[18] Elle allait demander aux voisines des flambeaux,[19] et afin d'embellir le reposoir[20] que l'on dressait dans la rue.

A l'église, elle contemplait toujours le Saint-Esprit, et observa 20 qu'il avait quelque chose du perroquet. Sa ressemblance lui parut encore plus manifeste sur une image représentant le baptême de Notre-Seigneur. Avec ses ailes rouges et son corps vert c'était vraiment le portrait de Loulou.

L'ayant acheté, elle le suspendit à côté du perroquet de sorte qu'elle les voyait ensemble. Ils s'associèrent dans sa pensée, le 25 perroquet se trouvant sanctifié par ce rapport avec le Saint-Esprit, qui devenait plus vivant à ses yeux et intelligible. Et Félicité priait en regardant l'image, mais de temps à autre se tournait un peu vers l'oiseau.

Un événement considérable surgit:[21] le mariage de Paul. 30

Après avoir été d'abord clerc de notaire,[22] puis dans le commerce,[23] dans la douane,[24] à trente-six ans, tout à coup, par une

---

[8]**patte** leg [9]**noix** walnut [10]**empailleur** taxidermist [11]**dorer** to gild [12]**hétéroclite** nondescript [13]**planchette** small board [14]**à la clarté de l'aube** in the light of dawn [15]**douleur** pain [16]**une torpeur de somnambule** a torpor of a somnambulist [17]**Fête-Dieu** Corpus Christi [18]**ranimer** to bring back to life [19]**flambeau** candlestick [20]**reposoir** (temporary) altar [21]**surgir** to occur suddenly [22]**clerc de notaire** notary's clerk [23]**commerce** trade [24]**douane** customs

inspiration du ciel, il avait découvert sa voie: l'enregistrement![25] et y montrait de si hautes qualités qu'un inspecteur lui avait offert sa fille, en lui promettant sa protection.

Paul, devenu sérieux, l'amena chez sa mère.

5 Elle critiqua les manières de Pont-l'Évêque, fit la princesse,[26] blessa Félicité. Mme Aubain, à son départ, sentit un allègement.[27]

La semaine suivante, on apprit la mort de M. Bourais, dans une auberge.[28] La rumeur d'un suicide se confirma; des doutes 10 s'élevèrent sur son honnêteté. Mme Aubain étudia ses comptes,[29] et ne tarda pas à connaître toutes ses mauvaises actions: détournements,[30] ventes de bois dissimulées,[31] fausses quittances,[32] etc. De plus, il avait un enfant naturel,[33] et «des relations avec une personne de Dozulé».

15 Cette conduite immorale l'affecta beaucoup. Au mois de mars 1853, elle fut prise d'une douleur dans la poitrine; sa langue paraissait couverte de fumée; et le neuvième soir elle expira, ayant juste soixante-douze ans.

On la croyait moins vieille, à cause de ses cheveux bruns. 20 Peu d'amis la regrettèrent, ses façons étant d'une hauteur[34] qui éloignait.

Félicité la pleura, comme on ne pleure pas les maîtres. Que Madame mourût avant elle, cela troublait ses idées, lui semblait contraire à l'ordre des choses, inadmissible et monstrueux.

25 Dix jours après, les héritiers arrivèrent. La bru[35] fouilla[36] les tiroirs, choisit des meubles, vendit les autres, puis ils regagnèrent[37] Besançon.

Le lendemain il y avait sur la porte une affiche;[38] l'apothicaire lui cria dans l'oreille que la maison était à vendre.

30 Elle chancela,[39] et fut obligée de s'asseoir.

Ce qui la désolait principalement, c'était d'abandonner sa chambre, —si commode[40] pour le pauvre Loulou. En l'envelop-

---

[25]**enregistrement** registry (*for the recording of official deeds*) [26]**faire la princesse** to put on airs [27]**allègement** relief [28]**auberge** inn [29]**compte** account [30]**détournement** embezzlement [31]**dissimulé** concealed [32]**fausse quittance** false receipt [33]**enfant naturel** illegitimate child [34]**hauteur** haughtiness [35]**bru** daughter-in-law [36]**fouiller** to search [37]**regagner** to go back to [38]**affiche** poster [39]**chanceler** to totter [40]**commode** convenient

pant d'un regard d'angoisse,[41] elle implorait le Saint-Esprit, et contracta l'habitude idolâtre de dire ses prières agenouillée[42] devant le perroquet. Quelquefois, le soleil entrant par la fenêtre frappait son œil de verre, et en faisait jaillir un grand rayon lumineux[43] qui la mettait en extase.

Elle avait une rente[44] de trois cent quatre-vingts francs, léguée[45] par sa maîtresse. Le jardin lui fournissait des légumes. Quant aux habits, elle possédait de quoi se vêtir jusqu'à la fin de ses jours.

Elle ne sortait guère, afin d'éviter la boutique du brocanteur,[46] où s'étalaient quelques-uns des anciens meubles. Depuis son étourdissement, elle traînait une jambe;[47] et, ses forces diminuant,[49] la mère Simon venait tous les matins fendre[49] son bois et pomper de l'eau.

Ses yeux s'affaiblirent. Les persiennes[50] n'ouvraient plus. Bien des années se passèrent. Et la maison ne se louait[51] pas, et ne se vendait pas.

Dans la crainte qu'on ne la renvoyât,[52] Félicité ne demandait aucune réparation. Le toit pourrissait;[53] pendant tout un hiver son lit fut mouillé. Après Pâques, elle cracha du sang.

Alors la mère Simon fit venir un docteur. Félicité voulut savoir ce qu'elle avait.[54] Mais, trop sourde pour entendre, un seul mot lui parvint:[55] «Pneumonie». Il lui était connu, et elle répondit doucement:

«Ah! comme Madame», trouvant naturel de suivre sa maîtresse.

Le moment des reposoirs approchait.

Le premier était toujours au bas[56] de la côte, le second devant la poste, le troisième vers le milieu de la rue. Il y eut des rivalités[57] à propos de celui-là; et on choisit finalement la cour de Mme Aubain.

---

[41]**angoisse** despair [42]**agenouillé** kneeling [43]**en faisait... lumineux** lighted a bright ray [44]**rente** pension [45]**légué** bequeathed [46]**brocanteur** second-hand dealer [47]**traîner une jambe** to limp, drag a leg [48]**diminuer** to weaken [49]**fendre** to split [50]**persienne** shutter [51]**se louer** to be rented [52]**renvoyer** to put out [53]**pourrir** to rot [54]**ce qu'elle avait** what was the matter with her [55]**parvenir** to reach [56]**au bas** at the bottom [57]**rivalité** rivalry

Les oppressions et la fièvre augmentaient. Félicité se chagrinait[58] de ne rien faire pour le reposoir. Au moins, si elle avait pu y mettre quelque chose! Alors elle songea au perroquet. Ce n'était pas convenable,[59] objectèrent les voisines. Mais le curé
5 accorda cette permission; elle en fut tellement heureuse qu'elle le pria d'accepter, quand elle serait morte, Loulou, sa seule richesse.

Du mardi au samedi, veille de la Fête-Dieu, elle toussa[60] plus fréquemment. Le soir des vomissements[61] parurent; et le lende-
10 main, se sentant très bas, elle fit appeler un prêtre.

Trois bonnes femmes l'entouraient pendant l'extrême-onction. Puis elle déclara qu'elle avait besoin de parler à Fabu.

Il arriva en toilette des dimanches,[62] mal à son aise dans cette atmosphère lugubre.[63]

15 —Pardonnez-moi, dit-elle avec un effort pour étendre le bras; je croyais que c'était vous qui l'aviez tué!

Que signifiaient des potins[64] pareils? L'avoir soupçonné d'un meurtre, un homme comme lui!

—Elle n'a plus sa tête, vous voyez bien!

20 Félicité de temps à autre parlait à des ombres.[65] Les bonnes femmes s'éloignèrent. La Simonne[66] déjeuna.

Un peu plus tard, elle prit Loulou, et, l'approchant de Félicité:

—Allons![67] dites-lui adieu!

25 Bien qu'il ne fût pas un cadavre, les vers[68] le dévoraient. Mais, aveugle à présent, elle le baisa au front, et le gardait contre sa joue. La Simonne le reprit, pour le mettre sur le reposoir. L'herbe envoyait l'odeur de l'été; des mouches bourdonnaient;[69] le soleil faisait luire la rivière, chauffait les toits. La mère Simon,
30 revenue dans la chambre, s'endormait doucement.

Des coups de cloche la réveillèrent; on sortait des vêpres.[70] Le délire de Félicité tomba. En songeant à la procession, Félicité

---

[58]**se chagriner** to be sorry [59]**convenable** proper [60]**tousser** to cough [61]**vomissement** vomiting [62]**en toilette des dimanches** in his Sunday best [63]**mal à son aise... lugubre** ill at ease in the funereal atmosphere [64]**potin** gossip [65]**ombre** shadow [66]**La Simonne** (*another way of referring to* **la mère** *Simon*) [67]**Allons!** Now! [68]**ver** worm [69]**les mouches bourdonnaient** flies were buzzing [70]**vêpres** vespers

la voyait, comme si elle l'eût suivie... Une sueur[71] froide mouillait ses tempes.[72] La Simonne l'épongeait[73] avec un linge,[74] en se disant qu'un jour il lui faudrait passer par là.[75]

Le murmure de la foule grossit, fut un moment très fort, s'eloignait. 5

Une fusillade[76] secoua les fenêtres. C'étaient les postillons saluant l'ostensoir.[77] Félicité roula ses prunelles,[78] et elle dit, le moins bas qu'elle put:

—Est-il bien? tourmentée[79] du perroquet.

Son agonie commença. Un râle,[80] de plus en plus précipité, 10 lui soulevait les côtes.[81] Des bouillons d'écume[82] venaient aux coins de sa bouche, et tout son corps tremblait.

Bientôt, on distingua le son des instruments, les voix claires des enfants, la voix profonde des hommes. Tout se taisait par intervalles, et le battement[83] des pas faisait le bruit d'un 15 troupeau[84] sur du gazon.[85]

Le clergé parut dans la cour. La Simonne grimpa sur une chaise pour atteindre à la petite fenêtre, et de cette manière dominait le reposoir... Le prêtre gravit[86] lentement les marches, et posa sur l'autel son grand soleil d'or qui rayonnait.[87] Tous 20 s'agenouillèrent. Il se fit un grand silence. Et les encensoirs, allant à pleine volée, glissaient sur leurs chaînettes.[88]

Une vapeur d'azur[89] monta dans la chambre de Félicité. Elle avança les narines, en la humant[90] avec une sensualité mystique; puis ferma les paupières.[91] Ses lèvres souriaient. Les mouvements 25 de son cœur se ralentirent[92] un à un, plus vagues[93] chaque fois, plus doux, comme une fontaine s'épuise,[94] comme un écho disparaît; et, quand elle exhala son dernier souffle,[95] elle crut voir,

---

[71]**sueur** sweat [72]**tempe** temple [73]**éponger** to wipe [74]**linge** cloth [75]**il lui faudrait passer par là** she would have to go through the same thing [76]**fusillade** volley of musketry [77]**ostensoir** monstrance [78]**roula ses prunelles** rolled her eyes [79]**tourmenté** worried [80]**râle** death rattle [81]**soulever les côtes** to lift the chest [82]**bouillon d'écume** froth [83]**battement** beating, trampling [84]**troupeau** herd [85]**gazon** grass [86]**gravir** to climb [87]**rayonner** to shine [88]**Et les encensoirs,... chaînettes** And the censers, swinging high in the air, glided on their chains [89]**d'azur** blue [90]**humer** to smell [91]**paupière** eyelid [92]**se ralentir** to slow down [93]**plus vagues** fainter [94]**comme une fontaine s'épuise** like a fountain giving out [95]**souffle** breath

dans les cieux entr'ouverts, un perroquet gigantesque, planant[96] au-dessus de sa tête.

EXERCISES

READING COMPREHENSION

Rewrite the following statements, where necessary, to make them agree with the facts presented in the story.

1. Madame Aubain a donné le perroquet à Félicité parce que celle-ci voulait l'instruire.
2. Félicité souffrait d'entendre les gens comparer Loulou à une dinde.
3. Loulou volait partout quand il y avait du monde dans la maison.
4. Bourais n'aimait pas le perroquet parce qu'il éclatait de rire en le voyant.
5. Fabu aimait le perroquet même quand Loulou essayait de le pincer.
6. Quand le perroquet s'est perdu, Félicité a facilement pu le retrouver.
7. Félicité devait se confesser à la sacristie à cause de la noirceur de ses péchés.
8. Loulou distrayait Félicité en imitant des bruits ou en la mordillant.
9. Loulou est mort empoisonné.
10. Félicité est partie pour Honfleur pour faire empailler Loulou.
11. Le conducteur de la diligence a frappé Félicité parce qu'il était furieux qu'elle ne les ait pas laissés passer.
12. Arrivée près d'Honfleur, Félicité a pleuré de voir la mer si belle.
13. L'empailleur a fait du bon travail.
14. Le fils de Madame Aubain est revenu chez sa mère pour lui présenter sa bru.
15. Bourais avait volé Madame Aubain.
16. La maison était en si mauvais état que Félicité est tombée malade.

---

[96] **planer** to hover

17. Les voisines ont accepté de placer Loulou sur le reposoir malgré les objections du curé.
18. Félicité a voulu parler à Fabu pour se faire pardonner ses soupçons.

VOCABULARY STUDY

Study the following expressions; then select the appropriate one to replace the near-equivalent in italics in each of the sentences below.

avoir la manie de
épuisée
prendre garde
avoir la mort dans l'âme
de toutes ses forces

1. Loulou *avait l'habitude de* mordre son bâton.
2. Il riait *très fort*.
3. Félicité était *très fatiguée*.
4. Madame Aubain dit à Félicité de *faire attention*.
5. Ne retrouvant pas le perroquet, Félicité *était très triste*.

Write sentences of your own with each of the following words and phrases.

s'éponger ou se tamponner le front
le nez
la narine
humer l'air ou une odeur
étouffer
exhaler son dernier souffle
avoir un mal d'oreilles = avoir mal aux oreilles
être sourd
dévorer
avoir une angine = avoir mal à la gorge
avoir des vomissements
cracher du sang
l'ongle
s'affaiblir
se sentir bas
chanceler
être pris de douleurs
un étourdissement
un refroidissement
une brûlure
le délire
l'agonie
se remettre d'un choc ou d'une maladie
perdre/reprendre connaissance

STRUCTURES

A. *The Use of the Definite Article*

In French, the definite article is used with parts of the body, whereas possessive adjectives are used in English.

> Félicité branlait **la tête.**
> *Félicité was rocking **her head.***

Rewrite the following sentences, using the definite article with the noun in parentheses.

1. Le conducteur releva (bras) _____.
2. Félicité tomba sur (dos) _____.
3. Elle sentit du sang à (joue droite) _____.
4. Elle avait une douleur dans (poitrine) _____.
5. Elle étendait (main) _____.
6. En mourant, elle avança (narines) _____.
7. Elle ferma (paupières) _____.

B. *The Use of Reflexive Verbs*

In French, reflexive verbs and definite articles are used with parts of the body, where simple verbs and possessive articles are used in English.

> Le perroquet / arrachait / plumes.
> *Le perroquet **s'arrachait les plumes.***

Rewrite the following sentences using reflexive verbs with parts of the body.

1. Le perroquet / mordillait / plumes.
2. Le perroquet / mouillait / plumes.
3. Le perroquet / séchait / plumes en sautillant.
4. Le perroquet / cognait / ailes contre les fenêtres.
5. Le perroquet / frappait / ailes contre les fenêtres.
6. Félicité / tamponnait / visage avec un mouchoir.
7. Félicité /épongeait / front avec un mouchoir.

C. *The Use of Indirect Object Pronouns*

In French, indirect object pronouns and definite articles are used with parts of the body, where possessive adjectives only are used in English.

Fabu voulait tordre le cou **du perroquet.**
*Fabu voulait **lui** tordre **le cou.***

Rewrite the following sentences using indirect object pronouns with parts of the body.

1. Fabu voulait arracher les plumes *du perroquet.*
2. Paul soufflait de la fumée aux narines *du perroquet.*
3. Le perroquet mordillait les lèvres *de Félicité.*
4. Les souvenirs montèrent à la gorge *de Félicité.*
5. On cria dans l'oreille *de Félicité* que la maison était à vendre.
6. La sueur mouillait les tempes *de Madame Aubain.*
7. La mère Simon épongeait le front *de Félicité.*

D. *The Gerund (**en** + present participle)*

Rewrite the following sentences according to the example.

EXAMPLE: Loulou fatiguait Madame Aubain (**mordre** toujours son bâton).

*Loulou fatiguait Madame Aubain **en mordant** toujours son bâton.*

1. Les invités parlaient beaucoup. (faire leur partie de cartes)
2. Le perroquet éclatait de rire. (apercevoir Bourais)
3. Les voisins riaient aussi. (se mettre aux fenêtres)
4. Fabu effrayait Félicité. (vouloir apprendre des jurons à Loulou)
5. Madame Aubain fut affligée. (apprendre le suicide de Bourais)
6. Félicité répondait à madame Aubain. (dire toujours: «Oui, madame»)
7. Le pharmacien fit plaisir à Félicité. (écrire au Havre)
8. Félicité ouvrit son panier. (reprendre connaissance)
9. Un inspecteur avait offert sa fille à Paul. (promettre sa protection)
10. La Simonne épongeait Félicité. (se dire qu'un jour elle mourrait aussi)
11. Félicité souriait. (mourir)

COMMUNICATIVE ACTIVITY

Prepare one of the topics listed below to be discussed in class with two of your classmates. Once the topic has been thoroughly analyzed, your group should present a composite version of the discussion to the other members of the class and should be ready to quote sentences or parts of sentences in support of the views expressed.

1. Loulou a fait le bonheur et le malheur de Félicité.
2. A part le bonheur que Loulou lui a apporté, Félicité a eu une vie dure.
3. Félicité était une femme généreuse et aimante avec les gens qui l'entouraient.
4. Après la mort du perroquet, Félicité est devenue de plus en plus mystique dans son attachement.
5. La vie quotidienne à Pont-l'Évêque au 19e siècle est différente de la vie moderne. Cela se montre dans les détails relatifs:
   a. aux métiers et à l'activité économique
   b. aux moyens de transport
   c. à la facon de s'habiller

REVIEW EXERCISE

Review the grammar points covered in *Part IV*. Then rewrite each sentence; use the correct form of the word in parentheses or supply the missing word.

Loulou, le perroquet de Félicité, avait _____ (*article*) front bleu et _____ (*article*) ailes roses. Il était drôle. Dès qu'il _____ **(apercevoir)** Bourais, il commençait _____ (*preposition*) rire et les voisins se mettaient _____ (*preposition*) rire aussi. Quand le tonnerre _____ **(gronder),** il _____ **(pousser)** des cris _____ (*preposition + gerund of* **sautiller**). Un matin _____ (*preposition + gerund of* **sortir**), Félicité le trouva mort. «Je ne crois pas qu'il _____ **(être)** mort de froid. Je crois qu'on _____ **(avoir)** empoisonné mon pauvre perroquet,» pensa-t-elle. Après l'avoir fait empailler au Havre, elle _____ (*pronoun replacing* **le perroquet**) enferma dans sa chambre. A la mort de Mme Aubain, on dit à Félicité: «Il faut que vous _____ **(quitter)** cette chambre.» Elle tomba malade. Voulant faire quelque chose pour une procession religieuse, elle pria le curé _____ (*preposition*) mettre Loulou sur un des reposoirs. Et ainsi, _____ (*preposition + gerund of* **mourir**) Félicité crut voir un perroquet gigantesque qui _____ **(planer)** dans le ciel.

Vocabulary

This vocabulary includes all irregular verb forms and nearly identical cognates. Excluded are identical cognates and most high-frequency words. Idioms are listed under the key words. The definition of each word corresponds only to the context in which it is used.

Abbreviations

adj.	adjective	*n.*	noun
adv.	adverb	*p.p.*	past participle
art.	article	*p. comp.*	passé composé
cond.	conditional	*p. simp.*	past simple
f.	feminine	*pl.*	plural
fut.	future	*prep.*	preposition
impf.	imperfect	*pres. ind.*	present indicative
impf. subj.	imperfect subjunctive	*pres. part.*	present participle
impv.	imperative	*pres. subj.*	present subjunctive
inf.	infinitive	*pron.*	pronoun
inter.	interrogative	*rel.*	relative
m.	masculine	*v.*	verb

A

abaisser lower
abandonner leave; **s'abandonner** yield
abîme *m.* abyss, gulf
abîmé damaged
abondant abundant, copious
abonder abound
abord *m.* approach; **abords** *pl.* surroundings; **d'abord** (at) first, in the first place
aborder land
aboyer bark
abri *m.* shelter; **se mettre à l'abri** take shelter
abstenir: s'abstenir abstain
abuser take advantage
abusif improper
accablé overwhelmed
accabler overwhelm
accent *m.* accent; tone
accommoder: s'accommoder get used to
accomplir accomplish; perform
accord *m.* agreement; **d'accord** in agreement
accorder grant, give
accoutumer accustom
accrocher hook
accroître increase
accroupi crouched, crouching
accroupir: s'accroupir squat
accueillir welcome; receive
achever complete, end, finish; add

acier *m.* steel
à-coup *m.* problem
acte *m.* act, deed
action *f.* stock
actrice *f.* actress
actuel of today
adhésion *f.* approval
adieu *m.* good-bye, farewell; parting
adjoint *m.* assistant; **premier adjoint** first deputy mayor
adjudant *m.* adjutant
adosser: s'adosser lean against
adresse *f.* skill
adroit clever
affaiblir weaken; **s'affaiblir** weaken
affaire *f.* deal; affair; business matter; *pl.* business; **avoir affaire** deal
affaissé collapsed
affirmer assert, maintain
affliger afflict, distress
affreux horrible, frightful
afin so as
agacement *m.* irritation
agacer irritate
agenouiller: s'agenouiller kneel
agglomération *f.* town
agir act; **il s'agit de** (*impersonal v.*) it is about, it concerns
agiter move; **s'agiter** stir
agonie *f.* last struggle, death throes
agrémenté pleasantly assorted
ahurissement *m.* bewilderment
aïe! ouch!
aïeul *m.*, **aïeule** *f.* ancestor
aigri soured
aigrir make bitter, embitter
aigu, aiguë acute; shrill
aiguille *f.* needle
aile *f.* wing
ailleurs elsewhere; **d'ailleurs** besides
aimable kind, nice
aimer love, like; **aimer mieux** prefer, like better
ainsi so, thus; **pour ainsi dire** as it were, so to speak
air *m.* air; look, appearance; **avoir l'air** seem, look like, resemble; **prendre l'air** get some air
aise *f.* ease; **à l'aise** well-off; **mal à son aise** uneasy, uncomfortable; **se mettre à l'aise** make oneself comfortable
aisé easy
ajouter add
alentour *adv.* surrounding
alimentation *f.* food
allègement *m.* relief
aller (*pres. part.* **allant;** *p.p.* **allé;** *pres. ind.* **vais, vas, va, allons, allez, vont;** *pres. subj.* **aille, allions; aillent;** *impf.* **allais;** *impv.* **va, allez;** *fut.* **irai;** *p. comp. with auxiliary* **être;** *p. simp.* **allai**) go, get along; **aller à** reach; **aller chercher** go for, fetch; **allons!** come now! well!; **allons oust!** out you go, beat it!; **allons-y** let's go; **s'en aller** go away, leave; **aller** + *inf.* be about to + *inf.*; **ça va** it's all right
allonger stretch out; **s'allonger** stretch, lie down
allumer light
allure *f.* rate (*of speed, etc.*)
alpenstock *m.* alpenstock

alors then, so
altération *f.* deterioration
amas *m.* pile
âme *f.* soul, **aller à l'âme** speak to the heart
améliorer improve
amener bring, introduce, take; **se faire amener** have oneself taken
amer bitter
amertume *f.* bitterness
ami *m.*, **amie** *f.* friend
amitié *f.* friendship; **prendre en amitié** befriend
amonceler pile up; **s'amonceler** gather
amour *m.* love
amoureux, amoureuse *adj.* in love, loving; *n.* lover
amuser amuse; **s'amuser** have a good time, enjoy oneself
an *m.* year
ananas *m.* pineapple
ancien, ancienne old; former; of a past age
ange *m.* angel
angine *f.* sore throat
anglais English
angoisse *f.* anguish
année *f.* year
annonce *f.* advertisement; announcement
antichambre *f.* antechamber; waiting room
antre *m.* lair
anxieux, anxieuse anguished
apercevoir (*pres. part.* **apercevant;** *p.p.* **aperçu;** *pres. ind.* **aperçois, apercevons, aperçoivent;** *pres. subj.* **aperçoive, apercevions, aperçoivent;** *impf.* **apercevais;** *fut.* **apercevrai;** *p. simp.* **aperçus**) see, perceive; **s'apercevoir** realize, be aware of, notice
apogée *f.* height
apostolat *m.* devotion
apothicaire *m.* apothecary, druggist
apparaître (*for forms, see* **paraître**) appear
appareil *m.* apparatus
apparence *f.* appearance; **en apparence** apparently
appel *m.* call; **faire appel** resort
appeler (*pres. part.* **appelant;** *p.p.* **appelé;** *pres. ind.* **appelle, appelles, appelle, appelons, appelez, appellent;** *pres. subj.* **appelle, appelions, appellent;** *impf.* **appelais;** *impv.* **appelle, appelez;** *fut.* **appellerai;** *p. simp.* **appelai**) call; **s'appeler** be called
appliquer apply; **tenir appliqué** hold close
apporter bring
apprendre (*for forms, see* **prendre**) learn
apprêter: s'apprêter get ready
appuyer rest; **s'appuyer** lean
après after
arachide *f.* ground nut
araignée *f.* spider
arborer wear
arbre *m.* tree
arc-bouter: s'arc-bouter lean against
archange *m.* archangel
ardoise *f.* slate
argent *m.* silver; money; **argent comptant** ready money

argenterie *f.* silver plate
armé armed
armer arm; cock
armoire *f.* wardrobe; **armoire-bibliothèque** bookcase
armure *f.* armor
arracher tear, rip; strip, peel off; wrest away; **s'arracher** tear
arranger arrange; straighten; settle
arrestation *f.* arrest
arrêt *m.* stop; arrest; warrant
arrière *adj.* back; *n.* rear; **arrière de moi** stay away; **en arrière** back, backwards
arrière-gorge *f.* back of the throat
arriver (*p. comp. with auxiliary* **être**) arrive; manage; succeed; happen
arrondissement *m.* district
art *m.* art; guile
artériel: tension artérielle blood pressure
artério-scléreux arteriosclerotic
asepsie *f.* aseptic treatment
asile *m.* asylum
assassin *m.* murderer
assaut *m.* assault; **prendre d'assaut** storm
asseoir (*pres. part.* **asseyant** *or* **assoyant;** *p.p.* **assis;** *pres. ind.* **assieds, assied, asseyons, asseyez, asseyent** *or* **assois, assoit, assoyons, assoyez, assoient;** *pres. subj.* **asseye, asseyions, asseyent** or **assoie, assoyions, assoient;** *impv.* **assieds, asseyez,** or **assois, assoyez;** *fut.* **assiérai** *or* **assoirai;** *p. simp.* **assis**) sit; **s'asseoir** sit down
assiéger besiege
assiette *f.* plate
assimilable comparable
assistance *f.* assistance; audience
assister assist; be present, witness
assoupi dozing; **assoupi par** overcome by
assurance *f.* assurance; insurance
assurer assure; guarantee; **s'assurer** make sure
asticot *m.* maggot (*fishing bait*)
astreindre: s'astreindre make an effort
atroce atrocious
attaché *m.* attaché; **attaché de cabinet** minister's staff member
atteindre (*pres. part.* **atteignant;** *p.p.* **atteint;** *pres. ind.* **atteins, atteint, atteignons, atteignez, atteignent;** *pres. subj.* **atteigne, atteignions, atteignent;** *impf.* **atteignais;** *fut.* **atteindrai;** *p. simp.* **atteignis**) attain; reach; strike
atteint afflicted
atteinte *f.* reach; **hors d'atteinte** out of reach
attendre (*for forms, see* **tendre**) wait; expect; **s'attendre** expect
attendri fond, loving
attendrir soften, move
attendrissant moving
attestation *f.* certificate; **demander attestation** check out
attirer pull (*up towards*); **s'attirer** win, earn
attraper catch

attribuer attribute
aubaine *f.* good buy
aube *f.* dawn
auberge *f.* inn
aucunement not at all
audace *f.* boldness
au-delà beyond
au-dessous under, inferior
auditoire *m.* audience
aujourd'hui today
auprès close
aurore *f.* dawn
ausculter examine (*with a stethoscope*)
aussi also, too, as; and so, therefore (*at the beginning of a sentence*)
aussitôt at once; **aussitôt que** as soon as; **aussitôt... que** no sooner . . . than
autant as much (many); **d'autant plus** all the more; **d'autant que** particularly as
autel *m.* altar
autour around
autre other
autrefois formerly; **d'autrefois** of old
autrement otherwise
autrui others
avaler swallow
avant before; **aller plus avant** move on
avare *adj.* avaricious, stingy; *m.* or *f.* miser
avenir *m.* future
aventure *f.* adventure; **courir des aventures amoureuses** have love affairs
avertissement *m.* warning
aveu *m.* confession; **de votre propre aveu** as you admit it yourself
aveuglant blinding
aveugle blind
aveuglément blindly
aveuglement *m.* blindness
avis *m.* advice; opinion; announcement
avocat *m.* lawyer; **avocat général** Public Prosecutor
avoine *f.* oats
avoir (*pres. part.* **ayant;** *p.p.* **eu;** *pres. ind.* **ai, as, a, avons, avez, ont;** *pres. subj.* **aie, aies, ait, ayons, ayez, aient;** *impf.* **avais;** *impv.* **aie, ayez;** *fut.* **aurai;** *p. simp.* **eus, eut, eûmes, eûtes, eurent**) have, get, possess; **avoir l'air** look like, resemble, appear, have the appearance; **avoir besoin** need; **avoir faim** be hungry; **avoir froid** be cold; **avoir honte** be ashamed; **avoir raison** be right; **avoir tort** be wrong; **il y a (avait)** there is, are (was, were); **il y a** ago; **il y a... que** for, since; **avoir... ans** be . . . years old; **qu'est-ce qu'il a?** what's the matter with him?
avoir *m.* asset
avouer confess, admit

B

babine *f.* chop; **se lécher les babines** lick one's chops
bachelier *m.* high school graduate; **bachelier ès lettres** liberal arts graduate
bâcler dash off
bagatelle *f.* trifle
bagout *m.* gift of gab
bague *f.* ring

bahut *m.* cupboard
baigner bathe
baignoire *f.* bathtub
bâillement *m.* yawn
baiser *v.* kiss; *n.* kiss
baisse *f.* low
baisser lower; weaken; **les yeux baissés** with downcast eyes
bal *m.* ball
balancer: se balancer swing
balbutier stammer
ballant dangling
balle *f.* bullet
ballon *m.* balloon
banal common, trite
banc *m.* bench
bande *f.* band; gang
bander cover
bandit *m.* bandit; outlaw (*in 19th-century Corsica*)
bandoulière *f.* shoulder strap; **porter un fusil en bandoulière** carry a gun slung over one's back
banquette *f.* seat
baptême *m.* baptism
baraque *f.* hut, hovel; hole
barbe *f.* beard
barboter splash
barbu bearded
barque *f.* boat
barrière *f.* gate
bas, basse low, lower; **à voix basse** in a low voice; **plus bas** in a lower voice; **se sentir bas** feel low
bas *m.* bottom; stocking; **bas de soie** silk stocking
basse-cour *f.* chicken yard; poultry
batifoler cavort; joke
bâtiment *m.* building, house
bâtir build
bâton *m.* stick, cane; perch; **recevoir des coups de bâton** get beaten
battement *m.* beating, trampling
battre beat, strike; blink
beau, bel, belle beautiful, handsome, pretty; **avoir beau faire quelque chose** do something in vain
beaucoup much, many, a lot; greatly
beau-père *m.* father-in-law
bec *m.* beak
bêche *f.* spade
bel, belle (*see* **beau**)
bénir bless
bénitier *m.* holy water vessel (*basin*)
bercer rock; lull; **se laisser bercer** be lulled
berger *m.* shepherd
besace *f.* bag (*closed at both ends*)
besogne *f.* work, job
besoin *m.* need; **au besoin** if need be; **avoir besoin de** need; **il est besoin de** it is necessary to
bêta *m.* idiot
bête stupid
bêtise *f.* nonsense
bien *adv.* well; quite, very, thoroughly; indeed (*used for emphasis*)
bien *m.* good; property; *pl.* estate
bienfaiteur *m.* benefactor
bientôt soon; **à bientôt** see you soon

bienveillance *f.* kindness
bijou *m.* jewel; *pl.* **bijoux**
bijoutier *m.* jeweler
billard *m.* billiards
billet *m.* note; **faire des billets** sign IOUs
biscuit *m.* cracker
blanc, blanche white
blanchir whiten; turn white
blé *m.* wheat
blessé wounded; **d'un air blessé** in a chilly tone
blessure *f.* wound
bleu blue
bloc *m.* block; **d'un bloc** like a mass
bœuf *m.* ox; steer
bohémien *m.* gypsy, vagrant
boire (*pres. part.* **buvant;** *p.p.* **bu;** *pres. ind.* **bois, boit, buvons, buvez, boivent;** *pres. subj.* **boive, buvions, boivent;** *impf.* **buvais;** *impv.* **bois, buvez;** *fut.* **boirai;** *p. simp.* **bus**) drink
bois *m.* wood
boîte *f.* box; case
boiteux lame, crippled
bon, bonne good, kind; **en avoir de bonnes** that's a good one
bond *m.* jump, leap; **faire un bond** jump; pop by
bonheur *m.* happiness
bonhomme *m.* (*simple*) man
bonne *f.* maid
bonnet *m.* cap
bonté *f.* goodness, kindness
bord *m.* side; board; **à bord** on board; **de leur bord** one of them
border line
borne *f.* limit
bossu hunchbacked
botte *f.* boot; bundle
bouche *f.* mouth
boucher stuff
boucher *m.* butcher
boucherie *f.* butchery; butcher's shop
bouffée *f.* puff
bouger move, stir, budge
bougie *f.* spark plug
bougonner grumble
bouillon *m.* bubble; **bouillon d'écume** froth
boulanger *m.* baker
boulangère *f.* baker's wife
boulet *m.* cannon ball; weight
bouleverser upset
bourdonner hum, buzz
bourgeois, bourgeoise *adj.* middle-class
bourgeois *m.* burgher; middle-class man
bourgeoise *f.* ordinary woman
bourgeoisie *f.* middle class; **haute bourgeoisie** upper-middle class
bourrer stuff
bout *m.* piece; end; **au bout de** at the end of, after; **à tout bout de champ** all the time; **venir à bout** get the better
boutique *f.* shop
branche *f.* branch
branler rock
bras *m.* arm
brave brave; nice, good; **un brave type** a nice, decent guy; **mon brave** old chap
bravement bravely
brebis *f.* ewe lamb

bref, brève brief, short; in short; **d'une voix brève** curtly
breloque *f.* trinket
bride *f.* bridle; **brides abattues** at a gallop
brigadier *m.* corporal
briller shine
briser break; **se briser** break up
brocanteur *m.* second-hand dealer
broder embroider
brouhaha *m.* uproar
brouiller: se brouiller fall out
brousse *f.* brush
bru *f.* daughter-in-law
bruit *m.* noise
brûler burn; be dying
brûlure *f.* burn; sting
brun brown
brusquement suddenly
bruyant noisy
bruyère *f.* briar
bûche *f.* log; blockhead
bûcher *m.* stake
buisson *m.* bush
bureau *m.* office
butin *m.* loot

C

ça, cela this, that; **ah ça!** now then!; I say!; **ça y est** there; I knew it; **çà** *adv.* here; **çà et là** here and there
cabane *f.* hut
cabaret *m.* inn
cabinet *m.* closet; minister's staff
cacahuète *f.* peanut
cacher hide, conceal; **se cacher** hide
cadavre *m.* corpse
cadeau *m.* gift
cadran *m.* frame; face
cahier *m.* exercise book; **cahier d'écriture** copybook
cahute *f.* shack
caillou *m.* pebble
caisse *f.* case, box; body
calciner incinerate
calé resting
calendes: aux calendes grecques put off indefinitely
caler fit, place
calorifère *m.* furnace; heater
camarade *m. or f.* comrade, mate
camelot *f.* trash
camomille *f.* camomile tea
campagne *f.* countryside; rural area
canapé *m.* sofa
canard *m.* duck
candélabre *m.* candlestick; lamp
canne cane; **canne à pêche** fishing rod
canon *m.* gun barrel
cantonade: à la cantonade behind the scenes
caparaçon *m.* ornamental cover placed over a horse's saddle or harness; trappings
capillaire capillary
caporal *m.* corporal
capot *m.* hood
capuchon *m.* hood
car for
carchera *f.* leather belt
carême *f.* Lent
carillon *m.* chime
carré square
carreau *m.* window pane
carrefour *m.* crossroad; square

carrière *f.* career; course
carrosse *m.* coach
carrosserie *f.* body (*of a car*)
carton *m.* chart
cartouche *f.* cartridge
cas *m.* case; **en tout cas** at any rate
caser place, fit in
casqué helmeted
casquer: se casquer put on (*helmet or set*)
cassé broken; **voix cassée** broken voice
casser break
casserole *f.* pan
causer talk
causerie *f.* chat; informal talk
cavalier *m.* horseman
ceci this
céder give up; sell
ceinture *f.* belt
cela that
célèbre famous
céleste heavenly
celui-là that one
cendre *f.* ash
cent hundred; **pour cent** percent
cependant however; meanwhile
certes certainly
cerveau *m.* brain
cervelle *f.* brain
cet, cette, ces this, these
ceux those
chacun each, every
chagrin *m.* grief
chagriner sadden; **se chagriner** be sorry
chaînette *f.* chain
chair *f.* flesh; **chair de poule** goose bumps
chaise *f.* chair; **chaise longue** reclining chair
chaleur *f.* heat
chameau *m.* camel
champ *m.* field; **à tout bout de champ** all the time
champignon *m.* mushroom
chance *f.* luck; chance
chanceler totter
chanceux, chanceuse lucky
chandelle *f.* candle
chant *m.* song; **chant du cygne** swan song
chapeau *m.* hat
chaque each, every
char *m.* wagon
charbonnage *m.* coal
chardon *m.* thistle
charge *f.* cost; hoax
charger load; ask; **se charger** undertake; take on
charlatanisme *m.* quackery
charrette *f.* cart
charrier carry, bring
chasse *f.* hunting; **faire bonne chasse** shoot much game; **partie de chasse** day's hunting
chat *m.* cat
châtaigne *f.* chestnut
châtaignier *m.* chestnut tree
château *m.* castle
chatte *f.* she-cat
chatouiller tickle
chauffard *m.* reckless driver
chaume *m.* thatch
chavirer capsize; **faire chavirer** jeopardize; **avoir le cœur chaviré** feel sick
chef *m.* chief, head; **médecin en chef** chief physician
chef-d'œuvre *m.* masterpiece
chef-lieu *m.* chief town

chemin *m.* way
chemise *f.* shirt
cher, chère dear; expensive; **à moins cher** by paying less; **payer cher** pay a dearly
chercher look for; **chercher à** try to
chéri cherished; darling
chétif weak
cheval *m.* horse
chevaleresque chivalrously, gallantly
chevalier *m.* knight
chevaucher ride (*a horse*)
chevaux *m. pl.* (*see* **cheval**)
cheveu *m.* hair; **couper les cheveux en quatre** split hairs
chevet *m.* apse (*of church*)
chèvre *f.* goat; **chèvre laitière** goat kept for her milk
chevreuil *m.* roebuck
chez *prep.* at, in, into, to the house or office of
chien *m.* dog
chiffon *m.* rag
chiffonnier *m.* ragman
chiffre *m.* figure; **chiffre d'affaires** sales figure
chignon *m.* bun (*hair twisted behind the head*)
chimérique visionary
chiquenaude *f.* flick
chiquer chew tobacco
chose *f.* thing
chou *m.* cabbage
chrétien, chrétienne Christian
Christianisme *m.* Christianity
chute *f.* fall
cicatrice *f.* scar
ciel *m.* sky; heaven; *pl.* **cieux**
cingler lash
citer quote, cite
citoyen *m.* **citoyenne** *f.* citizen
clair clear
clairière *f.* clearing
clarté *f.* light
clavier *m.* keyboard
clef *f.* key; **fermer à clef** lock
clerc *m.* clerk; **clerc de notaire** notary's clerk
cliché *m.* (*negative*) plate
client *m.* customer, client
cligner close; **cligner de l'œil** wink
cloche *f.* bell; **coup de cloche** ringing, peal
clos *adj.* closed; *m.* vineyard
clou *m.* nail
cocher *m.* coachman
cochon *m.* pig
cœur *m.* heart; **à cœur ouvert** openly; **cœur simple** simple soul; **tenir au cœur** concern
coffre *m.* chest
coffret *m.* box, case
coiffé wearing (*on one's head*)
coiffer comb
coin *m.* corner; **au coin du feu** by the fireside; **dans tous les coins** everywhere, throughout
col *m.* collar; neck
colère *f.* anger
coléreux angry
coller stick; **se coller** stick, cling
collet *m.* collar
collier *m.* necklace; **tirer le collier** put one's back into it, be a hard worker
colombe *f.* dove
combat *m.* fight
comète *f.* comet; **c'est comme le vin de la comète** it happens once in a blue moon

comme as, like, how
commencement *m.* beginning
commencer begin
comment how
commettre (*for forms, see* **mettre**) commit
commis *m.* clerk
commode convenient, suitable
commode *f.* chest of drawers
commodité *f.* convenience
commune *f.* town
communier receive Holy Communion
compagne *f.* companion
complet *m.* suit
comporter involve
composé compound
compositeur *m.* composer
comprendre (*for forms, see* **prendre**) understand
comprimé compressed; **fusil à air comprimé** BB gun
compte *m.* account; **faire des comptes** settle accounts; **rendre compte** render an account; **se rendre compte** realize; **tout compte fait** everything considered
compter count, expect
concevoir (*pres. part.* **concevant;** *p.p.* **conçu;** *pres. ind.* **conçois, conçoit, concevons, concevez, conçoivent;** *pres. subj.* **conçoive, concevions, conçoivent;** *impf.* **concevais;** *impv.* **conçois, concevez;** *fut.* **concevrai;** *p. simp.* **conçus**) conceive
concorder agree
concurrent *m.* competitor
condamner sentence, condemn; give
condition *f.* condition; **faire condition** stipulate
conducteur *m.* driver
conduire (*pres. part.* **conduisant;** *p.p.* **conduit;** *pres. ind.* **conduis, conduit, conduisons, conduisez, conduisent;** *pres. subj.* **conduise, conduisions, conduisent;** *impf.* **conduisais;** *impv.* **conduis, conduisez;** *fut.* **conduirai;** *p. simp.* **conduisis**) conduct, lead, take; **se conduire** behave
conduite *f.* behavior
conférence *f.* lecture
confesser declare one's belief
confiance *f.* confidence, trust
confier confide; tell
confondre confound; be confounded; confuse; expose
confrère *m.* colleague, fellow
congestion *f.* stroke
connaissance *f.* knowledge; consciousness; acquaintance
connaître (*pres. part.* **connaissant;** *p.p.* **connu;** *pres. ind.* **connais, connaît, connaissons, connaissez, connaissent;** *pres. subj.* **connaisse, connaissions, connaissent;** *impf.* **connaissais;** *impv.* **connais, connaissez;** *fut.* **connaîtrai;** *p. simp.* **connus**) know, become acquainted
consacrer devote
conseil *m.* advice; council
conseiller advise; *m.* advisor; councillor
conserver keep
consoler console; **se consoler** console oneself; get over

constamment constantly
constater notice
consterné dismayed
consultant *m.* patient
consultation *f.* visit, appointment; **consultation contradictoire** second opinion
consulter see (*a doctor*), come for an examination
contempteur *m.* scorner
contenance *f.* content; countenance; **faire bonne contenance** put a good face on it
content pleased, happy
contenter gratify; **se contenter de faire** to merely do; be satisfied with
conter tell
continu constant
contrainte *f.* coercion
contrairement à contrary to
contre against
convaincre (*pres. part.* **convainquant;** *p.p.* **convaincu;** *pres. ind.* **convaincs, convaincs, convainc, convainquons, convainquez, convainquent;** *pres. subj.* **convainque, convainquions, convainquent;** *impf.* **convainquais;** *impv.* **convaincs, convainquez;** *fut.* **convaincrai;** *p. simp.* **convainquis**) convince
convenable suitable, proper
convenablement properly
convenance *f.* suitability; **à votre convenance** as you wish
convenir (*for forms, see* **venir**) admit
convenu agreed (*upon*)
convoitise *f.* greed
copie *f.* copy; **faire de la copie** do copying
coquet stylish
coquillage *m.* shell
coquin rascal
corbeille *f.* basket
corde *f.* rope
corps *m.* body
corrompu corrupt
corse Corsican
Corse *f.* Corsica
côte *f.* coast; rib; hill
côté *m.* side; **à côté de** next to, beside
cou *m.* neck
coucher lie; **se coucher** lie down
coucher: coucher de soleil *m.* sunset
coude *m.* elbow
couler flow, run; **couler un regard** steal a look; **se couler** slip; **se couler le long** creep along, edge along
coup *m.* blow; **coup de cloche** peal, ringing; **coup de fusil** shot; **coup d'œil** glance; **coup de poignard** stab; taunt; **coup de sonnette** ring; **coup de tête** whim; **un bon coup** a hit; **donner un coup de baïonnette dans** stick a bayonet into; **d'un coup de pouce** with one's thumb; **jeter un coup d'œil** look; **tout à coup** suddenly; **tout d'un coup** all at once
coupable guilty
coupe *f.* cross section
couper cut; **couper les sous en quatre** be stingy

cour *f.* court; yard
courant common
courbature *f.* ache
courbe *f.* curb; curve
courbé bent, slumped
courber bend
couronne *f.* crown
cours *m.* course
course *f.* errand
coursier *m.* courser, charger
court short
courtisan *m.* courtier
couteau *m.* knife
coûteux costly
coutume *f.* custom, habit; **de coutume** usual, customary
couver brood
couvert *m.* cover; **à couvert** under cover
couverture *f.* blanket, cover
couvrir (*pres. part.* **couvrant;** *p.p.* **couvert;** *pres. ind.* **couvre, couvrons, couvrez, couvrent;** *pres. subj.* **couvre, couvrions, couvrent;** *impf.* **couvrais;** *impv.* **couvre, couvrez;** *fut.* **couvrirai;** *p. simp.* **couvris**) cover; **se couvrir** wrap oneself up
crachat *m.* spit; sputum
cracher spit
craindre (*pres. part.* **craignant;** *p.p.* **craint;** *pres. ind.* **crains, craint, craignons, craignez, craignent;** *pres. subj.* **craigne, craignions, craignent;** *impf.* **craignais;** *impv.* **crains, craignez;** *fut.* **craindrai;** *p. simp.* **craignis**) fear
crainte *f.* fear
cramponner: se cramponner cling
crayon *m.* pencil
crépu crisp, frizzy
crépuscule *m.* twilight, dusk
creusé hollowed; **figure creusée** hollow-cheeked face
creux *adj.* hollow; *m.* hollow
crever croak, puncture
cri *m.* cry; **pousser un cri** utter a cry
crieur *m.* crier; **crieur public** town crier
crinière *f.* mane
crisper clutch
croire (*pres. part.* **croyant;** *p.p.* **cru;** *pres. ind.* **crois, croit, croyons, croyez, croient;** *pres. subj.* **croie, croyions, croyiez, croient;** *impf.* **croyais;** *impv.* **crois, croyez;** *fut.* **croirai;** *p. simp.* **crus**) believe; think; **croyez-m'en** believe me
croiser fold; **se croiser** cross each other
croître grow
croix *f.* cross
croquis *m.* sketch
crosse *f.* butt
croûte *f.* crust
croyance *f.* belief
cru raw
cuir *m.* leather
cuire cook; **dur à cuire** *m.* tough customer
cuisine *f.* kitchen; cooking
cuisse *f.* thigh
cuivre *m.* copper, brass (*of a car*)
culot: avoir du culot have nerve
culotte *f.* knickers; **culotte courte** knee breeches
curé *m.* village priest

cyclothymique cyclothymic
cygne *m.* swan; **chant du cygne** swan song

D

de of, from, by, with, in, to, than, some, any
déballage *m.* clearance sale
débarrasser: se débarrasser get rid of
déborder overflow
debout standing (up); **se tenir debout** keep upright
débusquer drive out
début *m.* beginning
débuter begin, start
déception *f.* disappointment
déchaîner unleash, cause
déchargé not loaded
décharger unload
déchiqueter take apart
déchirer tear, rend; break
déchoir fall
déconcerter disconcert
déconseiller advise against
découvrir discover; uncover; expose
décret *m.* decree, by-law
décrire (*pres. part.* **décrivant;** *p.p.* **décrit;** *pres. ind.* **décris, décrit, décrivons, décrivent;** *pres. subj.* **décrive, décrivions, décrivent;** *impf.* **décrivais;** *impv.* **décris, décrivez;** *fut.* **décrirai;** *p. simp.* **décrivis**) describe
déçu disappointed
dédaigneusement disdainfully
dédain *m.* disdain
dedans inside
dédire: se dédire go back on one's word
déduire (*for forms, see* **conduire**) deduce
déesse *f.* goddess
défaire (*for forms, see* **faire**) undo, unbutton
défendre (*pres. part.* **défendant;** *p.p.* **défendu;** *pres. ind.* **défends, défend, défendons, défendez, défendent;** *pres. subj.* **défende, défendions, défendent;** *impf.* **défendais;** *impv.* **défends, défendez;** *fut.* **défendrai;** *p. simp.* **défendis**) defend
défi *m.* defiance
défiler file by
dégoût *m.* disgust
dégoûtant disgusting
dehors outside, out
déjà already
déjeuner lunch; *m.* lunch
délai *m.* extension
délice *m.* delight
délinquant criminal
délivrer free
déloger drive out
démangeaison *f.* itch
demain tomorrow
démarche *f.* gait; action
démarrage *m.* starting
demeurant: au demeurant all the same
demeure *f.* home
demeurer live; remain
demi half; **à demi** half
démon *m.* devil
démonter take apart
dénombrer find, count
dent *f.* tooth
dépasser exceed; pass

dépêcher: se dépêcher hurry, hasten
dépenser spend; use
dépérir waste away
déplaire (*for forms, see* **plaire**) displease
déposer set down
dépouiller rob; **se dépouiller** rob oneself
depuis since; **depuis... jusqu'à** from . . . to
déranger trouble; **se déranger** take the trouble; get out of the way
dernier, dernière last; extreme
dérober take away
dérouler: se dérouler unfold; take place
derrière *prep.* behind; *m.* rear
dès from, as early as; **dès lors** from that time
descendre (*pres. part.* **descendant;** *p.p.* **descendu;** *pres. ind.* **descends, descend, descendons, descendez, descendent;** *pres. subj.* **descende, descendions, descendent;** *impf.* **descendais;** *impv.* **descends, descendez;** *fut.* **descendrai;** *p. simp.* **descendis**) go down, descend; take down
descente *f.* going down
désert *adj.* deserted; *m.* desert
désespoir *m.* despair
déshabiller undress; **se déshabiller** get undressed
désigner point; **client désigné** appointed client
désolation *f.* grief
désolé sorry; heartbroken
désordonné disordered
dessiner draw; **se dessiner** be drawn
destin *m.* fate
détente *f.* trigger
déterrer dig up
détourner distract; turn away
détourné turned away
détrempé soaked
détresse *f.* distress
détromper set right
dette *f.* debt
deuil *m.* mourning
deuxième second
devancier *m.* predecessor
devant in front
deviner guess
dévissage *m.* unscrewing
devoir (*pres. part.* **devant;** *p.p.* **dû;** *pres. ind.* **dois, doit, devons, devez, doivent;** *pres. subj.* **doive, devions, doivent;** *impf.* **devais;** *fut.* **devrai;** *p. simp.* **dus**) must, have to, expect to; owe
devoir *m.* duty; **manquer à ses devoirs** neglect one's duty; **remplir ses devoirs** do one's duty
dévoué devoted
dévouement *m.* devotion
diable *m.* devil
diablerie *f.* devilry
diamant *m.* diamond
diantre heck, deuce
dictée *f.* dictation
difficile difficult; hard to please
digne worthy
diligence *f.* stage coach; bus
dimanche Sunday; **en habits de dimanche, en toilette des dimanches** wearing one's Sunday best

diminuer weaken
dinde *f.* turkey hen; idiot
dîner dine; *m.* dinner
dire (*pres. part.* **disant;** *p.p.* **dit;** *pres. ind.* **dis, dit, disons, dites, disent;** *pres. subj.* **dise, disions, disent;** *impf.* **disais;** *impv.* **dis, dites;** *fut.* **dirai;** *p. simp.* **dis**) say, tell; **à vrai dire** as a matter of fact; **dites donc!** listen! **c'est-à-dire** that is to say; **c'est dit** it is agreed; **pour ainsi dire** as it were; **vouloir dire** mean
diriger direct; **se diriger** go toward
disconvenir disagree
discours *m.* speech
dispenser exonerate; **se dispenser** get out
disponible available
disposer have available
dissimulation *f.* concealment
dissimuler conceal, hide
dissiper dissolve
distrait absent-minded; **prendre des airs distraits** have a vacant look
distraction *f.* amusement; absent-mindedness
dit said; **c'est dit** it's settled
divan *m.* couch
dix ten
dixième tenth
doigt *m.* finger; **un doigt de** a tiny bit of
domaine *m.* estate
domestique *m. or f.* servant
dominicain Dominican
dommage *m.* damage; **c'est dommage** it is a pity
donc therefore, so
données *f. pl.* data
doré gilt
dorer gild
dormir (*pres. part.* **dormant;** *p.p.* **dormi;** *pres. ind.* **dors, dort, dormons, dormez, dorment;** *pres. subj.* **dorme, dormions, dorment;** *impf.* **dormais;** *impv.* **dors, dormez;** *fut.* **dormirai;** *p. simp.* **dormis**) sleep
dos *m.* back
dot *f.* dowry
douce (*see* **doux**)
doucement slowly
doucer *f.* sweetness, smoothness; comfort
douleur *f.* pain
douloureux painful
doute *m.* doubt; **sans doute** no doubt; probably
douter doubt; **se douter** suspect
doux, douce sweet, gentle
douze twelve
drap *m.* sheet
dresser set up; **se dresser** stand up
droit *adj.* right; straight; *m.* right; tax; **avoir droit** be entitled
drôle funny; *m.* **petit drôle** little scamp
dû, due due
dur hard
durant during
durement hard
durer last; go on
dureté *f.* hardness, harshness

E

eau *f.* water
ébaucher: s'ébaucher be made

éblouissant dazzling
ébranler: s'ébranler start moving
échapper escape, slip; **s'échapper** escape; **laisser échapper** express
échéance *f.* date of payment: **échéance trimestrielle** quarterly installment
échec *m.* failure
échelle *f.* ladder
échelon *m.* level
éclabousser splatter, splash
éclair *m.* lightning, flash
éclairage *m.* lighting
éclairer light; enlighten
éclat *m.* burst; **éclats de voix** loud voices
éclatant bright
éclater burst; **éclater de rire** burst out laughing
école *f.* school
écolier *m.* schoolboy
économiser save
écouler: s'écouler flow; be spent
écouter listen: **s'écouter** take care of one's health
écran *m.* screen
écraser crush
écrire (*pres. part.* **écrivant;** *p.p.* **écrit;** *pres. ind.* **écris, écrit, écrivons, écrivez, écrivent;** *pres. subj.* **écrive, écrivions, écrivent;** *impf.* **écrivais;** *impv.* **écris, écrivez;** *fut.* **écrirai;** *p. simp.* **écrivis**) write
écriture *f.* writing; handwriting; Scripture
écu *m.* crown (*money*)
écume *f.* foam, froth; **bouillon d'écume** froth
écurie *f.* stable
édifier build
effacer: s'effacer step back
effectivement indeed
effet *m.* effect; **en effet** indeed
effondrer: s'effondrer collapse
efforcer: s'efforcer try
effrayant frightening, terrifying
effrayer frighten, terrify, alarm
effronté saucy, impudent
effroyable frightening; tremendous
effusion *f.* show of feeling; **avec effusion** again and again
égarer mislay; lose; **s'égarer** get lost
église *f.* church
égoïste selfish
égout *m.* sewer
élève *m. or f.* pupil; apprentice
élever raise; **s'élever** rise; be raised
éloignement *m.* distance
éloigner keep away; **s'éloigner** move away
embarrasser embarrass
embellir embellish
embrasser kiss; **s'embrasser** kiss each other
embuscade *f.* ambush
empailler stuff
empailleur *m.* taxidermist
empêché unable; at a loss
empêcher prevent; **ne pas s'empêcher** not to prevent oneself; **il ne peut s'empêcher de rougir** he cannot help blushing
emphase *f.* bombast; **avec emphase** importantly
empiler pile up
emplacement *m.* presence
emploi *m.* employment; **mode d'emploi** instructions

empoigner seize, grab, collar; get hold of
empoisonné poisoned
emportement *m.* passion; anger
emporter carry away
emprunter borrow
ému moved; emotional
en *prep.* in, into, at, to, by, while, on; *pron.* of her (him, it them), with it, from there, some, any; **en** + *pres. part.* by, while, in, on
encensoir *m.* incense holder
enchanté delighted
encore again, yet, still, but still; **pas encore** not yet
endosser put on
endroit *m.* place, spot
endurer bear, undergo
enfance *f.* childhood
enfer *m.* hell
enfilade: en enfilade in a row
enfiler string; **enfiler des perles** file one's fingernails
enfin finally, at last; well, after all; **mais enfin** but still; come now
enfler swell
enfoncer stick into, stuff; **s'enfoncer** sink, disappear
enfuir: s'enfuir flee
engagement *m.* agreement; **prendre des engagements** enter into agreements
engueuler yell at; **se faire engueuler** get yelled at
enhardi boldly
enlèvement *m.* elopement
enlever take away; remove
ennui *m.* boredom; trouble
ennuyé bored; **être ennuyé** not to know what to do
ennuyer (*pres. part.* **ennuyant;** *p.p.* **ennuyé;** *pres. ind.* **ennuie, ennuies, ennuie, ennuyons, ennuyez, ennuient;** *pres. subj.* **ennuie, ennuyions, ennuyiez, ennuient;** *impf.* **ennuyais;** *impv.* **ennuie, ennuyez;** *fut.* **ennuirai;** *p. simp.* **ennuyai**) bore; bother, tire; **s'ennuyer** get bored
ennuyeux troublesome; **être ennuyeux** be a problem
enrager enrage, be in a rage, fume
enrayer check
enregistrement *m.* record office; registry
enregistrer register; record
enroulé wrapped around
enseignement *m.* teaching
enseigner teach
ensemble together
ensuite then, afterward
entendre (*for forms, see* **tendre**) hear; understand; **entendre dire** hear that; **entendre parler de** hear about; **s'entendre** understand each other; **entendons-nous** let me explain; **s'entendre dire** listen; **bien entendu** of course; **c'est entendu** all right; **y entendre** understand
enterrement *m.* funeral
enterrer bury
entier entire, complete, whole; **en entier** entirely
entièrement entirely, completely
entourer surround
entrailles *f. pl.* guts
entre between, among

entrée *f.* entrance
entreprendre (*for forms, see* **prendre**) undertake
entretenir: s'entretenir have a talk
entretien *m.* conversation
entr'ouvrir (*for forms, see* **couvrir**) half open
envahir invade
envelopper envelop, wrap; **s'envelopper** wrap around oneself
envie *f.* envy; desire, inclination; **avoir envie de** wish, desire; feel like
environ about; *m. pl.* neighborhood, area
envoler: s'envoler fly away
épais, épaisse thick
épaisseur *f.* thickness
épancher: s'épancher pour out
épars dispersed, scattered
épaule *f.* shoulder; **hausser les épaules** shrug one's shoulders
épée *f.* sword
éperdu wild, wildly; stunned
éperonner spur
épicerie *f.* grocery
épicier *m.* grocer
épigastre *m.* abdomen
éponger wipe, mop; **s'éponger** wipe, mop
épouser marry, wed
épouvantable frightful, dreadful
épouvante *f.* fright, terror
épouvanter frighten
éprouver undergo; suffer; feel
épuisé exhausted
épuiser tire, exhaust
équipage *m.* crew; equipment
équiper equip
escalier *m.* staircase, stairs
escopette *f.* blunderbuss
espace *m.* space
espagnol Spanish
espèce *f.* sort, kind; **en espèces** cash; **en l'espèce** in the case at hand; **une espèce de** something like
espérance *f.* hope
espérer hope
espoir *m.* hope
esprit *m.* spirit, mind; **avoir l'esprit tranquille** rest assured; **rendre l'esprit** give up the ghost
esquisser start
essayer try; try on
essence *f.* gasoline
essuyer wipe
estaminet *m.* pub
estimation *f.* estimate
estimer feel
estomac *m.* stomach; **soulever l'estomac** upset the stomach
établir establish
étaler spread, spread out; **s'étaler** spread out
étape *f.* lap
état *m.* state; condition; profession; schedule; **mettre quelqu'un hors d'état** make it impossible for someone to
été *m.* summer
éteindre (*pres. part.* **éteignant;** *p.p.* **éteint;** *pres. ind.* **éteins, éteint, éteignons, éteignent;** *pres. subj.* **éteigne, éteignions, éteignent;** *impf.* **éteignais;** *impv.* **éteins, éteignez;** *fut.* **éteindrai;** *p. simp.* **éteignis**) extinguish; blow

out; **s'éteindre** pass away; fade, die down
éteint stifled
étendard *m.* banner
étendre (*for forms, see* **tendre**) hang up (*laundry*); **s'étendre** lie down
étendu stretched out
étincelant sparkling
étinceler shine, sparkle
étoffe *f.* material, cloth
étoile *f.* star
étonnement *m.* astonishment
étonner astonish; **s'étonner** wonder
étouffer choke, stifle
étourdissement *m.* fainting (*spell*)
étrange strange
étranger *adj.* foreign; **étranger à** nonresident; *m.* stranger; foreigner
être (*pres. part* **étant;** *p.p.* **été;** *pres. ind.* **suis, es, est, sommes, êtes, sont;** *pres. subj.* **sois, soit, soyons, soient;** *impf.* **étais;** *impv.* **sois, soyez;** *fut.* **serai;** *p. simp.* **fus**) be; **être à** belong to; **être à faire quelque chose** be doing something; **soit!** OK!
être *m.* being
étriqué cramped
évanouir: s'évanouir faint, lose consciousness
éveillé aroused; **bien éveillé** bright
éveiller arouse; **s'éveiller** wake up
événement *m.* event
évêque *m.* bishop
évidemment evidently, obviously
évincer turn down
éviter avoid
évoquer conjure up; tell
exécuter execute, carry out; follow
exercer practice; **s'exercer** be exerted
exiger require
exploiter run
exposition *f.* exhibition
exprès on purpose
expressif expressive; **faire un regard expressif** blink hard
exprimer express
extase *f.* ecstasy
extasié in ecstasy
extrait *m.* extract
extrême-onction *f.* Last Sacrament

F

face *f.* face; **à la face** to someone's face; **face à face** face to face; **en face** straight; opposite; across
fâcher: se fâcher get angry
fâcheux unfortunate, unpleasant
façon *f.* way, manner; **de toute façon** in any case
fagot *m.* bundle
faible weak
faiblesse *f.* weakness
faïence *f.* earthenware
faim *f.* hunger
faire (*pres part.* **faisant;** *p.p.* **fait;** *pres. ind.* **fais, fait, faisons, faites, font;** *pres. subj.* **fasse, fasses, fassions, fassent;** *impf.* **faisais;** *impv.* **fais, faites;** *fut.* **ferai;** *p. simp.* **fis**) do, make; **faire** + *inf.* cause (*have,*

make) someone to do something or something to be done; **faire attention** pay attention; **faire chercher** get; **faire mal** hurt; **faire peur** frighten; **faire une promenade** go for a walk; **faire semblant** pretend; **faire signe** motion; **faire venir** send for; **se faire** earn, make; **se faire vieux** be getting old; **qu'est-ce que ça me fait?** what difference does that make?; **rien n'y fit** it was of no use
faisceau *m.* bundle; **faisceau de Türck** Turck's facellum
faiseur *m.* charlatan
fait *m.* feat; **fait d'armes** feat of arms
falloir (*impersonal v.*) be necessary, must; **s'en falloir** be lacking, fall short
famélique half starved
fameux famous; terrific
familièrement familiarly
fantaisie *f.* fantasy; **de fantaisie** not real
fardeau *m.* burden, load
farouche fierce
fastidieux boring
fatigue *f.* fatigue, tiredness
fatigué tired, weary
fatras *m.* trash, junk
faufiler: se faufiler slip, thread one's way
fausse see **faux**
faute *f.* fault; **faute de** for lack of
fauteuil *m.* armchair
faux, fausse false
favori *m.* sideburn
feindre pretend
féliciter congratulate; **se féliciter** congratulate oneself
fendre split
fer *m.* iron; bit; chain
ferblantier *m.* tinsmith
fermage *m.* [*farm*] rent
fermer close, shut; **fermer à clef** lock
fermeté *f.* firmness
fesse *f.* buttock
fête *f.* festival; party; **Fête-Dieu** Corpus Christi Day
feu *m.* fire; **au coin du feu** by the fireside; **faire feu** shoot
feuillage *m.* foliage
feuille *f.* leaf
février February
fiacre *m.* cab
ficelle *f.* string
ficher: se ficher not to care
fichu *m.* shawl
fidèle faithful, loyal
fidélité *f.* loyalty
fier, fière proud
fier: se fier rely
fifille *f.* girlie
figure *f.* face; drawing; **figure creusée** hollow-cheeked face
figurer figure; **se figurer** imagine
fil *m.* thread, wire; **fils de fer** wire bars (*in a bird cage*)
file *f.* line
filer spin; run
filet *m.* net; **filet de pêche** fishing net
fin thin, fine, graceful, elegant
fin *f.* end; **mettre fin** put an end
finesse *f.* grace
fisc *m.* income tax
fixer fasten
flacon *m.* bottle

flambeau *m.* candlestick
flèche *f.* arrow; **flèche de direction** directional arrow
fleuve *m.* river
flot *m.* wave; crowd
foi *f.* faith; **de bonne foi** in good faith, sincere; **ma foi** well
foie *m.* liver
foin *m.* hay; **tas de foin** haystack
fois *f.* time; **à la fois** at a time, at the same time
folle (*see* **fou**)
foncé dark
fond *m.* background; back; substance; **à fond** thoroughly; **à fond de train** at full speed; **au fond** basically
fonder found, establish
fontaine *f.* fountain
forain itinerant; **marchand forain** peddler
forçat *m.* convict
force *f.* strength, force; **de toutes ses forces** with all one's might
forcer force; **se forcer** overdo
forme *f.* form, shape; **en bonne forme** regular
fort *adj.* strong; good; loud; **fort de** backed by; **par trop fort** a bit too much; *adv.* quite, much, very; **fort en peine** troubled
fortement tightly
fortifier fortify
fossé *m.* moat, ditch
fou, folle mad, insane, lunatic
foudre *f.* lightning; **coup de foudre** lightning bolt
foudroyant thundering
foudroyé thunderstruck; **mourir foudroyé** drop dead
fouet *m.* whip
fouetter whip
fouiller rummage; search
foulard *m.* scarf
foule *f.* crowd
fouler tread
fourbi polished
fourche *f.* fork
fourmi *f.* ant
fourmiller swarm
fournir furnish
fourré *m.* thicket
fourrure *f.* fur
foyer *m.* home
fraîcheur cool
frais, fraîche fresh; cool
frais *m. pl.* expenses, cost; **frais divers** various expenses
franchir cross over; cover
frapper hit, strike; **se frapper la poitrine** beat one's breast
frein *m.* brake; **ronger son frein** fret under restraint
frêle frail
frémir flutter; throb
frémissement *m.* shiver
fréquemment frequently
friand fond
fripon *m.* rogue, rascal; naughty little boy
frisé frizzy
frisson *m.* shiver
frissonnant shivering
frissonner shiver; shudder
froid *adj.* cold; **avoir froid** be cold
fromage *m.* cheese
fromager *m.* large tropical tree
front *m.* forehead, brow
frotter scrub, rub; **se frotter** rub

fuir flee
fuite *f.* escape
fumée *f.* smoke
fureur *f.* fury, rage
furoncle *m.* boil
fusil *m.* gun; **coup de fusil** shot
fusillade *f.* shooting; volley of musketry
futile idle

G

gâcher waste
gâchis *m.* waste
gagner gain; go; profit
gai merry, gay
gaillard strong, in good shape; boldly
gaillard *m.* chap; **gaillard dur à cuire** tough cookie
galanterie *f.* compliment
galère *f.* galley
galérien *m.* galley slave
gamin *m.* boy
garantir guarantee; safeguard
garçon *m.* boy
garde *f.* guard; **prendre garde** take care, be careful; notice
garde-champêtre *m.* village policeman
garder keep; **se garder** watch out; **se garder de** take care not to, make sure not to
gardeuse *f.* keeper
garnement *m.* scamp
gars *m.* boy
gascon Gascon, from Gascony
gaspiller waste
gauche *adj.* awkward; left; *f.* left
gazon *m.* grass
geindre (*for forms, see* **peindre**) wail, complain
gémissement *m.* moaning
gendarme *m.* state trooper
gendre *m.* son-in-law
gêner be in the way, inconvenience, bother; **se gêner** deprive oneself; be in each other's way
genou *m.* knee
genre *m.* kind
gens *f. pl.* people
gentil nice, kind
gentilhomme *m.* gentleman
geste *m.* gesture
gestion *f.* management
gigantesque gigantic
gilet *m.* undershirt
glace *f.* ice; mirror
glacial chilly
glisser slip, glide; **glisser un œil** peep; **se glisser** slip
gloussement *m.* cluck; chuckle
glousser chuckle
gonfler fill up; **se gonfler** swell up
gorge *f.* throat; breast; **avoir mal à la gorge** have a sore throat
gorgée *f.* mouthful
gourde *f.* water bottle, flask
gourmand greedy
goût *m.* taste
goutte *f.* drop; bead
grâce *f.* grace; pardon; **grâce à** thanks to; **crier grâce** beg for mercy; **faire grâce** pardon; **rendre grâce** give thanks
gracieux graceful; gracious
grade *m.* rank; degree
grand big, tall, high; great; **en grand** on a large scale; **pas grand-chose** not much

grandeur *f.* greatness
grandir grow up
graphique *m.* graph
grappe *f.* bunch; **grappe de raisin** bunch of grapes
gras, grasse fat
gratter scrape
grattouiller prickle
grave grave, serious
gravir climb
gravure *f.* picture
grenier *m.* granary; hayloft
grève *f.* beach
griffe *f.* claw; **coup de griffe** claw
grignoter nibble
grimper climb
grippe *f.* flu; **grippe banale** common cold
gris gray
grogner grumble; mutter
grommeler grumble, mutter
gronder grumble
gros, grosse big; rough
grosseur *f.* size
grossi magnified
grossier bad-mannered, uncivil
grossièrement coarsely; not thoroughly
guère hardly, scarcely (*preceded by* **ne**)
guéridon *m.* pedestal table
guérir cure; recover
guérison *f.* cure
guerre *f.* war
gueuler clamor, shout
guimbarde *f.* jalopy

H

habileté *f.* cleverness, skill
habiller dress; **s'habiller** dress
habit *m.* coat; clothing; **habits de dimanche** Sunday best
habitude *f.* habit, custom
habituer accustom; **s'habituer** get used (*accustomed*)
hache *f.* hatchet
hagard drawn
haillon *m.* rag
haine *f.* hatred; **prendre en haine** conceive a strong aversion
haïr hate
haleine *f.* breath; **perdre haleine** get out of breath
halle *f.* market hall
hameau *m.* hamlet
hardiesse *f.* boldness
hardiment boldly
hasard *m.* chance; **à tout hasard** just in case; **par hasard** by chance
hâte *f.* haste; **avoir hâte** be in a hurry
hâter hasten; **se hâter** hasten, hurry
hausse *f.* high
hausser raise; **hausser les épaules** shrug one's shoulders
haut high, tall; **parler haut** speak in a loud voice; **tout en haut** up on top; *m.* upper part
hautbois *m.* oboe
hauteur *f.* height; haughtiness
hé hey; well
hebdomadaire weekly
hectare *m.* about two and a half acres
hein what
hélas unfortunately
hennir neigh
herbe *f.* grass
héritage *m.* inheritance
héritière *f.* heiress

hétéroclite nondescript, odd
heu er... (*sound indicating hesitation*)
heure *f.* hour, o'clock; **de bonne heure** early; **tout à l'heure** just now, a while ago; soon
heureux happy, fortunate
heurter knock, hit, bump
hideux hideous
histoire *f.* history; story; incident; **histoire de rire** as a joke
hiver *m.* winter
hivernage *m.* winter season
hocher shake
honneur *m.* honor; **parole d'honneur** upon my word
honoraires *m. pl.* salary; fees
honte *f.* shame; **avoir honte** be ashamed
hoquet *m.* choking
horreur *f.* horror; **prendre en horreur** feel disgust
hors out; **hors d'atteinte** out of reach; **hors d'état de** not in a position to; **hors de propos** irrelevant
houleux bobbing
huile *f.* oil
huit eight
humer smell
humeur *f.* humor; mood; **se sentir d'humeur** be in a mood
hurler scream

I

ici here
igname *m.* yam
ignorer not to know
imbécile idiot
impatient anxious
importer matter, be of importance; **il importe que** it is essential that; **n'importe qui** anybody
impôt *m.* tax
imprimer print
improviste: à l'improviste unexpectedly
inaperçu unnoticed
incliner bend, bow; **s'incliner** bow
inconsidéré inconsistent
inconvénient *m.* disadvantage, drawback, ill effect
incroyable unbelievable
indigne unworthy
indigner: s'indigner get indignant
indissolublement indissolubly
indivis undivided
industriel *m.* industrialist
inégal unequal
infailliblement unfailingly
inférieurement downward
ingrat *m.* ungrateful
iniquité *f.* unjust action
injure *f.* insult; **grogner des injures** mutter insults
innombrable countless
inonder flood
inouï unheard of
inquiet, inquiète uneasy; nervous
inquiétant alarming
inquiéter worry; **s'inquiéter** become worried, worry
inquiétude *f.* worry
insensiblement gradually
insigne conspicuous
insouciance *f.* carelessness, unconcern
insoupçonné unsuspected

installation *f.* facilities
instantanément instantaneously
instituteur *m.* teacher (*grade school*)
instruction *f.* education
instruire instruct, teach
instruit educated
intéressé interested; self-seeking
intérêt *m.* interest; **intérêts composés** compound interest
interroger interrogate
interrompre interrupt; **laisser s'interrompre** break off
introduire (*pres. part.* **introduisant;** *p.p.* **introduit;** *pres. ind.* **introduis, introduit, introduisons, introduisent;** *pres. subj.* **introduise, introduisions, introduisent;** *impf.* **introduisais;** *impv.* **introduis, introduisez;** *fut.* **introduirai;** *p. simp.* **introduisis**) introduce
inusité unusual
inutile useless
inventaire *m.* inventory
isolément separately
issue *f.* opening
ivre drunk, inebriated
ivresse *f.* intoxication; **avec ivresse** ecstatically

J

jadis formerly
jaillir spring up (*out*)
jais *m.* jet
jamais never, ever; **à jamais** forever
jambe *f.* leg; **prendre ses jambes à son cou** take to one's heels; **traîner une jambe** drag one leg
jardin *m.* garden
jatte *f.* bowl
jaune yellow
jeter throw, cast; **jeter un regard** glance at; look at; **se jeter** throw oneself
jeu *m.* game; **même jeu** same action
jeune young
jeûne *m.* fast
joindre (*pres. part.* **joignant;** *p.p.* **joint;** *pres. ind.* **joins, joint, joignons, joignez, joignent;** *pres. subj.* **joigne, joignions, joignent;** *impf.* **joignais;** *impv.* **joins, joignez;** *fut* **joindrai;** *p. simp.* **joignis**) join; add
joue *f.* cheek; **mettre en joue, coucher en joue** take aim
jouet *m.* toy; **être le jouet** be the victim
jouir enjoy
jouissance *f.* enjoyment; possession
jour *m.* day; **du jour au lendemain** overnight
journalier *m.* day laborer
journée *f.* day; **de la journée** all day
juger judge
jument *f.* mare
jupe *f.* skirt
jurer swear
juridique legal
juron *m.* swearword
jusque until; as far as, to; **jusqu'à** to the point of; **depuis... jusqu'à** from . . . to
juste correct
justesse *f.* soundness

L

là there; **-là** *distinguishes between* **that** *and* **this (-ci); cet homme-là** that man; **cette femme-ci** this woman; **là-bas** over there; yonder; **là-haut** up there
lâche loose
lâcher let go
lâcheté *f.* cowardice
laid ugly
laideur *f.* ugliness
laisser leave, let, allow; **laisser tomber** drop; **laisser voir** show
lait *m.* milk
laitier *m.* milkman
laitière: chèvre laitière goat kept for her milk
lambeau *m.* tatter, shred
lancement *m.* launching
langoureux languorous
langue *f.* tongue
lapin *m.* rabbit; **en col de lapin** with a rabbit collar
largement generously; handsomely
larme *m.* tear
las, lasse weary
lavabo *m.* wash basin
lavage *m.* washing
lécher lick; **lécher ses babines** lick one's chops
léger, légère light
léguer bequeath
légume *m.* vegetable
lendemain *m.* next day, the day after
lent slow
lentement slowly
leurrer deceive
levant *m.* East
lever raise; grow; **se lever** get up, rise
lèvre *f.* lip; **se mordre les lèvres** bite one's lips
liaison *f.* collaboration
liberté *f.* freedom
libre free
lier bind, tie
lieu *m.* place, spot; **au lieu de** instead of; **s'il y a lieu** if necessary
lieue *f.* league; **à cinq lieues à la ronde** within a radius of twenty kilometers
ligne *f.* line, row
limousine *f.* luxury car
linge *m.* laundry; linen; cloth
liquoriste *m.* wine and spirit dealer
lire (*pres. part.* **lisant;** *p.p.* **lu;** *pres. ind.* **lis, lit, lisons, lisent;** *pres. subj.* **lise, lisions, lisent;** *impf.* **lisais;** *impv.* **lis, lisez;** *fut.* **lirai;** *p. simp.* **lus**) read
lis *m.* lily
lisse smooth
lit *m.* bed
litanie *f.* litany
livre *m.* book; *f.* pound
livrer hand over; **se livrer** wage; **se livrer combat** wage a fight
locataire *m.* tenant
logement *m.* lodging
loger lodge, house
logis *m.* house, home
loi *f.* law
loin far; **au loin** in the distance, from a distance; **de loin** from a distance
loisir *m.* pastime; spare time

long, longue long; **à la longue** in the long run
longer walk along
longtemps a long time
lors then; **depuis lors** from that time
lorsque when
louable praiseworthy
louche suspicious, shady
louer praise; **Dieu soit loué** God be praised
louer rent; **se louer** be rented
louis *m.* louis (*twenty franc piece*)
loup *m.* wolf
lourd heavy
lourdeur *f.* heaviness
lugubre dismal
luire shine
luisant shiny, shining; gleaming
lumière *f.* light
lunettes *f. pl.* glasses
lutter fight, struggle
luxe *m.* luxury

M

mage *m.* magician
magie *f.* magic, miracle
magnifique magnificent, beautiful
maigre thin, meager
main *f.* hand; **mettre la main sur** lay hands on
maintenir (*for forms, see* **tenir**) hold, maintain
mairie *f.* town hall
maisonnée *f.* household
maître *m.* master
maîtresse *f.* mistress
mal *adv.* badly, ill, wrong, bad; **être mal à son aise** be ill at ease; **faire mal** hurt; **pas mal de** quite a few
mal *m.* evil; disease, ache
malade sick, ill
maladie *f.* sickness, illness
maladroit clumsy, awkward
malédiction *f.* curse
malentendu *m.* misunderstanding
malfaiteur *m.* criminal
malgré in spite of
malheur *m.* misfortune
malheureusement unfortunately
malheureux unhappy, unfortunate
malicieux mischievous
malin sly; **faire le malin** play the fool
malle-poste *f.* mail coach
malotrus *m.* boor
malpropre dirty, untidy
maltraiter mistreat
manche *m.* handle
manche *f.* sleeve
manège *m.* game
manie *f.* habit
manière *f.* manner
manifeste *m.* manifesto
manivelle *f.* crank
manœuvre *f.* operation
manquer lack, be wanting (missing); fail
manteau *m.* coat
marchand *m.* dealer, shopkeeper; **marchand forain** peddler; **marchand de tableaux** art dealer
marchander bargain
marche *f.* step, walk; march; **mettre en marche** start

marché *m.* market
marchepied *m.* running board
marcher walk; work, operate
marée *f.* tide
marge *f.* margin; **en marge** outside
mari *m.* husband
mariage *m.* marriage; **mariage de raison** marriage of convenience
marier marry; **se marier avec** marry
marin *m.* sailor
marron *adj.* brown; *m.* chestnut
marteau *m.* hammer
maté subdued
matelas *m.* mattress
matière *f.* matter; material
matin *m.* morning; **au petit matin** early in the morning
maudit cursed
mauvais bad, evil
maux *m. pl.* (*see* **mal**)
méchant wicked
méchanceté *f.* wickedness
méconnaître (*for forms, see* **connaître**) underestimate
médaille *f.* medal
médecin *m.* physician
médicament *m.* medicine
méfier: se méfier distrust
mélanger mix
mêler mix; **se mêler** interfere
membre *m.* member; limb
même *adj.* same; even; *pron.* itself, himself, etc; **de même que** as well as; **faire de même** do the same; **tout de même** all the same, anyway; no, really
mémoire *f.* memory
menace *f.* threat; **proférer des menaces** utter threats
menacer threaten
ménage *m.* household; housekeeping; **faire le ménage** do the housework
ménager take care
ménagère *m.* housekeeper; housewife
mener lead; push oneself
mensuel monthly
menteur *m.* liar
mentir (*pres. part* **mentant;** *p.p.* **menti;** *pres. ind.* **mens, ment, mentons, mentent;** *pres. subj.* **mente; mentions, mentent;** *impf.* **mentais;** *impv.* **mens, mentez;** *fut.* **mentirai;** *p. simp.* **mentis**) lie
menton *m.* chin
menu small, fine
menuisier *m.* carpenter
méprendre (*for forms, see* **prendre**) be mistaken
mépris *m.* contempt
mépriser despise
mer *f.* sea
mériter deserve
merveille *f.* marvel; **faire merveille** work wonders
messe *f.* mass; **faire dire des messes** have masses celebrated
messire *m.* Sir
mesure *f.* measure; **à mesure que** as
métier *m.* trade, profession, calling; **avoir du métier** be a master craftsman
mètre *m.* meter
mettre (*pres. part.* **mettant;** *p.p.* **mis;** *pres. ind.* **mets, met, mettons, mettent;** *pres. subj.*

mette, mettions, mettent; *impf.* **mettais;** *impv.* **mets, mettez;** *fut.* **mettrai;** *p. simp.* **mis)** put, put on, place; invest; **mettre bas** put down; **mettre en scène** stage; **mettre hors d'état** make it impossible; **mettre la main sur** lay hands on; **mettre pied à terre** set foot on the ground; **se mettre à** start; **se mettre à son aise** make oneself comfortable; **se mettre à table** sit down at the table; **se mettre aux ordres** take orders; **se mettre en colère** get angry; **se mettre hors d'atteinte** put oneself out of reach; **se mettre en posture** get ready

meuble *m.* (*piece of*) furniture

meurtre *m.* murder

meurtrir bruise

mi- half; **à mi-voix** softly

mi-Carême *f.* mid-Lent

midi noon

mieux better, best; **faire de son mieux** do one's best; **tant mieux** so much the better

mignon, mignonne cute; **le mignon** the darling

milieu *m.* middle; **au milieu** in the middle

milliard *m.* billion

mince thin

mine *f.* air, look, face; **faire mine** make as if

minuit midnight

minutieux thorough

mis dressed; **proprement mis** well-dressed

mode *m.* way; **mode d'emploi** directions

mode *f.* fashion; **à la mode** in fashion; smart, fashionable

modelé *m.* relief

moëlle *f.* marrow; **moëlle épinière** spine

moëlleux soft

mœurs *f. pl.* manners; mores

moindre less, least

moine *m.* monk

moins less; **ne... pas moins** nevertheless

mois *m.* month

moisson *f.* crop

moitié *f.* half; **à moitié** half

molle (*see* **mou**)

monceau *m.* heap

monde *m.* world; **tout le monde** everybody

mondial worldwide

monseigneur my Lord

montagnard mountaineer; mountain dweller

montée *f.* going up

monter go up; climb; amount; **monter à cheval** mount a horse

monture *f.* mount

montre *f.* watch; **faire montre** display

moquer mock; **se moquer** make fun, laugh

morale *f.* morals

morcelé broken up

mordant biting

mordre (*pres. part.* **mordant;** *p.p.* **mordu;** *pres. ind.* **mords, mord, mordons, mordent;** *pres. subj.* **morde, mordions, mordent;** *impf.* **mordais;** *impv.* **mords, mordez;** *fut.* **mordrai;** *p. simp.* **mordis**) bite; **se mordre les lèvres** bite one's lips

mors *m.* bit
morsure *f.* bite
mort *adj.* dead; **nature morte** still life; **raide mort** stone dead
mort *f.* death; **la mort dans l'âme** with despair in one's heart
mot *m.* word; **prendre au mot** take at one's word
mou, molle soft; weak
mouche *f.* fly
mouchoir *m.* handkerchief
mouflon *m.* wild sheep
mouiller wet
moulin *m.* mill
mourir (*pres. part.* **mourant;** *p.p.* **mort;** *pres. ind.* **meurs, meurt, mourons, mourez, meurent;** *pres. subj.* **meure, mourions, meurent;** *impf.* **mourais;** *impv.* **meurs, mourez;** *fut.* **mourrai;** *p. simp.* **mourus**) die
mousse *f.* moss
mouton *m.* sheep
moyen average, medium
moyen *m.* means; **employer les grands moyens** take extreme measures
muet, muette mute, silent
mugir roar
mugissement *m.* roaring, lowing
mulet *m.* mule
multiplier multiply
multipolaire multipolary
muraille *f.* wall

N

nage *f.* swimming; **passer à la nage** swim across
naissance *f.* birth
nappe *f.* tablecloth
narine *f.* nostril
narrer narrate
natal native
nature *f.* nature; **nature morte** still life; **en nature** in kind
naufrage *m.* shipwreck; **faire naufrage** get shipwrecked
navet *m.* turnip
navire *m.* ship
navré painful
ne: ne... pas no, not; **ne... guère** scarcely, hardly, rarely; **ne... jamais** never; **ne... ni** neither... nor; **ne... plus** no more, no longer; **ne... que** only; **ne... personne** no one, nobody; **ne... rien** nothing, not anything
néanmoins nevertheless
néant *m.* nothingness
négligé neglected; **tenue négligée** casual dress
nervosité *f.* grace, dash
net, nette clear
nettoyage *m.* cleaning
nettoyer clean
neveu *m.* nephew
névroglie *f.* neuroglia
névropathe neurotic
nez *m.* nose
ni: ne... ni... ni neither . . . nor
niais stupid
nier deny
nique: faire la nique look down one's nose
noblement nobly
noir black
noirceur *f.* black deed
noix *f.* nut
nom *m.* name; noun
nombreux numerous

nommer name
nonobstant notwithstanding, in spite of
notabilité *f.* notable
notaire *m.* notary
notairesse *f.* notary's wife
note *f.* note; **changer de note** change one's tune
nourrir nourish, feed
nouveau-né newborn
nouvelle *f.* (*piece of*) news; **vous aurez de mes nouvelles** you shall hear from me
noyer drown; **se noyer** drown
nu naked
nuage *m.* cloud
nuance *f.* shade
nuée *f.* cloud
nuit *f.* night; **de nuit** by night
nul no; nonexistant
nullement in no way
numéro *m.* number

O

obéir obey
obligation *f.* bond
obscurité *f.* darkness
observer observe; **faire observer** point out
obtenir (*for forms, see* **tenir**) obtain
occasion *f.* occasion; opportunity; **par occasion** occasionally
occuper occupy; **s'occuper** go into; take care of, be busy
octaédrique octahedral
odeur *f.* smell, odor
œil *m.* eye; **coup d'œil** look, glance; **jeter un coup d'œil** glance at, look; **les yeux baissés** with downcast eyes
œuvre *f.* work
office *m.* duty; **faire son office** do one's duty
offrir offer
ombre *f.* shadow
onde *f.* wave
ongle *m.* nail
opothérapique opotherapic
or now
or *m.* gold; **rouler sur l'or** roll in money
ordinaire ordinary; **à l'ordinaire** as usual
ordonnance *f.* regulation; prescription; **prescrire une ordonnance** write out a prescription; **exécuter une ordonnance** fill a prescription
ordonné ordered
ordre *m.* order
ordure *f.* refuse, garbage
oreille *f.* ear
oreiller *m.* pillow
orgue *m.* organ; *f. pl.* **grandes orgues** grand organ
orgueil *m.* pride
oser dare
ôter take away (off), remove; **ôter de la tête** get rid of the idea
où where, when
ouais yea
outre: en outre in addition
outre *f.* leather bottle
ouvert open
ouverture *f.* opening
ouvrage *m.* work

P

pactole *m.* gold mine
païen pagan
paille *f.* straw

pain *m.* bread
paître: mener paître pasture
paix *f.* peace
pâlir get (turn) pale
palmier *m.* palm tree
palper feel
pan *m.* flap
panier *m.* basket; **marchand au panier** street vendor
paon *m.* peacock
par by, through, in, on, out, of, across; **par jour** per day, a day; **par un jour d'hiver** on a winter day; **par-ci par-là** here and there
paraître (*pres. part.* **paraissant;** *p.p.* **paru;** *pres. ind.* **parais, paraît, paraissons, paraissent;** *pres. subj.* **paraisse, paraissions, paraissent;** *impf.* **paraissais;** *impv.* **parais, paraissez;** *fut.* **paraîtrai;** *p. simp.* **parus**) appear, seem, be visible
paravent *m.* shade
parbleu of course
parcelle *f.* bit
paré decked; adorned
parer: se parer adorn oneself
parcourir (*for forms, see* **courir**) go through
parcours *m.* way
par-dessus above
pardessus *m.* overcoat
paré adorned; decked
pareil, pareille such, like, similar, the same; *m.* peer
parent *m.* relative; **proche parent** close relative
parenté *f.* relationship
paresse *f.* laziness
paresseux lazy
parfum *m.* perfume, fragrance
parfumer perfume
parier bet
paroisse *f.* parish
parole *f.* word; **ma parole d'honneur** upon my word
part *f.* part, share; **à part** aside; **comme à part lui-même** as though he is talking to himself; **de la part de** on behalf; **d'autre part** on the other hand; **de toutes parts** from all over; **pour ma part** as far as I am concerned
partager share, divide
parti *m.* decision; **prendre son parti** resolve; resign oneself
particulier *m.* private person, individual
particulièrement particularly
partie *f.* part; **faire la partie** play a game; **partie de cartes** game of cards; **partie de chasse** a day's hunting; **partie de quilles** game of ninepins
partisan: être partisan be in favor
partout everywhere
parure *f.* ornament; necklace
parvenir (*for forms, see* **venir**) succeed; reach
pas *m.* step; pace; **à deux pas** at a stone's throw
passage *m.* passage; **de passage** passing through
passer pass, go (walk) by; spend; **se passer** happen; **se passer de** do without
passionément passionately
pathétique touching, moving
patois *m.* local dialect
patron *m.* boss
patronne *f.* boss; wife of the boss

patte *f.* leg, paw
paume *f.* palm; **se frotter les paumes** rub one's hands
paupière *f.* eyelid
pauvre poor
pauvresse *f.* destitute woman
pauvreté *f.* poverty
pavaner: se pavaner strut
pavé *m.* paving stone; pavement; paved road
payer pay; **payer cher** pay dearly; **se payer le nécessaire** get what it takes
pays *m.* country; town; **être du pays** be a local (*person*)
paysage *m.* landscape
paysan *m.*, **paysanne** *f.* peasant
peau *f.* skin
peccadille *f.* peccadillo; trifle
pêche *f.* fishing
péché *m.* sin
peindre (*pres. part.* **peignant;** *p.p.* **peint;** *pres. ind.* **peins, peint, peignons, peignent;** *pres. subj.* **peigne, peignions, peignent;** *impf.* **peignais;** *impv.* **peigne, peignez;** *fut.* **peindrai;** *p. simp.* **peignis**) paint
peine *f.* pain; trouble; **à peine** hardly; **avoir toutes les peines du monde** have all the trouble in the world; **faire de la peine** hurt; **sous peine** under penalty; **valoir la peine** be worth (worthwhile)
pèlerinage *m.* pilgrimage
pellicule *f.* skin
penché leaning, bending
pencher bend; **se pencher** bend over
pendre (*pres. part.* **pendant;** *p.p.* **pendu;** *pres. ind.* **pends, pend, pendons, pendent;** *pres. subj.* **pende, pendions, pendent;** *impf.* **pendais;** *impv.* **pends, pendez;** *fut.* **pendrai;** *p. simp.* **pendis**) hang
pendule *f.* clock
pénible painful, distressful
péniblement painfully; laboriously
percer pierce
percevoir (*for forms, see* **recevoir**) perceive
percuter tap
perdre (*pres. part.* **perdant;** *p.p.* **perdu;** *pres. ind.* **perds, perd, perdons, perdent;** *pres. subj.* **perde, perdions, perdent;** *impf.* **perdais;** *impv.* **perds, perdez;** *fut.* **perdrai;** *p. simp.* **perdis**) lose; undo; be the ruin of; **perdre son temps** waste one's time; **tenir pour perdu** give up
péremptoire decisive
perle *f.* pearl; **enfiler des perles** polish one's finger nails; **rang de perles** strand of pearls
Pérou *m.* gold mine
perroquet *m.* parrot
personnage *m.* character; person
perspective *f.* prospect; perspective; sight
perte *f.* loss
pesant weighty
peser weigh; **peser lourd** weigh a lot
pétarade *f.* backfire
petit small; little; **au petit jour** at daybreak

peuh! pooh!
peur *f.* fear; **avoir peur** be afraid
phrase *f.* sentence
physionomie *f.* face; countenance
picard of (from) Picardy
picoter peck; prickle
pièce *f.* piece; room
pied *m.* foot; **à pied** on foot; **de pied ferme** on firm footing; **mettre pied à terre** set foot on the ground
pierre *f.* stone
piétiner stamp; trample
pillule *f.* pill
pincer pinch
piqué piqued
piqûre *f.* shot
pire worse, the worst
pis worse, the worse; **tant pis** so much the worse, too bad
pisciculture *f.* fish breeding
piteux miserable
pitié *f.* pity; plight; **se faire pitié** feel sorry for oneself
placard *m.* closet
place *f.* place; job; **sur place** on the premises
placement *m.* investment
plafond *m.* ceiling
plaie *f.* wound; **le vif de la plaie** the sore spot
plaindre (*pres. part.* **plaignant;** *p.p.* **plaint;** *pres. ind.* **plains, plaint, plaignons, plaignent;** *pres. subj.* **plaigne, plaignions, plaignent;** *impf.* **plaignais;** *impv.* **plains, plaignez;** *fut.* **plaindrai;** *p. simp.* **plaignis**) pity; **se plaindre** complain
plaine *f.* plain; **en plaine** flat
plainte *f.* complaint
plaire (*pres. part.* **plaisant;** *pres. p.p.* **plu;** *pres. ind.* **plais, plaît, plaisons, plaisent;** *pres. subj.* **plaise, plaisions, plaisent;** *impf.* **plaisais;** *impv.* **plais, plaisez;** *fut.* **plairai;** *p. simp.* **plus**) please; **plaît-il?** I beg your pardon?
plaisanter joke
plaisanterie *f.* joke
plaisir *m.* pleasure
plan *m.* plane; plan
plancher *m.* floor
planer hover
plante *f.* plant; sole (*of feet*)
plantureux fertile
plaque *f.* plate; piece
plat flat
plat *m.* dish
pleur *m.* tear; **verser des pleurs** shed tears
pleurer weep, cry; **pleurer à chaudes larmes** weep copiously
pleuvoir rain
pli *m.* fold
pliant folding
plomb *m.* lead
plonger: se plonger get into
plume *f.* feather
plupart: la plupart most
plus more; **le plus** most; **plus de** more than; **plus que** more than; **de plus** in addition, moreover; besides; **de plus en plus** more and more; **ne... plus** no longer, no more; **non plus** not either, neither; **tout au plus** at the most
plusieurs several

plutôt rather
pneu *m.* tire
poche *f.* pocket
poids *m.* weight; **poids public** public weighing station
poignard *m.* dagger
poignée *f.* handle; handful
poil *m.* hair
poing *m.* fist
point: ne... point not, not at all
point *m.* point; **à ce point** so much so
pointe *f.* sting
poitrine *f.* chest; **se frapper la poitrine** beat one's breast
Polonais Pole
pommade *f.* salve
pommier *m.* apple tree
pont *m.* bridge
porcelaine *f.* china
port *m.* harbor
portant *m.*: **bien portant** person in good health
portefeuille *m.* wallet
porte-monnaie *m.* change purse; wallet
porter carry, wear; bear; bear the weight; be concentrated; **se porter** be (*health*); **se porter bien** be in good health
portraitiste *m.* portrait painter
poser set down, place
posséder own, possess
postillon *m.* coachman
posture *f.* posture; **se mettre en posture** get ready
pot *m.* jar
potage *m.* soup
poteau *m.* post
pouce *m.* thumb; **d'un coup de pouce** with one's thumb
poudre *f.* powder
pouffer: pouffer de rire burst out laughing
poulain *m.* foal
poule *f.* chicken, hen
poulet *m.* chicken
poulpe *m.* octopus
pouls *m.* pulse
poursuivre (*for forms, see* **suivre**) pursue
pourtant yet, however
pousser push; lead; carry; prompt; **pousser un cri** utter a cry; **se pousser du coude** elbow each other
poussière *f.* dust; **grain de poussière** speck of dust
pouvoir (*pres part.* **pouvant;** *p.p.* **pu;** *pres. ind.* **peux (puis), peut, pouvons, pouvez, peuvent;** *pres. subj.* **puisse, puissions, puissent;** *impf.* **pouvais;** *fut.* **pourrai;** *p. simp.* **pus**) can, may, be able; **il se peut** it may be
pouvoir *m.* power
pratique practical; *f.* practice
pratiquer practice
pré *m.* meadow
préalable: au préalable preliminary
précéder precede
précipiter hurl; **se précipiter** rush
prédicateur *m.* preacher
prédire (*for forms, see* **dire**) predict, foresee
premier, première first
prendre (*pres. part.* **prenant;** *p.p.* **pris;** *pres. ind.* **prends, prend, prenons, prennent;** *pres. subj.* **prenne, prenions, prennent;** *impf.* **prenais;**

impv. **prends, prenez;** *fut.* **prendrai;** *p. simp.* **pris**) take, seize, catch, capture; **prendre les jambes à son cou** take to one's heels; **se prendre à** start; **se prendre au sérieux** take oneself seriously; **s'en prendre à** blame

près close; **de plus près** closer up

présenter introduce

pressentiment *m.* foreboding

pressentir surmise, guess

presser urge

prêt ready

prétendre claim

prétendu so-called

prêter loan; **se prêter à** go about

prêtre *m.* priest

prévenir inform, warn

prévoir foresee

preuve *f.* proof

prier pray; ask; beg

prière *f.* prayer

princesse *f.* princess; **faire la princesse** put on airs

prise *f.* catch; **prise de sang** blood sample; **être aux prises** be at grips, wrestle

priser take snuff

privation *f.* deprivation

procédé *m.* procedure

procéder proceed, act; **la façon dont on procède** how to do

prochain next

prodige *m.* wonder, miracle

prodiguer lavish

produire (*pres. part.* **produisant;** *p.p.* **produit;** *pres. ind.* **produis, produit, produisons, produisent;** *pres. subj.* **produise, produisions, produisent;** *impf.* **produisais;** *impv.* **produis, produisez;** *fut.* **produirai;** *p. simp.* **produisis**) produce, create, cause

produit m. produce; product

proférer utter; **proférer des menaces** threaten

profiter take advantage

profond deep; profound

profondeur *f.* depth

prolonger: se prolonger continue

promenade *f.* walk; drive, ride; **faire une promenade** take a walk

promener: se promener take a walk

promeneur *m.* passerby, stroller

prometteur promising

promettre (*for forms, see* **mettre**) promise

promptement promptly

propice propitious, favorable

propos *m.* remark; **hors de propos** irrelevant

propre clean; own; **sa propre maison** his (her) own house; **propre à** peculiar to

proprement properly; **proprement mis** well-dressed

propriété *f.* estate

provisoire temporary

provoquer cause; provoke

prunelle *f.* eyeball

Pucelle *f.* Maid

puis then

puissance *f.* power

puissant powerful

pupille *f.* pupil (*of the eye*)

purement purely; **purement et simplement** simply
purger clean out
pur-sang *m.* thoroughbred

Q

quai *m.* (*river*) bank
quant: quant à as to
quartier *m.* neighborhood
que *rel. pron.* whom, which, that; *inter. pron.* what?; *conj.* that, than, as, whether, so that; **ce que** what, that which, which; **ne... que** only
quel, quelle what, which, what!, what a . . .
quelque some, a few, any; **quelque part** somewhere; **quelque peu** somewhat
quelquefois sometimes, at times
queue *f.* tail; **faire (la) queue** stand in line
quiconque whoever
quille *f.* ninepin
quintupler multiply by fifteen
quinze fifteen; **quinze jours** two weeks
quittance *f.* receipt
quitter leave
quoique although

R

raconter tell, relate
rafraîchir refresh
raide stiff; **raide mort** stone dead
raidi stiff
raidir stiffen
raillerie *f.* mockery
railleur mocking
raison *f.* reason; **avoir raison** be right; **mariage de raison** marriage of convenience
râle *m.* death rattle
ralentissement *m.* slowing down
ralentir slow down; **se ralentir** slow down
ramener bring back; pull back; pull up
ramer row
rameur *m.* rower
rançon *f.* ransom; price
ranger put away
ranimer revive, bring back to life; **se ranimer** revive; kindle
rappeler recall; remind; write down; **se rappeler** remember
rapport *m.* relationship; report
rapporter bring back; bring in, produce
rapproché near
rapprocher piece together; bring together
ras level; **au ras de** close to; **faire table rase** make a clean sweep
raser: se raser shave
rattraper catch, catch up; **se rattraper** make up
ravissant gorgeous
rayer cross out
rayon *m.* ray; department
rayonner shine
receler hide
recevoir (*pres. part.* **recevant;** *p.p.* **reçu;** *pres. ind.* **reçois, reçoit, recevons, reçoivent;** *pres. subj.* **reçoive, recevions, reçoivent;** *impf.* **recevais;** *impv.* **reçois, recevez;** *fut.* **recevrai;** *p. simp.* **reçus)** receive

réchauffer warm
recherché sought after
rechercher look for
récit *m.* tale, story
réclamer demand
récolte *f.* crop
recommendation *f.* recommendation; instructions
récompense *f.* reward
reconduire walk back
recourir use
récréation *f.* recess
recueil *m.* collection
recueillir collect, gather; receive
reculer back up; walk back
redescendre (*for forms, see* **descendre)** go down again
redevance *f.* payment due
redevenir become again
rédiger write
redoubler redouble
redoutable awesome
réduire reduce
refaire do over; go over
réfléchir think about (over)
refroidi congealed
refroidissement *m.* cold
réfugier: se réfugier take shelter
refus *m.* refusal
regagner go back to
regard *m.* look; **regard de travers** look askance; **jeter un regard** look; turn
regarder look; concern; **ça me regarde** that's my business
régime *m.* diet
règle *f.* rule
régler settle
régner reign
rein *m.* kidney; *pl.* lower back; **avoir mal aux reins** have a backache
réitérer reiterate, repeat
rejeter reject, expel; throw back; **se rejeter en arrière** jump back
rejoindre (*for forms, see* **joindre**) join, catch up; come up
réjouir rejoice
relaps relapse (*heretic*)
relation *f.* relationship
relevé *m.* recording; **faire le relevé** do the accounts
relever raise; **se relever** get up again; **se relever d'un bond** jump to one's feet
reluire shine; **faire reluire** shine
remarquer notice; **faire remarquer** point out
remède *m.* medicine; **remède de quatre sous** two-bit medicine
remettre (*for forms, see* **mettre**) put back again; put back; hand (in); **se remettre** get over; **s'en remettre à** leave it up to
remonter go back up; date back
remontrer do better
remplacer replace
remplir fill
remuer stir, move
rencogner: se rencogner huddle up
rencontre *f.* meeting
rencontrer meet
rendez-vous *m.* appointment
rendre give back, return; render, make; **rendre service** help; **se rendre** go; **se rendre compte** realize

renfermer lock up
renflement *m.* bulge
renoncer give up
renonciation *f.* renunciation
renouveler renew
renseignement information
renseigner inform
rente *f.* pension, payment; private income
rentrée *f.* income
renverse: à la renverse backward
renversé slumped back
renverser knock down (over)
renvoyer send back home; put out; dismiss
répandre: se répandre spread
réparer repair
repartir leave again
répartir: se répartir share, divide
repas *m.* meal
repentir: se repentir repent, regret
répit *m.* respite
repli *m.* fold
répliquer retort, reply
répondre (*pres. part.* **répondant;** *p.p.* **répondu;** *pres. ind.* **réponds, répond, répondons, répondent;** *pres. subj.* **réponde, répondions, répondent;** *impf.* **répondais;** *impv.* **réponds, répondez;** *fut.* **répondrai;** *p. simp.* **répondis**) answer
reporter carry over
reposoir *m.* (*temporary*) altar
repousser push back, repulse
reprendre (*for forms, see* **prendre**) take back; take up again; continue; **reprendre connaissance** regain consciousness; **se reprendre** regain one's self-control
représenter represent; **se représenter** imagine
reproche *m.* reproach
répugner hate
réserver reserve
respirer breathe; exude
resplendir shine, glitter, glow
ressortir (*for forms, see* **sortir**) come out again
rester remain, stay; **il est resté une âme** one soul remained
retenir (*for forms, see* **tenir**) keep back; **se retenir** keep, refrain
retirer take off (*clothing*); **se retirer** retire; withdraw
retourner turn over (back); turn inside out; **se retourner** turn around; look about oneself
retraite *f.* retreat
rétrécir: se rétrécir shrivel, shrink
retrousser curl
réunion *f.* meeting
réunir join; **se réunir** meet; be added
réussir succeed
rêve *m.* dream
réveil *m.* waking up
réveiller wake up; **se réveiller** wake up
revenant *m.* ghost; person who returns after a long absence
revendeur *m.* retailer
revenir (*for forms, see* **venir**) come back; get over; **revenir cher** be expensive, run high

revêtir put on
revoir (*for forms, see* **voir**) see again; **au revoir** good buy
rhabiller: se rhabiller get dressed again
ricin: huile de ricin *f.* castor oil
ride *f.* wrinkle
rideau *m.* curtain
rien nothing; **un rien** a bit; **rien du tout** nothing at all
rigolo funny
rigueur *f.* rigor; **à la rigueur** if really necessary; **être de rigueur** be the rule
ripolin *m.* enamel, varnish
rire (*pres. part.* **riant;** *p.p.* **ri;** *pres. ind.* **ris, rit, rions, rient;** *pres. subj.* **rie, riions, rient;** *impf.* **riais;** *impv.* **ris, riez;** *fut.* **rirai;** *p. simp.* **ris**) laugh; **éclater de rire** burst out laughing; **se rire de** laugh at
rivage *m.* shore
rivalité *f.* rivalry
rive *f.* bank
rivière *f.* river; **rivière de diamants** diamond necklace
robe *f.* dress; **robe de bal** ball dress
rocher *m.* rock
roi *m.* king
roman *adj.* romance (*architecture, languages, etc.*)
roman *m.* novel
rond round
ronde *f.* round; **à la ronde** within a radius
rondement right away
rondeur *f.* straightforwardness; roundness
ronflement *m.* snoring
ronger gnaw; **ronger son frein** fret under restraint
rosace *f.* rose window
rose pink
rôtir roast; burn
rougir blush
roulé taken
roulement *m.* rotation
rouler roll; roll up; **rouler sur l'or** roll in money; **se faire rouler** get rolled (taken)
rousse (*see* **roux**)
route *f.* road; **se mettre en route** set out
roux red, reddish
royaume *m.* kingdom
ruban *m.* ribbon
rude harsh; rugged; hard
rudement quite + *adj.*
rue *f.* street; **courir les rues** be everywhere
rugissement *m.* roar
ruisseau *m.* brook
ruissellement *m.* running
rumeur *f.* hum
ruse *f.* wile
rusé sly

S

sable *m.* sand
sabler drink (*champagne*)
sabot *m.* hoof; wooden shoe
sac *m.* bag
sacerdoce *m.* priesthood
sacré sacred
sacrer crown
sacristie *f.* vestry
sage wise; good
sagement patiently
sagesse *f.* wisdom; prudence
Saint-Glinglin: à la

Saint-Glinglin till Kingdom come
saisissement *m.* shock
saisir seize, grab; perceive
saison *f.* season
sale dirty
salle *f.* room; common room; **grande salle** hall; lobby
salon *m.* living room; drawing room; **faire salon** sit and chat
saluer greet, bow
salubre healthy
sang *m.* blood
sang-froid *m.* coolness, composure
sanglant bloody
sanglier *m.* boar
sangloter sob
sans without; if it were not for; **sans doute** no doubt; probably
santé *f.* health
satisfaire (*for forms, see* **faire**) satisfy
sautiller hop
sauvage wild; savage
savant learned; skillful; *m.* scientist; scholar
saveur *f.* taste
savoir (*pres. part.* **sachant;** *p.p.* **su;** *pres. ind.* **sais, sait, savons, savent;** *pres. subj.* **sache, sachions, sachent;** *impf.* **savais;** *impv.* **sache, sachez;** *fut.* **saurai;** *p. simp.* **sus**) know how, can, be able
scène *f.* stage; scene; **mettre en scène** stage
scie *f.* saw
sclérotique *f.* sclera
scrupule *m.* scruple
scruter examine thoroughly
séance *f.* sitting; **séance; séance tenante** on the spot
sec, sèche dry
sèchement tartly
sécher dry; **faire sécher** dry; **se sécher** dry (*oneself*)
secouer shake
secours *m.* help, rescue; **au secours!** help!
secousse *f.* jolt, shaking
séduisant seductive, charming, fascinating
seigneur *m.* lord
sein *m.* breast; bosom; **au sein** amidst
seller saddle
sembable similar
semblant *m.* semblance; **faire semblant** pretend
sembler seem
sens *m.* sense; meaning; **à mon sens** in my opinion; **en sens inverse** in the opposite direction
sensibilité *f.* sensitivity
sensualité *f.* voluptuousness
sentier *m.* path, lane
sentiment *m.* feeling
sentir (*pres. part.* **sentant;** *p.p.* **senti;** *pres. ind.* **sens, sent, sentons, sentent;** *pres. subj.* **sente, sentions, sentent;** *impf.* **sentais;** *impv.* **sens, sentez;** *fut.* **sentirai;** *p. simp.* **sentis**) feel; smell
sérieux serious; **se prendre au sérieux** take oneself seriously
serrer clasp, fasten; put away; **serrer les mains** shake hands
servir (*pres. part.* **servant;** *p.p.* **servi;** *pres. ind.* **sers, sert, servons, servent;** *pres. subj.* **serve, servions, servent;** *impf.* **servais;** *impv.* **sers, servez;** *fut.* **servirai;** *p. simp.*

servis) serve; **à quoi servirait** what good would it be; **se servir** use
serviteur *m.* servant
seul alone; single; only
sévir deal severely
si if, whether; so; yes (*in answer to negative question or statement*)
siècle *m.* century
siège *m.* seat
silencieux silent
silhouette *f.* figure
singulier singular, peculiar
sinon or else, except
sire *m.* lord, sire
sobre sober; abstemious, frugal; moderate
société *f.* society; company; circle
soie *f.* silk
soigner take care; **se faire soigner** get medical care
soigneusement carefully
soin *m.* care; *pl.* troubles; **avoir soin** take care
soirée *f.* evening party; evening
soit OK
sol *m.* ground
solder sell
solennellement solemnly
solliciter ask
somme *f.* sum; **en somme** altogether, as a whole
sommet *m.* top
somnolent sleepy
son *m.* sound
sonder feel
songer think
sonné: soixante ans sonnés sixty years old
sonnerie *f.* ringing
sonner ring; **l'heure sonne** the hour strikes
sonnette *f.* doorbell
sonore sonorous, loud
sorcellerie *f.* witchcraft
sorcier *m.* sorcerer
sorcière *f.* witch
sort *m.* fate, lot
sortie *f.* exit, way out; departure
sortir (*pres. part.* **sortant;** *p.p.* **sorti;** *pres. ind.* **sors, sort, sortons, sortent;** *pres. subj.* **sorte, sortions, sortent;** *impf.* **sortais;** *impv.* **sors, sortez;** *fut.* **sortirai;** *p. simp.* **sortis**) go out, come out; stick out
sottise *f.* foolishness; nonsense
sou *m.* sou (*five* **centimes**); **remède à quatre sous** two-bit medicine
souci *m.* worry
soucier: se soucier care about, mind
soudain sudden
soudainement suddenly, all of a sudden
souffle *m.* breath; breathing
souffler blow; breathe
soufflet *m.* slap; **déposer un soufflet** give a slap
souffrance *f.* suffering
souffrir (*pres part.* **souffrant;** *p.p.* **souffert;** *pres. ind.* **souffre, souffrons, souffrent;** *pres. subj.* **souffre, souffrions, souffrent;** *impf.* **souffrais;** *impv.* **souffre, souffrez;** *fut.* **souffrirai;** *p. simp.* **souffris**) suffer
souhait *m.* wish
souhaiter wish
soulager relieve

soulever lift (up); heave; raise; **soulever l'estomac** upset one's stomach
soumis obedient
soupçon *m.* suspicion
soupçonner suspect
soupière *f.* soup toureen
soupir *m.* sigh
soupirer sigh
souplesse *f.* suppleness, litheness
sourcil *m.* eyebrow; **froncer le sourcil** frown
sourd deaf
sourire (*for forms, see* **rire**) smile
sournois sly
sous under
sous-bois *m.* undergrowth
soutenir (*for forms, see* **tenir**) claim; support; **se soutenir** support oneself; last
souterrain underground
souvenir: se souvenir (*for forms, see* **venir**) remember
souvenir *m.* memory
spiritisme: faire du spiritisme hold séances
spoliation *f.* deprivation
spontanément spontaneously
strapontin *m.* jump seat
stupéfier stupefy, stun
subit sudden
substituer substitute
subtil subtle, pervasive
succéder: se succéder follow
succession *f.* inheritance
succomber succumb, yield
suçoter suck on
sud *m.* south
sueur *f.* sweat, perspiration
suffire (*pres. part.* **suffisant;** *p.p.* **suffi;** *pres. ind.* **suffis, suffit, suffisons, suffisent;** *pres. subj.* **suffise, suffisions, suffisent;** *impf.* **suffisais;** *impv.* **suffis, suffisez;** *fut.* **suffirai;** *p. simp.* **suffis**) suffice, be sufficient; **suffit!** enough of that!
suffisamment sufficiently; enough
suite *f.* following; **à la suite** following; **de suite** in a row; **par suite de** in consequence of; **par la suite** later on
suivant following; according to
suivre (*pres. part.* **suivant;** *p.p.* **suivi;** *pres. ind.* **suis, suit, suivons, suivent;** *pres. subj.* **suive, suivions, suivent;** *impf.* **suivais;** *impv.* **suis, suivez;** *fut.* **suivrai;** *p. simp.* **suivis**) follow
sujet, sujette *n. and adj.* subject
supplément *m.* supplement; additional income
supplier beg
supporter bear, carry; hold
supprimé cut out
surgir occur suddenly
sur-le-champ right away, on the spot
surmenage *m.* overwork
surnom *m.* nickname
surplombant overlooking
surveillance *f.* supervision
surveiller supervise; watch (over)
survenir (*for forms, see* **venir**) come
susceptible liable
suspendre (*for forms, see* **pendre**)

T

table *f.* table; **faire table rase** make a clean sweep
tableau *m.* board; painting; **marchand de tableux** art dealer
tablier *m.* apron
tache *f.* spot
tâche *f.* task
tâcher try
taie: taie d'oreiller pillow case
taire (*pres. part.* **taisant;** *p.p.* **tu;** *pres. ind.* **tais, tait, taisons, taisent;** *pres. subj.* **taise, taisions, taisent;** *impf.* **taisais;** *impv.* **tais, taisez;** *fut.* **tairai;** *p. simp.* **tus**): **se taire** keep quiet, hold one's tongue
talon *m.* heel
tambour *m.* drum; **tambour de ville** town crier
tamponner mop
tandis que while; whereas
tant so much (many); **tant mieux** so much the better; **tant pis** so much the worse, too bad; **tant que** as long as
tante *f.* aunt
tantôt now; a little while ago; **tantôt... tantôt** now . . . now
tape *f.* tap
tapis *m.* rug
tapisserie *f.* tapestry
tapoter tap
taquiner tease
tard late
tarder be long; **ne pas tarder à** not to be long to
tas *m.* heap, pile; **un tas de** a lot of; **tas de foin** haystack
tasse *f.* cup
tâter feel
taureau *m.* bull
teint *m.* complexion
tel, telle, tels, telles such, so
tellement so much (many); so
témoignage *m.* testimony
témoigner bear witness
témoin *m.* witness
tempe *f.* temple
temps *m.* time; weather; **à temps** in time; **de temps en temps** from time to time; **en même temps** at the same time
tendre (*pres. part.* **tendant;** *p.p.* **tendu;** *pres. ind.* **tends, tend, tendons, tendent;** *pres. subj.* **tende, tendions, tendent;** *impf.* **tendais;** *impv.* **tends, tendez;** *fut.* **tendrai;** *p. simp.* **tendis**) hand
tendu extended; hung
ténèbres *f. pl.* darkness
tenir (*pres. part.* **tenant;** *p.p.* **tenu;** *pres. ind.* **tiens, tient, tenons, tiennent;** *pres. subj.* **tienne, tenions, tiennent;** *impf.* **tenais;** *impv.* **tiens, tenez;** *fut.* **tiendrai;** *p. simp.* **tins**) hold, keep; hold out; find room; **tenez!** here!; look here!; **tenir à** care for; value; **tiens!** really!; there!; look here!; **il tient à vous** it is up to you; **tenir des livres** keep books; **tenir tête** oppose; **n'y plus tenir** bear it no longer; **se bien tenir** be well-behaved; **se tenir debout** keep upright; **se tenir plus près** come closer; **se tenir prêt** keep ready; **se tenir sur ses jambes** stand up straight; **s'en tenir** stick

tentation *f.* temptation; **succomber à la tentation** yield to temptation
tenter try
tenue *f.* dress; **tenue négligée** casual dress
terminer finish; end
terrasse *f.* terrace; platform
terre *f.* earth, ground; field; **à terre** on the ground; **sur terre** on land
terreur *f.* terror
territorial territorial; **fortune territoriale** landed property
terroir *m.* ground
tête *f.* head; **tête de veau** calf's head (*served with a vinaigrette sauce*); **coup de tête** whim; **ne pas savoir où donner de la tête** not to know where to start; **tenir tête** oppose
thaumaturge *m.* faith healer
théière *f.* teapot
tic-tac *m.* tick tack
tiers third
timide shy
tinter ring
tir *m.* shooting
tirade *f.* long passage
tiraillement *m.* strain
tirailler shoot
tirer draw, pull; shoot, fire; **s'en tirer** manage; pull through
tireur *m.* shooter
tiroir *m.* drawer
tisane *f.* herb tea
titre *m.* title; security; **à titre confidentiel** confidentially
toile *f.* canvas
toilette *f.* dress; **toilette de bal** ball gown; **en toilette des dimanches** in one's Sunday best
tomber fall; **les bras m'en tombent** I am flabbergasted; **laisser tomber** drop
tonnerre *m.* thunder; **coup de tonnerre** thunder clap
toquade *f.* whim
tordre (*pres. part* **tordant;** *p.p.* **tordu;** *pres. ind.* **tords, tord, tordons, tordent;** *pres. subj.* **torde, tordions, tordent;** *impf.* **tordais;** *impv.* **tords, tordez;** *fut.* **tordrai;** *p. simp.* **tordis**) wring
torpédo *f.* touring car
tort *m.* wrong; mistake; **avoir tort** be wrong; **avoir le tort** be wrong, make the mistake
tôt early
touffe *f.* tuft
tour *m.* turn; trick; **tour à tour** in turn
tourment *m.* worry
tourmenté worried
tourmenter: se tourmenter worry
tournant *m.* turn
tournebroche *f.* spit
tournure *f.* turn
tousser cough
tout, tous, toute, toutes *adj. and pron.* all, the whole, every, everyone, everything; *adv.* very, quite, entirely, wholly; **pas du tout** not at all; **rien du tout** nothing at all; **tout à fait** quite; **tout à coup** all of a sudden; **tout à la fois** all at once; **tout au plus** at the most; **tout d'un coup** all at once;

tout de même all the same; no, really!; **tout le long** all along
toutefois however
tracer draw
trahir betray; **se trahir** betray oneself
trahison *f.* betrayal, treason
train *m.* train; **à fond de train** at full speed
traîner pull; drag; **se traîner** drag oneself
traiter treat; do business
traître *m.* traitor
trait *m.* (*facial*) feature; arrow
trajet *m.* trip
trancher decide
transparaître (*for forms, see* **paraître**) show through
transparent *m.* transparency
traquer run down
travers: à travers across; **de travers** through; askew
traverser go through (across)
tremblement *m.* trembling; **tremblement de terre** earthquake
tremper soak; dip
trésor *m.* treasure
triomphal triumphant
triste sad
tristement sadly
tristesse *f.* sadness
troc *m.* swapping
troisième third
trombe *m.* whirlwind
tromper deceive; **se tromper** be mistaken
trompeur false
tronc *m.* trunk
trou *m.* hole; **trou de province** boondocks
trouble *m.* confusion; disturbance
troubler disturb, bewilder; **se troubler** get confused
troupe *f.* troop; military
troupeau *m.* herd, flock
truc *m.* gimmick, trick
truchement *m.* medium
tubercule *m.* root; **tubercule d'igname** yam root
tueur *m.* slayer
tuer kill
tuyau *m.* pipe; **tuyau de pipe** pipe stem
type *m.* type; guy

U

usage *m.* custom; usage; habit
user use; **s'user** wear
usine *f.* factory; **cheminée d'usine** smokestack
ustensile *m.* utensil
usurier *m.* usurer
utile useful

V

vache *f.* cow
vaciller totter
vague vague, faint
vague *f.* wave
vaillant bold, courageous
vaincre overcome
vainement vainly, in vain
vainqueur *m.* victor
vaisseau *m.* vessel
vaisselle *f.* dishes
valet *m.* footman; farm hand; servant
valise *f.* suitcase
vallon *m.* valley, dale
valoir (*pres. part.* **valant;** *p.p.*

valu; *pres. ind.* **vaux, vaut, valons, valent;** *pres. subj.* **vaille, valions, vaillent;** *impf.* **valais;** *impv.* **vaux, valez;** *fut.* **vaudrai;** *p. simp.* **valus)** be worth; profit; **valoir la peine** be worthwhile; **ça vaut mieux** that's better

valse *f.* waltz

vanité *f.* vanity, conceit

vantardise *f.* bragging

vaurien *m.* scamp, good-for-nothing

vécu (*see* **vivre**)

véhicule *m.* vehicle

veiller watch; **veiller à** attend to, see to it, take care that

veilleuse *f.* night light

velours *m.* velvet

velu hairy

vendeur *m.* salesman

vendre (*for forms, see* **rendre**) sell

venir (*pres. part.* **venant;** *p.p.* **venu;** *pres. ind.* **viens, vient, venons, viennent;** *pres. subj.* **vienne, venions, viennent;** *impf.* **venais;** *impv.* **viens, venez;** *fut.* **viendrai;** *p. simp.* **vins)** come; **venir de** + *inf.* have just + *p.p.;* **en venir là** come to that

vent *m.* wind

ventre *m.* belly

vêpres *f. pl.* vespers

ver *m.* worm

verdâtre greenish

verger *m.* orchard

véritablement truly

vermeil *m.* silver-gilt, vermeil

vernissage *m.* private art show

verre *m.* glass

verrue *f.* wart

vers toward; about; to

vers *m.* line

verser pour, shed

verset *m.* verse

vertige *m.* dizziness; vertigo

veste *f.* jacket

vestibule *m.* vestibule; lobby

vêtement *m.* clothing

vêtu dressed

veuve *f.* widow

viande *f.* meat; food

vicié foul

vide empty

vie *f.* life

vieillard *m.* old man

vieille (*see* **vieux**)

vieillesse *f.* old age

vieillir grow old

vierge *f.* virgin

vieux, vieille old; **mon vieux** old chap; **se faire vieux** be getting old

vif, vive lively, sharp, quick; **le vif de la plaie** the sore spot

vigne *f.* vineyard

vilain nasty

vin *m.* wine; **c'est comme le vin de la comète** it happens once in a blue moon

vinaigrette *f.* sauce with vinegar

vingtaine *f.* about twenty

violemment violently; fiercely

violet purple

violette *f.* violet

violon *m.* violin

visage *m.* face

viser take aim

vitesse *f.* speed

vitre *f.* window pane

vive (*see* **vif**)

vivement quickly; hotly
vivre (*pres. part.* **vivant;** *p.p.* **vécu;** *pres. ind.* **vis, vit, vivons, vivent;** *pres. subj.* **vive, vivions, vivent;** *impf.* **vivais;** *impv.* **vis, vivez;** *fut.* **vivrai;** *p. simp.* **vécus**) live, be alive
vivre *m.* food; *pl.* food supplies
voile *m.* veil; *f.* sail
voir (*pres. part.* **voyant;** *p.p.* **vu;** *pres. ind.* **vois, voit, voyons, voient;** *pres. subj.* **voie, voyions, voient;** *impf.* **voyais;** *impv.* **vois, voyez;** *fut.* **verrai;** *p. simp.* **vis**) see; **voyons** look here; **laisser voir** show
voisin *m.* neighbor
voiture *f.* car; carriage; cart
voix *f.* voice; **à mi-voix** softly; **à voix basse** in a low voice; **d'une voix brève** curtly
vol *m.* theft
vol *m.* flight
volaille *f.* fowl
volant *m.* wheel
volée *f.*: **volée de cloches** ringing, peal; **à pleine volée** swinging high
voler fly
volet *m.* shutter
voleur *m.* thief
volonté *f.* will, willpower; desire, wish
volontiers gladly, with pleasure
voltiger fly
voltigeur *m.* rifleman
vomissement *m.* vomiting
vouloir (*pres. part.* **voulant;** *p.p.* **voulu;** *pres. ind.* **veux, veut, voulons, voulez, veulent;** *pres. subj.* **veuille, voulions, veuillent;** *impf.* **voulais;** *impv.* **veux, voulez (veuillez);** *fut.* **voudrai;** *p. simp.* **voulus**) want, will, like; **en vouloir à** intend harm, bear a grudge; **que voulez-vous?** what do you expect?
voyage *m.* trip, travel
voyager travel
vrai true
vraisemblable probable, likely
vue *f.* view; **perdre de vue** lose sight of
vulgarisation *f.* popularization

Y

yeux (*see* **œil**)

Z

zélé zealous
zut! confound it!

6 7 8 9